文春文庫

2050年のメディア

下山 進

文藝春秋

2050年のメディア

目次

2050年の
メディア

序章　読売はこのままでは持たんぞ

二〇一八年正月の読売賀詞交換会。いつも「経営は磐石」と太鼓判を押す渡邉恒雄がその年は違った。遺言のようだ、と感じた社員もいた。紙の王国に大きな危機が訪れていた。

その女性社員は、大学の合同説明会の時に渡邉恒雄の話を聞いて以来のファンだった。一九八四年に行なわれたその説明会で、他の読売の幹部とははっきり違う、メリハリのある話に魅了された。

何しろ「朝日を読むなら赤旗を読め！」という言葉で目がさめない学生が当時いただろうか。早稲田、慶應、上智、津田塾といった有数の大学でマスコミを目指すものたちの中では、まず朝日が序列の一番に来る。社会主義に対する憧憬は、七〇年代にくらべれば、様々な現実が報道されることでずっと薄まってきていたが、しかし国内問題に関しては、左派的な視点からの記事を提供する「朝日ジャーナル」が、マスコミ志望の学生の間では「かっこいい」とされた時代だ。

渡邉はそうした中で、はっきりと東西の戦いは西側の勝利に終ること、そうである以上日米同盟を基軸に様々な問題を考えることが必須であることを語った。

朝日は日米同盟に立脚しない

女性社員が入社した翌年の八六年二月七日に読売新聞本社九階の大会議室で行なわれた社員研修「読売新聞の社論について」。専務兼主筆であった渡邉が社員に語りかける会だったが、まず渡邉は朝日の社論を俎上にあげた。

――朝日の社論は、日米軍事同盟を軸とした現在の政策から非武装中立に日本を変えていくことだ。実際朝日は一九七二年の元旦の見開き二ページの「朝日新聞は考える」という社論特集の中でこうはっきり書いている。

「日米間の軍事同盟関係を薄め、日米安保体制の解消に至る道筋を周到かつ冷静に対処することが望ましいと考える」

武装中立も非武装中立も読売の立場としてはとらない。武装中立は、金がかかりすぎる。非武装中立は、敵が攻めてきたら「降伏」する「降伏論」と同じ。だから、読売は日米同盟を基軸に行く。

といっても読売は、右ではない。国家主義とか全体主義はとらない――。

実際、渡邉は戦前の全体主義の体制を馬鹿げたものと思っており、なぜそのような間違いを犯したのかを徹底的に追及する「検証・戦争責任」の名企画を立案、二〇〇五年八月から二〇〇六年八月までの一年間にわたって読売紙上で連載させたりした。

渡邉はそうした点は融通無碍だ。この「社論について」の研修の中でも、産経の「正論」に、宮本顕治について「政治家としても、文化人としても、第一級である。他党には、彼に比すべき能力、主張のあるものは少ない。高く評価する」と書いたことを披露してこう語る。

「宮本顕治は政治家としても文化人としても、現代第一級の人間であると私は書いたのです。私を除名した男ではあるが、十四年間も監獄に入って節を守って出てきて、今日まで党の最高位を維持しているのだから、その政治家として能力はひとかたではない。彼の処女作『敗北の文学』以後の文学的業績を見ても、確かに文化人であることも間違いない。イデオロギーは私の正反対だが、客観的人物評価として、そう言ったのです」

当時から読売新聞の持つ力に絶対的自信を持っていた。

「われわれの力をもってすれば、たいがいの内閣は半年か一年で必ずつぶせる」、そう言って居並ぶ社員たちを睥睨《へいげい》した。

実際社員は、その後九〇年代を通じて、多くのことが渡邉の言ったとおりになっていくのを目の当たりにした。東西冷戦は西側の勝利に終る。その後も中立的な外交政策をめざそうとした内閣はあったがうまくはいかなかった。民主党政権で中国に軸足を少しでもおこうとし、沖縄で無責任な約束をして迷走した鳩山内閣は潰れた。

九四歳まで読売で実権を振るい続けた「販売の神様」務台光雄の死によって、一九九一年に社長になってからは、渡邉は、販売に力を注ぎ、九四年の下期には、初の一〇〇〇万部台に部数をのせ、二〇〇一年の上期には前人未到の一〇二八万部を達成した。

読売の経営は磐石

毎年新年の仕事始めの日に、社員を集めて行なわれる賀詞交換会。そこで渡邉は話す。笑いをとったあと、注目すべき一冊の本の話をし、世界情勢、国内の喫緊の課題について自身の考えを述べる。その後に読売の歴史と経営の話にうつる。その正月の渡邉の話を聞くのが、その女性社員にとっての楽しみのひとつだった。知的好奇心と自信にあふれて、世界情勢をきりとる渡邉のジャーナリストとしてのセンスに毎年舌をまくのだった。そして最後は必ず読売の経営の話になる。

渡邉恒雄　1999年©共同通信

戦後、関東の弱小のローカル紙だった読売新聞が務台光雄という「販売の神様」によって一九七七年に朝日を抜き部数日本一になった歴史などをひきながら、最後にはかならず、現在の読売の経営が磐石であることを社員に保証するのだった。

「この精神力と体力があれば、これからの一定のパイの中の争いで、絶対に勝ち抜けると確信」（二〇〇七年）

「読売の経営があらゆる指標からみて最も健全」（二〇一一年）
「とにかく読売新聞は磐石です。何も心配ありません。何をやっても必ず勝ちます。いかなる戦でも勝ちます。その自信があります」（二〇一二年）
「思いきった政策を実現させ、景気を向上させ、広告収入が回復すれば、読売は絶対安全、安泰です」（二〇一三年）
読売の社員もその渡邉の話を聞いて安心をする。それが一年に一度の行事だった。

何かが違う

ところが、二〇一八年の正月は何かが違った。

一月五日、講堂で開かれた賀詞交換会。出だしはいつもと変わらなかった。

「歯がぬけたんで、君たちも歯をみがけよ」といったジョークで笑いをとって、本の話をする。この年の本はリンダ・グラットンの『ライフ・シフト』だった。国際情勢についても北朝鮮の核ミサイルの暴発の危険性について語り、世界経済と国内経済についても語った。ところが、その後、その年は務台光雄と正力松太郎の確執についての話を渡邉は詳しくしたのだった。

——戦後すぐの銀座の社屋では手狭で二四ページの新聞を刷る輪転機をおけない。朝日、毎日が二四ページの印刷体制をすでにとるなか、このままでは読売はつぶれると、輪転機増設、新社屋建設を正力に断固として務台は訴えたこと。さらに、全国紙となるために、大阪進出は必須だったが、正力は断固反対だった。務台は正力に内緒で大阪に土地を買い、輪転工場をつくり準備をしたこと。

大阪についで、西部、中部に進出し、全国紙の体制を完成させた務台を正力は社長にしなかった。正力は、政界に進出し大臣になったが、社長を一九年間空席にするという異常な人事を行なったこと。務台はついに、辞表を出して、二週間行方不明になったこと。労働組合と管理職が一体となって「務台さん帰ってきてください」という垂れ幕を編集局に下げ、それを見た正力が観念し、務台路線が遂行されていくことになったこと
――

自分も目の当たりにしたその歴史を「垂れ幕」を見た時の驚きとともに語った渡邉は、現在の読売についてこう悲鳴ともとれるような言葉を放ったのだった。

「読売はこのままではもたんぞ」

そして社のために正しいと思うことがあれば、「社長をぶっ殺すぐらいの気概で」やれと発破をかけた。

いつもだったらば、正月の話のしめは、読売は無借金経営で経営は万全という話で終わる。しかしこの年は、信州松本にあった務台の墓が都心の青山霊園に戻ってきたことに触れてこう結んだのだった。

「我々役員の有志のものは、近日そろって墓参りに行くが、皆さんも機会があったら墓参をして、読売の栄光を偲《しの》んでいただきたい」

遺言のようだと感じた社員もいた。

「読売はこのままではもたんぞ」

その言葉になんとも言えない不安を感じた社員もいた。

二〇〇一年には一〇二八万部を誇った部数も二〇一一年に一〇〇〇万部を切ってから加速度をつけて減少してきており、八七三万部まで後退していた。七年で一三〇万部を失ったのだ。一三〇万部という部数は北海道新聞と熊本日日新聞の部数を足した数に匹敵していた。つまりブロック紙一紙と県紙一紙分の部数がこの七年で消えてしまっていたのだった。

七〇年代の朝日が「不健全な理想主義」に立脚しているとしたら、渡邉は徹底した現実主義で世の中を見通していた。東西冷戦の崩壊を見通し、政界を動かせるキングメーカーとして君臨をし、行政改革や憲法改正論議を主導する。

が、その現実主義者の渡邉がたったひとつ見通せなかったことがあった。

それは、グーテンベルクが活版印刷を発明して、紙のマスメディアが勃興し、今日の大衆民主主義の基礎ができたのに匹敵するほどの革命が、ある技術革新によって不可逆的に進行していることだった。

インターネット。この出現によってあらゆる産業が変革を余儀なくされた。新聞もそのひとつであったが、渡邉はそれに抗《あらが》っていたのである。

主要参考文献・証言者・取材協力者

読売新聞社報（社内報）
『読売新聞140年史』読売新聞グループ本社　二〇一五年三月
「集中大特集・日本共産党と宮本顕治研究」正論　一九七五年一二月号

他に複数の社員が匿名を条件に協力をしてくれた。

社内報には載っていない、「読売はこのままではもたんぞ」「社長をぶっ殺すくらいの気概で」の渡邉の発言は、複数の参加した社員に確認をし、渡邉自身にも自宅に手紙を送り「どうしてこうした発言をしたのかその真意を聞きたい」と書面で尋ねている。広報はその手紙を共有確認したうえで、こう返事をくれた。「渡邉は毎日送られてきた手紙についてはチェックしていますが、秘書部を通じて広報に話がおりてきていないということは、対応しないということだと我々としては推察する」

第一章　最初の異変

「新聞の切り抜きを使った授業はもうできないんです。新聞をとる家庭がもうないから」そう言われて北区で複数の読売の新聞専売店を経営する副田義隆は衝撃をうける。

北区で読売新聞の専売店を三つもつ副田義隆《そえだよしたか》が、最初の異変を感じたのは、近くの第三岩淵小学校に、残紙といって店で余る新聞を寄付できないかという話をもっていった二〇〇八年のことだ。

女性の副校長が応対した。ひととおり話をきくと、ありがたいといって新聞をうけとってくれることになったが、その女性教諭が続けた話のほうに副田はショックをうける。

その副校長は社会科が専門の教師でもある。社会の授業においてかつてあたり前のように使っていたのが、新聞だった。たとえばある社会事象について生徒に「新聞の切り抜きをつくって、感想を書いてもってきなさい」といった指導は定番のことだった。

その「新聞の切り抜き」ができなくなっているのだという。だから新聞を学校にただで配ってくれるのはありがたいというのだ。なぜ、「新聞の切り抜き」ができなくなっているのか。それは、そもそも新聞をとっている家庭が極端に減っているからだと訴えた。

「生徒が一〇人いたら新聞をとっている家は三人くらいです。だから『新聞の切り抜き』はもうできません」

二〇〇八年のこの年、読売の部数は、ＡＢＣでまだ、一〇〇一万部あった。二〇〇一年の一〇二八万部に比べれば若干減っているものの、世界一の圧倒的な部数を誇っている新聞だった。

しかし、購読者は、六〇代以上の高齢者に偏りつつあることを、各戸をまわって集金をしている副田は実感でわかっていた。小学生の親の世代は三〇代である。この三〇代が新聞を読まなくなっているということなのか。

ＮＨＫ放送文化研究所は五年ごとに国民生活時間調査という生活の時間配分についての調査を行なっている。その質問項目の中に「一日15分以上新聞をよむか」という設問があった。二〇〇五年の数字を見てみると、三〇代で「はい」と答えたのは、男女ともに二九パーセントになっていた。一九九五年の調査を見てみると、九五年当時の三〇代の五〇パーセント以上は、まだ新聞を毎日読んでいた。

副田はそんな数字を知っていたわけではないが、実感で読者が高齢化していることはわかっていた。そういうことだったのか。

ではこの子どもたちが成人した時には新聞はどうなってしまう？

生活保護家庭が週払いで新聞をとる国

副田の家は、三代続いた読売の専売店である。専売店というのは、読売新聞とだけ契約し読売新聞だけを売る店のことを言う。

一九四三年、戦中に始まった副田の家の家業である読売の販売店。ラジオが出てきた時も、テレビが出てきた時も「新聞がなくなる」と言われながら魔法のような言葉が、その悪夢を退散させた。

「新聞に書いてあるから」

それは「だから真実なんだ」と同義の魔法の言葉だった。「テレビでやってたから」とはニュースの場合言わない。あくまで「新聞に書いてあること」。それが真実だった。

そのことを副田は昨日のことのように思い出す。

だから、どんなひとでも新聞をとった。

学生時代の鮮烈な思い出がある。

北区は生活保護受給率が高い。が、その生活保護世帯でもまずは新聞をとるのだと販売店を経営する父親は言った。貧しいために一括では払えない。家のポストに毎週二〇〇円の金をいれ、週ごとに集金する。朝夕刊セットの料金が七五〇円だった一九七〇年のことだ。

どんなに貧しくとも、いや貧しいからこそ、必死の思いで新聞をとるんだ。

副田義隆　2018年

新聞はライフラインと同じだった。その知識を得たうえで初めて仕事につくことができる。だから生活保護世帯も、家計をやりくりして、新聞を宅配してもらっているのだった。日本の国力が高い理由もそこにあると副田は考えた。国民全体の知力が高い。世界的にみても文盲率はほぼゼロに近い。その基本となっているのが、国民が新聞をとって毎日読んでいるからなのだ。ニュースに接して様々なことを考える習慣によるものだ。他国とくらべて知識層でなくとも、一定の理解力と判断力があり、民主主義社会のなかで賢明な行動がとれていることの理由に新聞の普及があることは論をまたない。

そうした信念を持つのは、北区で新聞販売店を家業とする家で育ってきた副田にとっては当然のことだった。

副田は早稲田大学教育学部の理学科に通っていた。卒業して就職した会社は朝日生命だった。ゼミの教授とおりあいが悪く教授が紹介してくれた会社がいやで、たまたま新宿の電車から外の景色を観ると「朝日生命」の看板があったので、そこをうけてみたらうかった。北海道の支店で働いていた八年目のこと、父親から電話があった。

「改廃されてしまう」

「強制改廃」のことだった。成績の悪い販売店は、読売本社からその地区の営業権を強制的に他者に振り替えられてしまうのだった。新聞は伸び盛りの産業だった。だから新聞販売店を始めて一儲けしたいという人物は大勢いた。

副田は乳飲み子を抱えたまま、会社を辞め店をつぐことになった。営業力のなかった父親に比べ副田は新聞販売店を伸ばす才能があった。地域のロータリークラブに積極的にかかわり顔役になる。ちょっとした用事でも骨をおしまず町内会でも協力をする。

七〇年代、八〇年代は、新聞各社は部数を拡張するために必死だった。部数が増えればまず、本紙の広告料金のレートがあげられる。それで本社は潤う。

販売店にも折り込み広告があった。折り込み広告は、文字通り新聞に折り込む広告のことだ。地域のスーパーや塾などのちらし広告が大きな収入になった。

一部あたり四八円の折り込み広告の収入があるとする。そうすると、三〇〇〇部で一日あたり一四万四〇〇〇円の真水の収入になる。一年で五二五六万円。三店経営していれば、一年で一億五七六八万円もの売上になる。

本社からどばっと拡販費用が注入された。その拡販費用で洗濯機や冷蔵庫を仕入れ、新しい読者への景品とした。

当時は一カ月とってもらうだけでも、そうした景品をつけた。いったん契約してもらえばしめたものだ。一カ月ごとの集金で顔をあわせることができる。その中で信頼関係を築きあげていけば、他の新聞が入りにくくなる。

一般紙の場合、新聞の中身で新聞を選んでいるひとはほとんどいなかった。営業力と販促費によって読者を獲得することができた時代だ。

父親の時代に改廃されかかった店がまたたくまにもりかえし、部数を伸ばしていく。

そうこうしているうちに本社から名古屋の店もやってくれないか、という話がきた。

名古屋は中日新聞の牙城だ。読売は別会社中部読売新聞社を設立し、一九七五年に東海三県に進出した。月極め購読料を五〇〇円として「コーヒー三杯で新聞がとれる」と宣伝したが、これが不当廉売にあたるとして提訴されたりし、中部読売の経営陣は退陣、八八年に読売新聞本社に吸収される形で読売新聞中部本社となった。つまり別の王国だったのが統合されたのだが、中日新聞は圧倒的に強く攻めあぐねていた。そこで東京の北区で部数を伸ばす副田が本社の目にとまり、「どうしても名古屋をやってくれないか」

という要請がきたのだった。

名古屋出身の男をひきつれて清洲に入った。敵の大軍の中に孤塁で入ったようなものだった。なにしろ、その店のテリトリーの中には、中日の販売店が七つもひしめきあっていた。それぞれの店の部数は五〇〇〇。それにたいしてこちらは一〇〇〇。そこから始めた。北区の店を三つ持ちながら清洲の店の経営を始めたのである。

そこが軌道にのると、その店はつれていった名古屋出身の男にまかせることにした。

今度は仙台をやってほしいという要請が本社からきた。伊達政宗公の銅像に行く途中の青葉通り沿いにある店で、ここでは朝日新聞との戦いになった。宮城の地元紙「河北新報」は強くなかなか崩せないので、朝日にターゲットを絞った。

そうした日々の戦いにあけくれている中で、小学校の女性副校長の「新聞の切り抜きができない。一〇人に三人しか新聞をとっている家庭はない」という話を聞いたのだった。

一部を追う新聞販売店の暮らしの中で、副田は、もっと射程を長くとる必要があるのではないかと考えるようになる。

何か、自分ではどうしようもできないほどの大きな変化が始まっている。それに対抗するためには、これまでのような一部、一部に駆けずり回っているようなやりかたではだめだ。

そうだ、学校に入っていこう。

しかし、自分の店だけで寄付をしてもたかがしれている。朝日、読売、毎日、日経、産経、東京、すべての系列があつまって、小学校に残紙を寄付してはどうだろう。

各店は、新規読者開拓のためと称して実際に宅配される新聞の部数より多い部数を本社からとっている。そうすれば、折り込み広告のレートがあがるという理由もあるが、しかしその余分な新聞は捨てられてしまうだけだ。これを北区の新聞販売同業組合を通じて北区の全ての小学校にいれることはできないだろうか。

このようにして、北区の小学校で新聞販売店と小学校と教育委員会が一体となった新聞活用のとりくみが始まる。

教育の現場に新聞が入っていけば、長い目でみてもういちど、若い世代にも新聞を読む習慣がつくようになるのではないか？

ちょうど同じころに読売新聞の販売局も、異変に気がつき始めていた。読売新聞の専売店の組織「ＹＣ」を通じて、新聞を読むことをやめた無読層の調査をしていた。その無読層の圧倒的多数が、世帯収入もそこそこある三〇代、四〇代の主婦のいる家庭だったのだ。当時販売局にいた芝間《しばま》弘樹《ひろき》は、そうした新聞を購読していない家庭で育った子どもたちが成長していく未来を考え、新聞の将来に暗雲が漂っていることを感じた。

芝間弘樹は、読売新聞が朝日を抜いて部数日本一になった一九七七年の翌年の入社だった。この一九七八年組には、後に芝間と東西で販売を見ることになる黒沢幸《くろさわみゆき》がいた。

芝間、黒沢の二人は販売局内で危機感を共有することになる。

芝間、黒沢が入社した年は、読売がそれまで日本一の座を得ようとしていたスローガンがまだ販売局内に残っていた年だ。「追いつけ、追い越せ、日本一」というスローガンだった。

芝間の記憶では、このころ、人々は新聞代金を公共料金のようにして払っていた。ガス、水道、電気のようなライフラインという認識が人々にあった。営業に行って、とることができない人がいると、その人々はそのことを申し訳ながった。二、三年で一〇〇万部を上乗せする勢いで読売新聞が伸びていた時期だった。

が、芝間が販売局で管理職をやるようになった二〇〇〇年代半ば以降には、そうした時代は煙のように消え去ってしまっていた。これまでも、大学生や、新入社員になって新聞をとらなくなったということはあった。しかし、三〇代、四〇代のある程度裕福な家庭が新聞をとらないということはなかった。

新聞販売店から、「もう読売がどうのということではないんですよ。新聞自体をいらないという家庭が増えているんです」という訴えがよせられるようになったのもこの頃だった。

新聞販売店の生活は厳しい。

午前二時三〇分には新聞がトラックで店着する。販売店に併設されている住み込みの個室から従業員が起き出すのはそれより前だ。新聞が店についたらば、みなで手分けして、その日の折り込み広告を一部ずつ挟んでいれていく。これが終って店をみんなが出られるのが午前三時三〇分。まだ、真っ暗だ。今日のような雪が降った日は、いちいち心配だ。バイクで転ぶ子はいないだろうか。無事に配り終るだろうか。五時三〇分には早い子は帰ってくる。いちばん遅い子でも六時までには帰ってくる。それから朝食だ。昔はここでまかないをやって一緒に朝食を囲んだが、今はそういう時代ではない。寂しいが、昔使っていた奥の食堂は今は使っていない。朝食が終ってから、ようやく一息つく。夕刊があるので寝る子が多い。夕刊の店着が午後二時三〇分。それまでに起きて今度は夕刊の配達だ。夕刊を配達したからと言って終わりではない。こんどは新規読者の獲得のための営業そして集金の時間だ。そういうことを終えて販売店に帰ってくるのは夜八時三〇分とか九時になる。

新聞を配りながら学校に行っている新聞奨学生は、常に睡魔と戦いながら勉強をしている。

そんな新聞販売店が日本の民主主義を支え、日本の国力を支えてきたのだ。それを絶やしてはならない。

副田は、学校の現場に入って、新聞を手にとってもらう活動を始めることになる。

「新聞の切り抜きの授業ができません」

副田がそう言われた二〇〇八年のその年は日本で初めてソフトバンクがアイフォンの発売を始めた年だった。

七月一一日に発売されたスマートフォンと後に呼ばれるようになるその通信機器は、あっという間に人々の間に広がり、副田らの地道なとりくみの前に立ちはだかることになる。

主要参考文献・証言者・取材協力者

副田義隆、芝間弘樹

北区区議会だより

読売新聞社報

第二章　中心のないネットワーク

後に「日本のインターネットの父」と呼ばれるようになる慶應義塾大学の村井純は、この技術が、産業のあらゆる分野で変革を起こすようになるとは夢にも思っていなかった。

後に「日本のインターネットの父」と呼ばれるようになる村井純は、七〇年代後半慶應義塾大学工学部の数理工学科でコンピュータについて学んでいる時、それが嫌いでならなかった。

大きなホストコンピュータが中央にデンと鎮座しそこから放射状に回線が伸びる。回線の先には端末があり、そこで人間が作業をしている。放射線上の大勢の人間が同時に作業できるように見えるのは、時間分割多重活用という考え方で、細かく時間をぎってホストコンピュータを独占しているようにみせているからだ。

しかし、これでは人間がコンピュータを使うのではなく、人間がコンピュータに使われているようではないか。

中央集権的なそのシステムのありかた自体が自由な村井にとってはあわなかった。絶対なる権威が中心にいて、そこにつながる人々、これは大学でも学問の世界でも同じじゃないか。研究は本当はもっと自由なものであっていい。権威に挑戦する思想から新しい学問が開けていく、そう村井は考えていた。

その村井がコンピュータとコンピュータをつなげるネットワークのことを知った時に、コンピュータに対する考え方が変わった。

それはアメリカの大学間でまず始まっていた。ARPANETと言われるそのネットワークでは各大学のコンピュータがつながり通信ができるようになっていた。そのネットワークを支える技術はインターネットプロトコルという技術だった。

これは情報をパケットにしてまとめ、そこにタグをつけて送り出すというもので、こうすれば中心がなくとも、この情報はタグを住所がわりにして目的の場所にたどり着くというものだった。

村井が何より興奮をしたのは、中心がないということだった。これは誰が偉いというシステムではない、比較していくシステムだ。その比較の中で様々なことができるようになる。そう考え、日本でもこの「ネット」と「ネット」をつなぐ「インターネット」にコンピュータをつなげたいと強く思った。

一九八四年に博士課程を単位取得退学した村井は、東京工業大学総合情報処理センター助手になる。ここでまず古巣の慶應のコンピュータと東工大のコンピュータをつなげることに成功した。こう書くといかにも簡単なことのように見えるが、当時は、電話回線は電話でしか使うことが法律で許されていなかった時代だ。それをつなげたいと思えば、電電公社という半官半民の組織と何段階ものネゴシエーションをして許可をとらなければならない。

慶應と東工大のコンピュータをつなげたあとは東大ともつなぐことができた。これはJUNET（Japan University Network）とよばれる日本のインターネットの嚆矢《こうし》になる。

人間はみなそちらの世界に行く

村井は、コンピュータとコンピュータをつなげるこの「インターネット」が広がることで人間はみなそちらの世界に行くのだと当時から考えていた。しかし、八〇年代には、ここまで激しく産業の基盤を揺さぶり、あらゆる業種で変化を起こす技術革新だということはわかっていなかった。村井が最初に考えたのは、様々な研究者の論文や研究が「インターネット」でつながることで互いに参照しやすくなる、思考の競争が加速する、といった程度のものだった。

最初は誰にも理解されなかった。インターネットがどうして必要なのか、これが説得できなかった。これは相当悔しかったし、辛かった。誰も電子メールを使っていないし、誰もコンピュータ・ネットワークのことを知らない。そんな状況で、コンピュータ同士をつながなくてはいけないと、説得する。自分で手を動かすのはあたりまえのことだった。マンホールを開け、慶應のキャンパスの地下に潜り、一日中真っ黒になって配線を組む。あるいは、夜中にビルに忍び込み、電話交換機を調べ、あいている回線に接続したり、電線を通すために天井裏にあがってドリルで穴をあけたりした。

コンピュータについての研究はまだ、向うの論文を日本語にして紹介するのが主流の時代で、実際にコンピュータをつなごうと奔走する村井のやりかたは、学会のお偉方から反感をかった。

「村井のやっていることは研究ではない。通信事業者がやることだ」

「村井の手伝いをしていても論文は書けない。出世が遅れるぞ」

インターネットについての論文を書いてもそれを発表する場がなかった。学会ではまだメインフレームコンピュータについての研究が主流だった時代だ。

また、通信には金が莫大にかかった時代でもあった。電話回線ではなく専用線を使うことができれば、一番いい。しかし、その専用線を使うには回線業者に莫大な金を払わなければならなかった。

村井は日本でインターネットを専用線だけでやるためには年間五〇〇〇万円かかると計算し、一社五〇〇万円で一〇社と考え資金を集めた。このプロジェクトはＷＩＤＥ（Widely Integrated Distributed Environment）と呼ばれる。オムロン、ソニー、日本サン・マイクロシステムズ、アスキー、ＣＳＫ、三菱電機、東芝、日本電気、日本アイ・ビー・エムなど錚々たる会社がこの求めに応じ、最終的には一六社が初期出資をした。

村井は、ＪＵＮＥＴとこれらの企業をつなぐことに着手する。しかし、この時村井は東京大学に移っていた。東大と民間の企業が直接結ばれるというのがまだ難しい時代だった。ＪＵＮＥＴは東大と東工大、慶應大という大学同士を結ぶネットワークだからまだよかったのだ。

神聖なる学問の府と利益を追う民間企業を回線でつなぐなど汚らわしい、そう考える東大の教授は多かった。

村井はそこで、知り合いの岩波書店の編集者に頼んで岩波書店を設置の拠点にすることに成功する。当時の岩波書店のブランドイメージは東大の教授たちにとっては水戸黄門の印籠に匹敵するものがあった。このようにしてＷＩＤＥプロジェクトが始まったのが、一九八八年。

しかし、まだこの時代は、通信の規制、通信料が高いということから一般の人々がインターネットという言葉を知るのはもっと後のことになるのである。人々がニュースを得る手段の第一は、毎朝自宅のポストに届く新聞だった。それがもっとも信頼がおけ、かつ安価な方法だったのだ。

慶應ＳＦＣの誕生

村井は、このころから、慶應義塾大学が新しく作ろうとした新学部の創設にかかわるようになる。国鉄分割民営化の理論的支柱となった慶應大経済学部の加藤寛《かとうひろし》や日本のコンピュータ研究の草分けでもある同大工学部の相磯《あいそ》秀夫が中心となってつくろうとした新学部はきわめて先見的な性格をもった学校になろうとしていた。

加藤寛は、コンピュータの専門家ではなかったが、これからの時代は、この言語を習得したものが切り開くと信じていた。

加藤は、この新しい学校を「未来からの留学生」が集う学校にしたいと考え、こんな文章を当時書いている。

〈未来からの留学生にもっとも必要なことは何であろうか。私たちの目先にきている二一世紀では、おそらくコンピュータが大きな指導的役割を果たすことはまちがいない。そこで彼らは、コンピュータを電気や水やガスのように自由自在に使いこなす人間でなければならない。コンピュータといえば特別な人間がこれを使うかのように思い込んでいる今の時代では、到底この新しい時代に適応することはできないのである。だから彼らに必要なのは、コンピュータの教育、つまり人工言語の教育である〉

相磯は相磯で、コンピュータを読み書き算盤と同じように使いこなせる人間を育てたいと考えた。

そうしたことから、この新しい学校では、開校の一九九〇年の当時から、コンピュータサイエンスは、語学とともに二年生までの必修科目とされ、どの学生もそれを履修しなければならない、とされた。

この新しい学校には、二つの学部をつくることにした。総合政策学部と環境情報学部である。二つの学部は薄く、理系・文系とわかれているように見えたが、実は、相互にとれる科目はほぼ同じ。必修の語学とコンピュータサイエンス以外は、経済学、法学、会計学、国際法、システム工学、都市計画、比較文学、認知工学、言語学、人工知能、映画、デザイン、建築とあらゆる科目をとることができた。つまり、この学校は、経済学部、政治学部、建築学部といった専門教育をするのではなく、それらが交差する「学際」を学ぶ人間を育てようという意図があった。

コンピュータサイエンスの必修と専門の垣根を取り払う「学際」、この二つを基本コンセプトとする二つの学部は、既存の慶應義塾の三田、日吉のキャンパスから遥か遠くに離れた江ノ島にほど近い湘南台の広大な土地に作られることになった。

一九九〇年に開校したその学校を湘南藤沢キャンパスと慶應は呼び、慶應SFCと略称された。

この慶應SFCで行なわれたユニークな教育から、二〇〇〇年代、メディアの世界にも大きな変革をもたらす人材が現れるのだが、それは後の話、今は村井のことを続けよう。

意味を考える立場にはない

実は「学際」というのは、村井にとっても大きく影響した。

慶應の工学部や東工大、東大で研究をしていた時には、自分がやっている技術が社会をどう変えていくかということなど真面目に考えたことはなかった。その先がどうなっているのか、知りたい、コンピュータのネットワーク同士をつなげたらばどうなるのか、やってみたい。そうした素朴な欲求に突き動かされて働いた。そしてほとんどのひとが村井のやっていることを理解しなかった。

ところが、一九九三年にモザイクという検索ソフトを米国立スーパーコンピュータ応用研究所が開発したあたりからそれが変わってきた。モザイクは商用のネットスケープという会社を生む。そしてマイクロソフトが、一九九五年にウィンドウズ95を発売し、パソコンが誰でもが使いやすいインターフェイスになってくると、世の中がこの新しい技術に興奮をし始めた。

日本の新聞社がネット上にホームページをたちあげてニュースを流し始めるのもこのころだ。猫も杓子もインターネットという状態になり、村井にアドバイスを求めるひとが門前市をなした。

が、村井はこのころ、インターネット上の農業などへの応用を聞いてくる人たちに対してこんなふうに答えていた。

「僕はシンタックス（構文・文法）を作っているのであってセマンティックス（意味）を考える立場にない」

つまり、技術屋は技術のことだけを考えているのであって、その技術がどのように応用されるのかを考えているのではない、ということだ。しかし、村井はいやがおうでも

村井純　2019年

セマンティックス（意味）に巻き込まれるようになる。

ある時、懸命にシンタックスのための作業に没頭している村井にむかって、同僚の総合政策学部の教授の竹中平蔵がこう呟いたのだった。

「日本のインターネットっていうのはどうしてこんなにぼろいんだ」

振り向いてまじまじとその声がしたほうを振り返る。村井はわけがわからなかった。何を言っているんだ、この経済学が専門だという男は。

実際村井は、欧米の研究者とわたりあい、漢字の表示や入力ができる七ビットを基準にした標準づくりをしていたし、次世代のインターネットプロトコルについては日本の研究者の貢献が大きいことを知っているから、竹中の言っていることの意味がわからなかった。

「馬鹿野郎、何言ってるんだよ」

村井がそう言い返すと、竹中は、セマンティックスの問題を持ち出したのだった。「村井先生。日本のインターネットって、経済のセグメントで使われていない。金融の世界で使われていない。学校で使われていない。政府で使われていない。投票もインターネットでできない。何もできないじゃないか」

応用ということで言えば、村井がわかっていたのは、納税ソフトの売れ行きが、確定申告の時期になるとぽーんと上がるとかその程度のことだった。自分は技術をやっているが、社会に対するインパクトという意味ではまったく無関心だった。虚をつかれた思いだった。

「じゃあどうすればいいの？」村井が聞くと、竹中は一言。

「総理のところに行きましょう」

これが竹中流の手法だった。村井は小渕恵三のもとにつれていかれ、これが二〇〇〇年七月に森喜朗内閣で発足するIT戦略会議につながっていく。

村井は、経済学の竹中平蔵、法学の田村次朗らとの議論の中から、工学オンリーの思考方法から、その技術がどのように社会や経済に影響を与えていくようになっていくのかということを考えるようになった。これはSFCにいなければできなかったことだ。もし工学部にいたままであったらば、一生技術だけで終ったただろう。

技術革新は社会を変える。そこに関わる仕事というのがある。

インターネットは、産業のあらゆる分野で変化を起こしていた。

そして村井もいやがおうでもその潮流に巻き込まれていくことになる。

SFCは技術と社会の交差する場所に様々な人材を送り出していくことになった。

グーテンベルクが活版印刷を発明してそれまで一部の特権層の占有物だった書物が

人々の間に広まるようになって起こった変化、大衆社会のマスコミュニケーションの成立という一六世紀に起こった大変革と同様の変化が起ころうとしていた。

それを日本でリードするのは、紙の新聞を専売店によって人々の家に運ぶ戸別配達制度というイノベーションによって、世界に冠たる大部数を誇るようになった新聞社ではなかった。

ウィンドウズ95が発売になった一九九五年一一月には、日本にはまだ存在もしていなかったヤフー・ジャパンという会社だったのである。

主要参考文献・証言者・取材協力者

村井純、影山工

『インターネット』村井純 岩波書店 一九九五年

『慶應湘南藤沢キャンパスの挑戦 きみたちは未来からの留学生』加藤寛 東洋経済新報社 一九九二年

ヤフー・ジャパン社内向け 社史「ヤフログ」ヤフー誕生秘話

「村井純　苦悩する『インターネットの父』」文藝春秋　二〇〇三年五月号
「現代の肖像　村井純　第2、第3の村井はまだか」滝田誠一郎　AERA　二〇〇四年二月二日号
「戦後70年想う　ネットの主役 人じゃなきゃ　村井純」読売新聞　二〇一五年五月一二日朝刊

第三章　青年は荒野をめざす

二〇一六年には読売、朝日、日経を全て足した売上よりも大きな売上をあげるようになるヤフー・ジャパンの設立は、九六年一月のことだった。旧メディアから若者たちが集まる。

「インターネットって知っているか？」

ずっと後にヤフー・ジャパンの二代目の社長になる宮坂学が、まだユー・ピー・ユーというPR会社の大阪支社に勤めていた九四年頃の話である。東京本社に勤める会社の先輩が遊びにやってきて自社の発行している一冊のムックを渡してくれた。

『情報技術と未来組織：デジタルテクノロジーとネットワークの生産性』と表紙に書かれたそのムックには慶應SFCの村井純や孫正義の弟の孫泰藏《たいぞう》が「インターネット」というものについて語っていた。

宮坂はそのインタビューを夢中になって読む。あっ何か、パソコン通信やDTPより凄いものが出てきたぞ。

同志社大学出身の宮坂はもともと毎日新聞に内定が出ていた。内定者の会に出ると、雲仙普賢岳で同僚を亡くした記者が涙ながらに無念の思いを語るのを聞いて胸を詰まらされたが、しかし、その時でも宮坂は、高校時代に初めて知ったアップル・コンピュータという会社のことが忘れられないでいた。テレビ朝日でやっていた「ベストヒットＵＳＡ」という番組で司会の小林克也が「ＵＳフェスティバル」という連帯のロックコンサートを紹介した。ミーイズムで始まった八〇年代からもう一度われわれのＵＳ《アス》へ、ウッドストックの再来を期すそのコンサートはたった一人の男のポケットマネーで行なわれたと小林克也は語ったのだった。その男の名はスティーブ・ウォズニアック。スティーブ・ジョブズと一緒に美しいアップル・コンピュータという個人用のコンピュータを作っているという。

マッキントッシュ、マックともよばれたアップル・コンピュータは、当時先端の流行に敏感な若者たちを魅了した。デザインがなにより美しい。そのマックを入社する全員に支給するという会社の求人広告をみつけた。それがユー・ピー・ユーという人事系の採用に特化した編集プロダクション型のＰＲ会社だった。宮坂は毎日新聞の内定をけって、ユー・ピー・ユーに入社する。マックを使って雑誌をつくりたい。その一念だった。一九九二年のこと。まだインターネットが一般の人々の間には流布していない、パソコン通信の時代だった。

パソコン通信とは、たとえばニフティという富士通のサービスの会員になると会員相互間でメッセージのやりとりや掲示板に投稿ができる。大きなメインフレーム型のホストコンピュータに放射状に回線がつながりその末端に会員のパソコンがつながる。会員間のやりとりは、そのホストコンピュータを介してのやりとりになる。が、他の会社が運営するパソコン通信の会員とはやりとりができない。そういうものだった。

宮坂が読んだ村井のインタビューによれば、その閉じられたパソコン通信のネットワークをもつなぐネットワークが出現しているらしかった。

雑誌を読んだ宮坂はどうしてもインターネットというものを実際に見てみたくなる。学術機関はつながっているというその記述から、分厚いＮＴＴの電話帳を開いて、かたっぱしから学術機関とおぼしきものに電話をかけていった。

「インターネットありますか？　見せてくれませんか？」

だいたいの学術機関はそんな飛び込みの電話に真面目には対応してくれなかったが、千里中央駅の前にある千里中央財団というところが「あるよ。いいよ」と言ってくれた。実際に足を運んで、つなぐところを見せてもらった。本当にアメリカのホワイトハウスのページが画面の上からそろりそろりと表示された。鳥肌がたった。

インターネットを仕事にしたい、宮坂は痛烈に思うようになる。ＨＴＭＬ言語を独学で学び、ユー・ピー・ユーで他の企業のホームページを立ち上げる仕事を始めるようになる。三洋電機や日本電産といった企業の最初のホームページは宮坂の手で立ち上げられている。

そのうちにＤＴＰとインターネットの仕事ではなくて、インターネットの仕事だけをしたいと思うようになる。希望をもって就職したユー・ピー・ユーだったが、バブル経済が崩壊すると業績が悪化し、ボーナスは一回も出ないというありさまだった。

そんな時に出会ったのがヤフーという奇妙な名前の会社だった。

ヤフーの根源は「分類」

ずっと時代がくだった二〇一八年、日本経済新聞の連載でヤフーのことをとりあげたことがあった。後にグーグルに移るヤフー・ジャパンの第一号社員である有馬誠の言葉をひきながら、結局ヤフーは人力に頼り技術の会社ではなかったから、グーグルに負けたのだと書いていた。

しかし、この説明は、少なくとも日本ではあてはまらない。ヤフーは人力に頼る会社だったからこそ、日本でだけ栄えたのだ。

ヤフーは、スタンフォード大学で電気工学を学ぶジェリー・ヤンが一九九四年に始めたインターネットのポータルサイトだった。

ヤフーがスタート当初米国でもよく伸びたのは、分類するということに手間隙を惜しまないスタートアップだったからだ。学生のアルバイトを雇い、インターネットを回遊させ、面白そうなページをつりあげて、分類していく。

この分類は「アート」「ビジネスと経済」「コンピュータとインターネット」「エンターテインメント」「健康」「ニュース」「レクリエーション」「リファレンス」「地域情報」

「自然科学」「社会科学」「社会と文化」といった大分類にまずわかれる。例えば、「ニュース」をクリックするとさらに細かなツリーが表示される。「世界」「今日の出来事」「ホットな話題」といった具合に。その分類にそうように、みつけてきたホームページのアドレスを登録していく。この役割を担うのが「サーファー」と呼ばれる人たちだった。

これは「編集」の作業ときわめてよく似ていた。何が有益か、面白そうかを人間が判断し、分類していくのである。手間隙はかかる。しかし、当時は、ネット上の情報を分類しきれると信じていたのだった。

これに対して、同じスタンフォード大学でコンピュータ・サイエンスを学ぶラリー・ペイジとセルゲイ・ブリンが一九九八年に始めたグーグルは、すべてを自動化することを目標とした検索エンジンの会社だった。各ホームページや言葉の相互リンクの張られ方を瞬時に判断する検索エンジンを開発し、その検索結果によって人々に満足を与えることを目標としていた。人間が探してきてそのページを登録し、分類するなどということはまったく信じていない。すべてアルゴリズムによって自動化できる、その先にこそ勝利がある、と考えていた。

グローバルな競争で言えば、米国ヤフーはこの「検索」を軽視し、自らがポータルの地位を捨てメディアになろうとした（この意味は後に述べる）ために、二〇〇〇年代にグーグルやフェイスブックとの競争に負け、二〇一七年六月には、ベライゾン・コミュニケーションズに買収され、単独会社としての寿命を終えた。

が、ソフトバンクの孫正義がつくったヤフー・ジャパンだけは例外だった。スタート時に出資比率はソフトバンク六〇パーセント、ジェリー・ヤンのYahoo! Inc.が四〇パーセント。正式な社名はヤフー株式会社。この本では、米国ヤフーと区別する意味でヤフー・ジャパンの通称を主に使うことにする。

ヤフー・ジャパンは、二〇〇〇年代を通じてますます伸長し、親会社であるソフトバンクの経営を助け、二〇一八年度には九五四七億円もの売上をあげるまでに成長する。この売上は、朝日新聞、読売新聞、日経新聞の売上を全て足した額よりも大きい。

日本だけが例外となった理由は、ヤフー・ジャパンが、米国ヤフーの創業時の精神、「人による編集の力を大切にする」、「プラットフォームに徹する」、このふたつを忠実に守った経営をしてきたからだった。

日本の大手企業を出し抜く

ヤフーが米国で有名になりかかっていた一九九五年当時、ソフトバンクより先に、ヤフーを訪ねて日本でやらないかと持ちかけた企業は住友商事を始めいくつもあった。総合商社はほとんど来ていた。NTTも来た。しかし、スタンフォード大学の学生であったジェリー・ヤンにとって日本の大企業からのオファーは、どれも居心地が悪いものだった。話だけはやたらと大きい。何百人もの社員を投入してジョイント・ベンチャーを

1996年、開設当初のヤフートップページ。後に代名詞と言われるほど有名になる「ヤフトピ」はまだない。

つくりましょうと言う。黒ずくめのメン・イン・ブラックのようなスーツを着こなした日本人はどれも同じに見える。そしてスタートするまでの時間を聞くとえらい長い時間を言うのだった。テストマーケティングを六カ月やって、その一年後にやりましょう、といった具合だ。

ジェリー・ヤンらのヤフーは、大学院生がつくった社員数八人くらいの会社だった。文化が違いすぎる。

遅れてサンノゼにやってきたのは、まだソフトバンクの社員だった井上雅博と影山工《たくみ》だった。二人ともに東京理科大学の数学科の出身で、エンジニア的思考を持っていた。九五年一二月一八日のクリスマス前のことだった。

何よりもジェリー・ヤンがほっとしたのは、この二人がスーツを着てなかったことだ。ジェリー・ヤンと同じジーンズで、ガレージのようなオフィスを訪ねてきた。

ジェリー・ヤンが井上に「どうしたらいいと思う」と聞いた時に、井上は「とりあえず、日本では二人くらいで始めましょう」と冗談で返す。そのジョークをヤンが気にいった。続けて「どれくらいで始められるのか」こう聞くと井上は今度は真顔で「六カ月」という数字をあげた。

六カ月！

ヤフー・ジャパンのサービスは実際にはもっと早く九六年四月一日、つまり三カ月強で始まることになるが、このスピード感は他の日本企業にはないものだった。

このころのソフトバンクは、まだ売上も一〇〇〇億円弱、しかし孫正義という経営者をいただくこの会社は、このようにしてなみいる日本の大企業を出し抜いてヤフーをものにしたのだった。

ヤフー・ジャパンはすぐに急成長をし、住友商事のやっていたライコスやインフォシーク、ＮＴＴのやっていたグーなどのポータルサイトを引き離していくことになるが、そこに孫からヤフー・ジャパンを任された井上雅博の才能が大きく寄与したことは論をまたない。

大阪でインターネットの仕事をしたいと恋い焦がれた宮坂学はこの井上の面接をうけて九七年六月二日にヤフーに入社している。社員番号は五三番。まだ箱崎のビルの一スペースにあった吹けば飛ぶような企業だった。

答えは全て新聞にある

九五年から二〇〇〇年にかけて人々がパソコンを買い、インターネットをやり始めていたこの時期に、ポータルサイトとしての勝敗はいかに人がその会社のページを最初の「お気に入り」に登録し、トップページになることができるかにかかっていた。そうすれば、そのサイトを見るＰＶ（ページ・ヴュー）の数があがり広告の料金を高く設定できる。

ヤフー・ジャパンのトップだった井上雅博には独特の合理性があった。

宮坂はこの頃井上がこんなことを言っていたのを鮮明に覚えている。

「お前の馬鹿な頭で何が支持されるかなんて考えるな。その答えはすでに新聞にある。なぜなら新聞社の人が何十年もかけて検証してるからだ。歴史の検証に耐えた正解が紙面にある。だから新聞になくてネットにしかないものを自分が考えてやろうとか思い上がらずに、新聞にあってネットにないものをやれ」

宮坂は入社すると、「ヤフー・ファイナンス」の終値速報の担当が最初の仕事になる。新聞の朝刊には東京証券取引市場他の株の終値の一覧がある。ネットでもその需要はかならずあるはずだ。ということから始まったサービスだった。

宮坂が担当をまかされた九七年は、ちょうど東京証券取引所がその株価データを外部に開放しようとしていた時だった。それまでは日本経済新聞社と証券各社が出資してつくったＱＵＩＣＫ《クイック》という会社が東京証券取引所の株価の信号を独占していた。それがロイターやブルームバーグといった外資のメディアによる開放圧力がかかったことにより、平等に外のベンダーにも開放しようという動きが出てきていた。

が、ＱＵＩＣＫもロイターもブルームバーグも金融機関が月一〇万円前後の金を払って株価や他の金融情報を表示するターミナルを契約するという企業向けのサービスだった。ヤフーに開放するということは一般投資家が自由に見ることができるようになる。ここに大きな違いがあり難しさがあった。

井上はアメリカのナスダックの株価情報が二〇分ディレイで開放されていること、それを米国のヤフーが使って、株価のリアルタイム情報が一般投資家に開放されていることを知っていた。日本もやがてそうなると思っていたが、その機運がいよいよ日本にも訪れようとしているという情報をキャッチしたのだった。担当になった宮坂に、ヤフーにも東京証券取引市場の信号を開放してもらえ、と指示を出す。

「絶対に負けるな、負けたらば許さない」

　この二〇分ディレイの信号の開放にむけて宮坂は不眠不休でそれに対応できるようなシステムをエンジニアとデザイナーの三人でつくる。

　ここで、井上は、その後何度もヤフーの中で繰り返すことになる名言を吐くことになる。それは、「ソフトウェアに不可能はない。しかし、今の技術でできないこともある。そうであればあきらめるのではなく、手作業で手間隙を惜しまずにやれ」ということだった。

井上雅博　2006年©共同通信

　例えば、米国のヤフーでは、その企業のチッカーシンボルをうちこむと最新の株価が出てくるという形式だった。ヤフーであればＹＨＯとうつ。

　日本ではチッカーシンボルはないが、企業にはそれぞれ番号が振られていた。日本水産は1332といった具合に。宮坂は最初その数字をうちこめば株価が出てくるようなシステムをつくろうとしていた。が、それを知った井上はカミナリを落とす。

「ばか、日本水産でもでるようにしなくては不便だろう。日水でもでるようにしろ。入力として考えられるパターンには全て対応しろ」

宮坂は、東京証券取引市場に上場している企業名をすべてリストアップしひきあてのテーブルを手作業でつくる。毎日会社名を睨みながら、どういう名前でユーザーが入力するか考える日々が始まる。

また日本の株価推移の場合は米国の株価推移にはないある表記方法があった。米国であれば、チャートさえつくればいい。しかし日本にはローソク足という独特の表記法があった。チャート上で時系列にそって株価がどれくらい上昇（下降）したかが一目でわかる日本独特の表記方法だった。

「日本では株価と言えばローソクだ。それを表示するようにしろ」

井上は言った。こういうことを外部のベンダーを通さずに、全部なかのエンジニアを使ってやった。ひとつには金がなかったこともあって、全員社員、素人に毛の生えた社員がやらざるをえなかったのだ。

終値については、表記が正しいかどうかを「全データつきあわせて帰れ」という指示も井上から飛んだりした。

到底家には終電間際にならないと帰れない。電車で移動している時間がもったいないと、会社の床に寝て泊まりの作業をする社員もいた。

が、みな好きでやっていた。みな、この新しい産業での大きな変動に心躍らされながら、手間隙をかけてサイトを磨き上げていったのだった。

「まぼろしの共同通信」事件

新聞にあってネットにないもの。その中で最も大事なもの。それはニュースだった。

一九九六年一月にスタートしたヤフー・ジャパンはまずロイター通信から記事を配信してもらっていた。そしてロイターを通じて毎日新聞に接触し、毎日のニュースも見ることができた。しかし、最初は、毎日新聞が新幹線の電光掲示板に出しているものをもらっていたので、九〇字といった短いものが並んでいるだけだった。

設立された当初のニュース部門の責任者は小川敦巳《あつみ》だった。日経BP社で「日経ロジスティクス」の編集をやっていた男で九七年にヤフーに移り、九八年に初代の「ニュースプロデューサー」になる。「ニュースプロデューサー」というと聞こえはいいが、ようは、ヤフー・ジャパンのニュースのディレクトリに入るものは何でも一人でやるという仕事だった。部下はいない。

特に井上から厳命されていたのは、もっと多くのニュースソースと契約をすることだった。

小川は、そこで共同通信に狙いを定める。

というのは共同通信は、地方紙がカバーできない中央のニュースや海外のニュースを取材し、加盟紙に配信する社団法人だったからだ。この社団法人にお金を拠出しているのは加盟紙つまり地方紙である。だから共同通信をおさえれば、中央・海外のニュースだけでなく、そこから地方紙の契約もとれるかもしれないと考えた。

虎ノ門にあった共同通信社に何度も通い、ようやく契約にこぎつけた。

ところが、契約書を結んで、さあ、配信しましょうと配信をしたその日のうちに共同通信の担当者から電話があった。

「申し訳ないが、配信を止めてほしい。この話はなかったことにしてほしい」

「いまさら難しいです」

共同通信の担当者は箱崎のヤフー・ジャパンまで飛んできた。

「なんとかやめてほしい。本当に申し訳ない」と、頭を床にこすりつけるようにして懇願する。

ニュースが流れているのを見た中日新聞と北海道新聞からクレームがきたというのだ。両紙は、「こんなことは聞いていない。だいたい共同の配信記事は加盟紙に流すものだろう」こう怒っているのだという。ようは、加盟紙への根回しがきちんと済んでいないうちに担当者がGOサインを出したということらしかった。

押し問答をしていると、井上雅博が出てきて、「しかたがない、小川、やめよう」ということになった。

井上は転んでもただでは起きない男だった。その共同の担当者から、北海道新聞、河北新報、中日新聞、京都新聞、中国新聞、西日本新聞の担当者の名前と連絡先を聞き出したのだった。共同通信の担当者が退出すると小川に向かって井上は言った。

「よし、これ全部とってこい」

「全部って？」

「ブロック紙に直あたりしてとるんだよ。全国行脚するんだ。とれるまで帰ってこなくていい」

その日からたった一人で、小川は、札幌、仙台、名古屋、京都、博多とまわる日々が始まった。一一月の札幌では靴のことを言われた。「例年だったら雪降ってるから、その靴では歩けなかったよ」。北海道新聞は一〇人、中日新聞は七人の社員が小川を出迎えた。小川は必死にヤフーに載せることのメリットを訴えた。

仙台にいる時に名古屋の中日新聞に電話をかけてアポをとり渡り歩いていく。こんなふうにして旅から旅への死のロードを続け、中国新聞に行った時には、とうとう風邪でたおれ、医務室で薬をもらったりもした。

一月《ひとつき》ほどかかって、小川はこれらの新聞社を説得して、ヤフーにニュース配信をしてもらうことの了解を得たのだった。

一九九八年六月一日には、北海道新聞、河北新報、中日新聞、京都新聞、西日本新聞の各紙の記事がヤフーに流れだす。

旧メディアから身を投ずる若者たち

草創期のヤフーには、旧メディアからの若者たちが次々に飛び込んできた。日本の新聞社や放送局、出版社は様々な参入障壁があるので、給与水準は高い。だからヤフーに転職すると給料は半分に下がるケースもある。それでも、読売新聞社、東海テレビ、日経BP社、TBS、中央公論社、日本の錚々たるメディアの二〇代、三〇代の若者たちが、このちっぽけな会社に身を投じた。

読売新聞で六年勤めた奥村倫弘《みちひろ》もそうだった。

奥村は、警察まわり通称「サツマワリ」というのが嫌でたまらなかった。朝、晩、警察幹部のご機嫌をとるようにして、家を訪ね、進行中の事件について話を聞き出そうとする。必死になってその情報をとって新聞で抜いたにしても、そこにどんな意味があるのだろうと思った。朝刊に書いても、他紙は夕刊で追いかけられる。そこにどんな違いがあるというのか？

奥村もマックのファンだった。最初の赴任地の福井で、マッキントッシュのコンピュータをインターネットにつないだ。福井原発の稼働状況をリアルタイムで見ることができる、まずそのことに驚いた。奈良支局をへて大阪の経済部に配属になる。これでようやく世の中の大きな動きを取材できる、そう喜んでいたら、経済部でやることも基本はサツマワリと変わらないのだった。鉄鋼と化学を担当したが、ここでも夜回りと朝駆けなのだった。それで必死になってとってくるのは社長人事。どうでもいいことではないか、そういう思いがぬぐえなかった。

奥村は始まったばかりのヤフーのページを使っていたから、ヤフーの求人が出ていたことはすぐわかった。それで応募をし、井上と有馬の面接をうけて採用された。

給料は四割下がったが、箱崎のその会社に通うのが楽しくてしかたなかった。

まずスーツを着なくていい、というのがこんなに自由なものなのかとのびのびと息が吸えるような気分だった。

そして、奥村がまかされたのは「サーファー」という仕事だった。一日、インターネットを徘徊し、面白そうなサイトがあれば登録し、分類していくという作業である。好きなインターネットに一日中触っているだけで、給料をもらえる、こんな素晴らしいことがあるだろうかと、二九歳の奥村は思った。

やがて影山工のアイデアでニュースについて「サーファー」である奥村が分類し、選んだ八本を掲示していくという「フルカバレッジ」というサービスが九八年一月から始まることになる。

これが後の「ヤフー・ニュース・トピックス」（略称ヤフトピ）の原型となる。

奥村が分類をするというところが重要だった。読売新聞という一流のメディアでニュース感覚を磨いてきた男が編集者として、何が現在重要なニュースなのかということを提示するのである。当時はまだヤフー・ニュースが契約している媒体社が少なかったために、この配信記事だけを掲示するのではない。そうでなければ、各新聞社の記事にリンクを張って見出しを掲示した。

この「ハイパーリンク」というのがインターネットの大きな発明であることを初期のヤフーのメンバーはよく見抜いていた。「株価情報」をやっていた宮坂学しかり、奥村しかり。奥村の仕事はもともと「サーファー」で、面白そうなページをみつけて、リンクを張ってヤフーで分類することだったから、ニュースの世界でもその手法を使った。ヤフーが配信をうけていようがなかろうが、大事なニュースはリンクを張って、ユーザーがそこを踏み、新聞社のサイトにとんでいって見ればいいのである。

ささやかに始まった「ヤフトピ」はまたたくまに支持をうけてPVを稼ぎだし、その位置もトップページの右側という重要な場所を占めるようになった。二〇〇八年には、トップページの中央にくるようになる。いわばヤフーの顔になるが、そうなるためには、ある重要な新聞社を落とす必要があった。

九七年の段階では、共同通信が抜け、全国紙は毎日新聞だけだった。しかも、毎日新聞はリアルタイムでニュースを送ってくるのではなく、紙の新聞の朝刊、夕刊が校了した時間にまとめて送ってきており、朝刊が配られる時間帯以降でないと出してはいけない、といった縛りがあった。

通信社のように、ニュースが起こるその場で原稿を送ってくるような強いソースがほしい。それを自社サイトで行なっている有力紙があった。

1998年、ニュースを８本選んで表示する「ヤフトピ」が右側に登場。

読売新聞である。

主要参考文献・証言者・取材協力者

宮坂学、影山工、小川敦巳、奥村倫弘

ヤフー・ジャパン社内向け　社史「ヤフログ」ヤフー誕生秘話
ヤフー株式会社統合報告書
ヤフー株式会社アニュアルレポート　二〇一七年三月期

第四章　読売を落とせ

激烈さを増すポータルサイト同士の競争のなか、「ヨミウリ・オンライン」は喉から手がでるほどほしいコンテンツだった。遅れをとったヤフーの井上雅博はいらだつ。

二〇〇〇年代に入って富士通やソニー、住友商事、日本マイクロソフトなど名だたる企業がパソコンのトップページに自社系列のポータルサイトを登録させようとやっきになっていた。ポータルサイトにとってニュースは生死を決めるコンテンツと言ってもよかった。

中でもこの時期、人気があったのは読売新聞からのニュース配信をうけることだった。読売新聞の運営するニュースサイト「ヨミウリ・オンライン」はとにかく生ネタが早かった。事件発生とほぼ同時にサイトが更新される。

その理由は、二〇〇〇年秋に、読売新聞が編集局と、「ヨミウリ・オンライン」を運営するメディア戦略局の間に「ニュース配信センター」という部署をもうけたことにあった。

すでにこのころから読売はインターネットの速報用に記者が記事を書いていた。そうした記事は、この「配信センター」を通じてメディア戦略局に送られていた。紙面掲載を前提とした記事は、編成部で取捨選択された後に、メディア戦略局に送られた。「ヨミウリ・オンライン」に掲載される生ニュースは、二〇〇〇年代初めで一日一六〇本から二〇〇本までになっていた。

この「ヨミウリ・オンライン」に掲載されるニュースが配信されれば、ポータルサイトにとっては他社を引き離す大きな武器になる。

すでに、マイクロソフトの運営するMSN、富士通系のニフティ、ソニー系のソネットが読売新聞からのニュース配信をうけることに二〇〇〇年に入って成功していた。

ヤフーはゴリアテではない

ヤフー・ジャパンの社長だった井上雅博はこの状況にいらだっていた。何としても読売新聞を落とさなければならない。

このころすでにヤフー・ジャパンは、ヤフー・メールやヤフー・オークション、ヤフー・ファイナンスなどの幅広いサービスがユーザーの間で好まれ、他のポータルサイトを大きく引き離しつつあった。

読売新聞のメディア戦略局の当時の分析では、「すでにヤフーはガリバー的な地位を固めつつある。他のポータルサイトを1とすると10のトラフィックを持っている」と見ていた。そうしたことから、ヤフーに対する警戒感があり、外部への配信を担当するメディア戦略局の事業部はなかなかヤフーとの交渉に入ろうとしなかった。

が、これは、ウエブを扱っているメディア戦略局だけの話。編集局の幹部の多く、渡邉恒雄を始めとする役員の多くは、そもそもヤフーなど歯牙《しが》にもかけなかった。二〇〇〇年というのは読売新聞の部数が一〇二〇万部を越え、ピークをつけようとしていた時期でもあった。紙こそが王者。ネットなどは付随物だ。そもそも関心がなかったというほうが正しい。

メディア戦略局の事業部は、新幹線などの電光掲示板の配信の契約なども担当していたが、ウエブのポータルサイトも、それと同様のものと、紙の編集局の幹部たちは考えていた。

ウエブの世界で「ガリバー」とは言っても、まだ、二〇〇〇年当時のヤフーは社員数で言うと三三九名。箱崎のオフィスを出て表参道に移っていたが、受付に人はおかず内線電話機が一台おいてある、その程度の中小企業だった。

ゴリアテは読売であり、ヤフーは巨人兵ゴリアテに戦いを挑んだ羊飼いのダビデ的存在と言ってよかった。

読売の中枢部にとっては視界にも入らない存在。が、逆にヤフーから見ると、読売はどうしても契約したい相手ということになる。

井上は、二〇〇〇年になると宮坂学にニュース部門を率いさせ、複数の部下を使うようにさせていた。

宮坂の下でこの交渉を担当することになったのは、三代目のニュース・プロデューサーとなった小林聡史だった。小林はもともと中央公論社の編集者だった。石ノ森章太郎や松本零士などの漫画家を起用してヒット作を何作かつくっていた。しかし、すでに中央公論社は、総合出版社としての役割を終え、経営が傾き始めていた。小林もパソコン少年で、インターネットに魅せられたが、すぐにインターネットの会社に転職するのではなく、「一太郎」というワープロソフトを作って大ヒットを飛ばしていたジャストシステムにまず転職する。その「一太郎」もマイクロソフトに食われて傾きかけたのを機にヤフーに転職してきたのは二〇〇〇年のことである。古巣の中央公論社はすでに前年に読売新聞社に買収されていた。

小林は宮坂と影山にレポートするという組織形態になっていたが、読売との交渉は、井上が直に指示を出すこともある重要案件となっていた。

夜討ち、朝駆けの対価

読売側の交渉相手は飯尾晋《すすむ》という男だった。聞けば、二〇〇〇年の異動で広告からメディア戦略局の事業部に移ってきたのだという。

飯尾が広告を長く担当してきたことは、この交渉で大きなポイントになる。

交渉は両者の最初の提案に開きが大きすぎて難航した。

飯尾が主張したのは、「読売新聞の記事は、記者たちが夜討ちや朝駆けで毎日かけずりまわってとってきている大事な情報だ。記事ひとつひとつに莫大な経費がかかっている」。だから、この経費の分も勘案した情報提供料をくれ、ということだった。

一方の小林は、入ってくる広告の料金から、情報提供料の限界があるという主張だった。何しろ、影山や小川が最初にヤフー・ニュースを始めた時の各紙に払っていた情報提供料は月二〇万円といった数字だったのだ。

最初のころのヤフー・ニュースは、広告の入りも悪く、ニュースだけみれば赤字というのが小林の言い分だった。

さらにそのうえで小林はこう言った。

「ヤフーはニュースの重みづけをともなった配信を希望している」

つまり読売側から配信される際に、読売が重要だと思うニュースにフラグをたててほしい、ということだった。

二〇〇一年二月から始まった交渉は、激しいやりとりをともなった連日の交渉となった。相手側の飯尾は、広告で音楽業界との契約をいくつもまとめただけあってタフ・ネゴシエーターだった。ついつい小林は弱音を吐く。

「うちの井上が本当に気にしていて、何としても読売の配信をうけろとプレッシャーがきついんですよ。他のポータルサイトが契約をとれたのに、なぜヤフーだけとれていないんだと相当に焦っています。何とかなりませんか」

情報提供料は当初のヤフー側のオファーからどんどんつり上がっていった。しかし、上限というものがある。

ここで広告出身の飯尾がいることでだされた解決策が、情報提供料の他に読売新聞にヤフーが広告を出稿するという案だった。

紙の新聞にとっていいことは、社内にとって覚えめでたいということと同義であった。ヤフー側は、読売新聞に毎月一〇四〇万円の広告を出す。

読売がヤフーに広告を出すこともバーターで契約には入れることが決められ、これは毎月一四〇〇万円の広告を出すことになっていた。

情報提供料としては、当時としては破格の月五三〇万円をヤフーが読売に払うということで落ち着いた。

さらに、契約期間は一年とされた。この一年ごとの契約によって読売はいつでも契約を切ることができるし、それをテコに条件をさらによくすることができる（実際に、その後この一年ごとの契約という条件をテコに読売はさらに好条件を獲得することになる）。

このようにして、契約の概要がほぼまとまったのが、一カ月後の二〇〇一年三月だった。

実際に両社の役員会の決裁をへて契約を結んだのは、八月二〇日のことだった。契約書には、読売はメディア戦略局長の高田孝治、ヤフーは社長の井上雅博みずからが署名捺印をし、ここに読売のヤフー提供はなった。

契約を結んだその翌日八月二一日から読売のニュースがヤフーに配信され始める。

PVがぐっとあがる

小林についでニュースを見るようになっていた川瀬達也は、読売から流れ始めたニュースを見て驚愕する。早いのだ。現在進行中の事件の記事がどんどん送られてくる。ネットにおいて重要なのは、更新性がいかに早いかということだ。読売が入ることでヤフー・ニュースはリアルタイムのニュース感を身につけることになる。

そしてPVを見ると、読売のニュースが配信されるたびにグングンあがっていくのがわかった。

「ヤフー・ニュース・トピックス」で重要なニュースを選んでいた奥村も、古巣のニュースの速さと確かさを見て誇らしい気持ちになる。特に社会部ネタには強いということがよくわかる。必然的にヤフトピでピックアップされることも多くなる。

このようにして読売を得たヤフーはニュースのポータルサイトとしても磐石の地位を築きあげていくことになるのだった。

不吉な一歩にならないか？

一方の読売新聞では、ヤフーにニュースを流すことはどううけとめられたのだろうか？　紙の新聞をつくっていた編集局の中の連中はほとんど関心がなかった。しょせんは周辺の話だ。自分たちには関係ない。が、メディア戦略局の中の紙の新聞から移ってきた先鋭的な社員の中には、一抹の不安を覚えるものもいた。

これは不吉な一歩にならないだろうか？

当時、東京本社の幹部だった滝鼻卓雄《たきはなたくお》が如水会館でおこなわれたシンポジウムで話をした際にこのヤフーへのニュース提供について質問をした社員がいた。「ヤフーに提供することについては賛否両論あったと思うが、どう考えているか」。滝鼻は「ヤフーへの提供のおかげで読売の知名度があがり、本紙の購読にもつながっている」と太鼓判を押したが、実は景気づけで言っただけで、確固とした証拠があって言ったことではなかった。

ネットでニュースは「ただで読めるもの」という習慣が人々につきはじめていた。

この頃、朝日新聞で編集局長補佐（前・次期システム担当補佐）をしていた田仲拓二には、横浜の販売店の店主たちとの会合でのこんな経験がある。

和やかな食事の席での懇談になるはずだったが、一番大きな店の経営者が、アサヒコムの記事をプリントアウトした束を持ってきていて、テーブルの上にドンと置いたのだった。すべて今朝のアサヒコムで読めた記事のプリントアウトだった。

「田仲さん、編集局はどう考えているんだ？　あなた達が書いた記事は、新聞を読まなくともアサヒコムでみんなただで読めてしまう。お金を出して新聞をとってくれる人が減っていくのはあたりまえじゃないか。これ全部、今朝のアサヒコムで読めた記事のプリントアウトだ。なんとかしてくれ」

ネットでただで新聞記事が読めるせいで、もう新聞はとらなくてもいい、という人が次々に現れているのだという。

そのころ、新聞各社のニュースサイトは、朝日も読売も紙の新聞に出す記事のかなりの部分をサイト上でも読めるようにしていた。無料にして、ウエブ広告で稼げばいい、また本紙の購読の案内もつけて新聞購読につなげるようにする宣伝と考えればいい、という戦略だったが、新聞販売店の経営者たちは自分たちへの深刻な脅威とみなした。

当時、ネットでの情報はただがあたりまえ、ただでなければならないとされた。一九八四年に最初に開かれたハッカーズ会議で未来学者のスチュアート・ブランドが、アップルのスティーブ・ウォズニアックとの議論の中で言ったセリフが何度も引用された。

「Information wants to be free」

情報は解き放たれたがっているという意味と、情報はただで流通されたがっているという両方の意味をかけた言葉で、二〇〇六年に『ウェブ進化論』を書くことになる梅田望夫も同じことを私に当時言っていた。産経の住田良能社長にウエブ戦略でアドバイスをしていた梅田は「とにかく全部ただで見せること。そこから紙の購読にもつながっていく」と自信を持って勧めたのだという。スチュアート・ブランドが八四年のハッカソンで言ったもうひとつの言葉が省みられることはほとんどなかった。スチュアート・ブランドは実は続けてこうも言っていたのだった。

「Information also wants to be expensive」

スチュアート・ブランドは技術が情報の流通をかぎりなくただにしていく一方で、複雑化する社会のなか人々の将来の生活設計をよりよくするような洞察をふくんだ情報は、逆に価値が増すと強調していたのだった。

このブランドの互いに矛盾するような二つの言葉は、その後の新聞社の運命を考える意味で極めて示唆に富んでいる。読者はより深くその意味をこの本の後半で知ることになるだろう。

ともあれ、読売新聞は、ヤフーという巨大ポータルサイトへニュースの提供を始めた。人々は、ただで読むことにますます慣れていった。

まさに、「Information wants to be free」。

が、大ポータルサイトでただで自社の記事を読めるようにする。その読売の「最初の一歩」は果たして正しいものだっただろうか？

主要参考文献・証言者・取材協力者

宮坂学、小林聡史、川瀬達也、奥村倫弘、田中拓二、滝鼻卓雄

「メディア局の概要」二〇一六年七月 読売新聞 管理部

'Information wants to be free ... and expensive' by Jennifer Lai, Fortune, July 20, 2009.

'Information wants be expensive' by Gordon Crovitz, Wall Street Journal, Feb 23, 2009.

他に読売社内では匿名で協力してくれた複数の人がいることを記す。

第五章　ライントピックス訴訟一審

ハイパーリンクというインターネットの最大の発明を使って様々なビジネスが花開く。神戸の小さな会社が始めた「ライントピックス」というサービスもそのひとつだった。

インターネットの最大の発明はハイパーリンクだ。そこを踏むと、まったく別のページに飛んでいける。これは従来の紙と活字とはまったく違う。紙の本であれば、参照にする資料があっても、それを記載するだけでその本や資料に飛んでいけるわけではない。ヤフーのサービスの始まりにディレクトリがあったことはすでに書いた。これも、面白そうなページにリンクを張って分類し、ユーザーがそのページに飛べるようにしたのである。

現時点でのもっとも大事なニュースを八本選んで表示するという奥村が始めた「ヤフー・ニュース・トピックス」（通称ヤフトピ）も、ヤフーが配信をうけてない記事であっても面白い記事であれば、リンクを張って見出しを表示し、飛んでいけるようにしたこともすでに書いている。

ヤフー以外にも、このハイパーリンクを使って、インターネットでは様々なベンチャーが生まれた。

二〇〇〇年に神戸の二〇代の兄弟が起業したデジタルアライアンスという会社が注目したのもこのハイパーリンクを使ったビジネスだった。兄の有本哲也は関西銀行出身。弟の有本武司はエンジニアだった。

ホームページの作成・運用の会社として始まった。二〇〇〇年末に手がけた神戸情報という会社のサイトに、毎日のニュースの速報をながそうとしたが、そうしたサービスがなかったことから、自分たちがやればいいのではないかと、そこからシステム開発が始まった。

ダウンロードすれば、画面の上のところにバーがあらわれ、そこにニュースの見出しが流れる。それを踏むとハイパーリンクによってヤフー・ニュースに飛ぶというのはどうだろう？

こちらはヤフー・ニュースを見て見出しを手入力してリンクを張っていけばいい。

インターネットの広告は、ＰＶ数によって決まるから、外からの流入になるこのサービスをヤフーだって嫌だといわないのではないか。ヤフー・ニュースのヘルプのページに記事へのリンクについての項目があり「記事へのリンクは問題ありません」とあった。念のため有本はカスタマー・サービスに宛てて、「地域情報発信コンテンツにその日のニュースの見出しを載せてクリックすると、御社の記事にリンクするようにしたいと考えております」とメールをうち、「見出し」については若干変えてもいいのかを尋ねた。翌日の二〇〇〇年一〇月一七日には「記事本文の内容とかけはなれた表現でなければ、多少のアレンジは可能です」と返信があった。

これをもって了承がとれたと有本は考え弟がシステムを開発、ここに「ライントピックス」というサービスが始まった。この「ライントピックス」のソフトをダウンロードすると自分のホームページの画面の上部にバーが走り、そこにニュースの見出しが流れるという仕組みだった。見出しをクリックするとヤフー・ニュースの当該のニュースのページに行き本文を読むことができる。

当初の一年間はこの「ライントピックス」のサービスで兄弟は金儲けをしようとは思っていなかった。事業目的ではなく情報共有の理念のもとにスタートしたのだと有本らは語っている。三本のニュースの見出しが流れたあとに一本の広告を流し、それで収入を得るようになったのは、サービスを始めて一年後のことだった。だが、それにしても、これで得ることのできる広告収入はせいぜい年に一六〇万円にすぎなかった。

しかし、三五〇〇ものユーザーに使われ、若い兄弟は満足をしていた。神戸の社員数が五人に満たない会社だったが、これからの希望にあふれていた。インターネットという新しい技術の潮流にのって、情報を共有するサービスをしていれば、いつかは、大きく飛躍できる時がくる。Information wants to be free.

二〇〇二年のクリスマスに突然の報せが届くまでは……。

読売新聞からの提訴だった

そのクリスマス・プレゼントは不意にかかってきた報道機関からの電話だった。

「読売新聞に御社のサービスが提訴された件について話を聞きたい」

最初はいったい何のことかわからなかった。が、すぐに前年六月にヤフーの法務部から内容証明が届いたことを思い出した。

それはヤフーの法務部長別所直哉という人物からのものだった。

そこには、ライントピックスのサービスが、規約第一五項に違反するとあった。この第一五項には、コンテンツ提供者の許諾を得ずにコンテンツを複製・翻案することは禁じているとある。しかし、この時有本哲也は、すぐにヤフーのカスタマー・サービスに宛てて「ヤフー・ニュース記事の表題をそのまま利用した場合、利用規約への抵触が発生するとの指摘を受け」たが、ではどのように見出しを表示すればいいのかと問い合わせていた。「リンク先のサイト運営者様の運営方針を尊重させていただきますのでお手数ですが、ご意見をお聞かせ頂ければ幸いです」

こう聞いたがヤフーからの返事はなかった。

しかし、電話をしてきた記者の言葉によれば、提訴をするのはヤフーではなく、今まで一度も接触されたこともない、接触をしたこともない読売新聞という会社らしかった。

自分たちは、「ヨミウリ・オンライン」の記事見出しを無断複製し、読売新聞の著作権を侵害、また営業活動への不法行為を行なったのだという。

そして損害賠償と、記事見出しの複製の差し止めを求められているというのだ。

損害賠償の請求額は六八二五万円。

始まって二年あまりの社員数一〇人にもみたない若い会社にとっては、とてもではないが払いきれない金額だった。

六法全書を抱えたコナン

この「ライントピックス」訴訟を読売新聞で指揮することになったのは、室から部になったばかりの法務部で部長となった山口寿一《としかず》だった。

後になみいる先輩たちを出し抜き、渡邉恒雄よりグループ本社の代表取締役社長に指名されることになる山口はもともとは、目立たない司法担当の記者だった。

八〇年代後半から九〇年代の司法記者クラブは事件の宝庫で、撚糸工連事件、平和相互銀行事件、リクルート事件、談合疑惑、KSD、銀行接待等々、各社はエースを司法記者クラブに送り込み、これらの事件を追った。朝日新聞の村山治、NHKの小俣一平《おまたいっぺい》、共同通信の魚住昭、一癖も二癖もある記者たちが、東京地検特捜部や事件関係者に食い込み、抜きつ抜かれつの熾烈な報道合戦をくり広げていたのだった。

一九七九年に読売新聞に入社した山口は、これらの名物記者たちのいた司法記者クラブの最終期に、配属されてきた。朝日の村山は、一年だけ山口と司法記者クラブでかぶっていると記憶している。

めだったスクープは抜かなかったが、検事から信頼の厚い、いい記者だった。検事で言えば、斉田国太郎、公正取引委員会にいった郷原信郎などによく食い込んでいた。熊崎勝彦も山口をよく気にかけていたという。

山口が司法記者クラブのキャップだった時代に下についた清水純一（一九八八年入社）は、山口が、○○の情報をくれ、と自分たちのように検事にアプローチするのではなく、検事たちがとりくんでいる問題について、ともに議論をしている姿が強く印象に残っている。山口は当時、清水に「自分が記者をやっているのは社会正義のためだ」と言っていたが、抜いた、抜かれたから超越したところで、事件の先読みをしたり、事件がはらむ問題について検事と議論している。迂遠なように見えたが、それが信頼につながっているのだと清水は思った。

山口はこの司法記者クラブ時代に回った検事や弁護士の人脈をいかし、九八年に配属された法務室でめきめき頭角を現してくる。とはいっても二〇〇〇年の法務室は、室長と山口のふたりだけの小さな部署だった。

この時の法務室長は経済部から回ってきた男だったので、きったはったの現場は経験していない。週刊誌に対する名誉棄損訴訟といった仕事は、その経済部出身の男が配属されてくる前から山口の担当だった。

会議には必ず六法全書を小わきにかかえて参加し、めがねをかけたその風貌がアニメの「コナン」に似ていたことから「六法全書を抱えたコナン」と呼ばれていたりした。

山口は、東京ドームに出入りして、外野席を占拠する私設応援団の排除の問題にとりくむことになるが、それと同時並行でとりくんだのがこの「ライントピックス」の問題だった。

二〇〇二年七月に読売新聞のメディア戦略局がホットリンクというサービスと契約を結ぼうとした時に、「ライントピックス」という同様のサービスが読売に対して対価を支払わずに行なわれていることを知ったのがきっかけだった。

このころ、新聞社や通信社はネットの浸食にいらだちを覚えていた。ライントピックスについて最初に問題視したのは、共同通信で、やはりヤフーに配信している記事の見出しを「ライントピックス」が借用してヤフーに飛ばすことを問題視していた。

共同通信の担当者がヤフーの法務部に「なんとかならないのか」と怒鳴り込んできたことがきっかけで、二〇〇一年六月のヤフーの法務部長名の内容証明が「ライントピックス」を運営するデジタルアライアンスに送られていたのだった。

ヤフー法務部のジャンヌ・ダルク

メディアの各社から「なんとかならないのか」とねじ込まれたヤフーは困惑していた。

ヤフーの法務部でこの問題に対応したのは、二〇〇〇年九月にヤフーに入社した今子《いまこ》さゆり。早稲田大学政治経済学部を九五年に卒業し、三井物産のエンジニアリング系の会社やノエビア化粧品で知財を担当したことから、法務部の四人目の社員として採用された。

ニュースのプロデューサーから「共同通信が激怒している。どうしたらよいだろうか」という相談をうけたのが最初だった。そのころになると、「まぼろしの共同通信」事件でヤフーを離脱した共同通信も再び契約し、ニュースを流すようになっていた。「どうしたらいいだろう」とニュース・プロデューサーは言うのだが、今子は、「いやこれどうしようもないですよ」と返しておいた。というのはまず、リンクを張るのはインターネットで自由だということ。仮に見出しに著作権があってそれを利用するのが著作権侵害にあたるとしても、著作権をもっているのはヤフーではない。だからヤフーの立場として、たとえ記事本文をコピペされていても言いようがない。こう答えておいた。

そのうち共同通信の人間が乗り込んできた。「ヤフーが許諾しているんですか」と激怒している。「いいえ」と答えると「そちらなんとかならないんですか」と怒りが収まらない。話をよく聞いてみると、〝これはただのりではないか〟、という怒りが新聞社・通信社の側にはあることがわかった。自分のアンコントローラブルな状態で、コンテンツを使われるのが許せない、そういうことなのだ。

ネットになれていないんだな。そう今子は思った。

ヤフーは、いろんな人がいろんなコンテンツに出会う場を提供しているので、「ライントピックス」のやりかたもわかるが、新聞社の方々はそれが許せないんだな。ある種の妥協策で、法務部長の別所名義の通知書（内容証明）は書かれたという。書いたのは今子だった。そういう内容証明を出して共同通信の気がおさまるのであればいい、そういう判断だった。

読売の法務部長の山口寿一も部下の加藤隆則とともに、ヤフーに乗り込んでいる。対応したのは、当時のニュースのプロデューサーだった川瀬達也と法務部の今子だ。

「ライントピックスが流している見出しを踏むとヤフーの記事に飛ぶしかけになっている。そしてそれは、ヨミウリ・オンラインがヤフーに流している記事である。これは困るではないか、なんでやめさせないんだ」

川瀬はこう答えた。

「ライントピックスがコンピュータでクロールしてヤフーの記事のリンクを張ってきているのならともかく、手入力でいれているようなので、そうなれば防ぎようがありません」

こうして読売新聞は、「ライントピックス」を運営しているデジタルアライアンスを提訴することになったのだった。

読売社内では、この案件はＹＯＬ訴訟と呼ばれるようになる。

なぜ、事前交渉をしなかったのか？

しかし、それにしても、なぜ読売は、事前にデジタルアライアンス側と交渉をせずにいきなり提訴という手段をとったのだろう？

山口は、こうした新聞社のコンテンツに「ただのり」するサービスは、ライントピックスに限らず今後も現れてくるだろうと、考えていた。したがって、個別にデジタルアライアンスに連絡をとって解決を図ってもあまり意味がない。「抜本的に解決するには、すみやかに司法判断を仰ぎ、新しい法規範を明らかにする必要があると考えたから」だと、私の取材に答えている。

ダビデとゴリアテ

神戸で弁護士事務所を開設したばかりの柴田眞里のところに、デジタルアライアンス社の有本哲也から電話がかかってきたのは提訴をうけてすぐのことだった。柴田は九七年に弁護士登録をし、いそ弁（勤務弁護士）をへて、有本と同様に、二年前に独立したばかりのまだ三三歳の新人女性弁護士だった。

読売新聞に提訴されたので、弁護をひきうけてほしい、と言う。

柴田は、いそ弁時代にその事務所のパートナーだった弁護士がゲーム会社の顧問をやっていた関係で、著作権事件は二、三度携わってはいたが、ひとりでやったことはない。

始まって二年の会社だからそんなにお金を出せるわけではないだろうから、誰かに応援を頼むわけにもいかず、一人でやらなくてはいけない。

ところが有本は、電話口でこう言ったのだった。

「実は、知り合いには大阪の著作権で有名な弁護士をつけるように勧められました。でも、そういうえらい人に頼んだらば、自分の思ったことが言えない、自分の思いをわかってくれる人に頼みたい」

そういうことならば、うけようと思った。

「ああそうですか。やりましょうか。ただ出張費がかかりますよ」

これは、ダビデとゴリアテの戦いになる。かたや、始まったばかりの社員数一〇人にもみたない会社。かたや、グループのうちの基幹六社と言われるグループ本社、東京本社、大阪本社、西部本社、巨人軍、中央公論新社を足した総売上が四八九六億円、一〇〇〇万部を超える世界一の部数をほこる読売コングロマリット。

その勝敗は始まる前から見えている……、そう読売は少なくとも考えていたらしい。

読売側の慢心を感じる

その証拠に、読売側は第一回の口頭弁論の日になっても、証拠を提出していなかった。どんな証拠を出すかその項目は提出していたのだが、証拠自体を提出していなかったのだ。ライントピックス側の弁護士の柴田眞里は〝なめられている〟、と感じた。

ヤフー法務部の今子も読売の慢心を感じていた。

読売新聞が、ヤフーが共同通信に言われてデジタルアライアンスに送った通知書をほしい、と言ってきたのは、読売が提訴したあとのことだった。普通は提訴する前に言ってくるだろう。自信満々なのではないか。

デジタルアライアンス側の弁護士の柴田眞里も、ヤフー法務部の今子さゆりも、期せずして驚いたのは、読売の弁護団に竹田稔の名前が入っていたことであった。

知的財産を勉強してきた今子や柴田にとっては、この竹田の名前は知財法務に詳しい裁判官として有名すぎるほど有名な男だった。一九八三年に東京高裁の知的財産権部所属の裁判官となってから、知財に関する数々の事件を裁いてきた男で、裁判所の知的財産権部の部長もやり、九八年まで裁判官でいたのちに弁護士になった男だった。

読売の弁護団の構成は、この竹田稔を筆頭に六人の弁護士をそろえていた。

対するデジタルアライアンスの側は女性弁護士である柴田一人である。

こうした布陣であるので、自信満々なのもむべなるかなと今子は思ったが、それでもこの事件は読売に分が悪いのではないかと今子は感じていた。

まず、この裁判の組み立ては、見出しに著作権があることを法廷に認めさせる必要がある。そのうえで、不法行為もなりたつという骨組みだ。

そして、この見出しに著作権を認めさせるのは相当の難物だろう。そもそも新聞記事の一行の見出し自体に「著作権」が認められてしまえば、インターネットの検索のサービス自体がなりたたなくなる。検索は見出しをひっかけて表示するしかないからだ。

また、読売側は、ハイパーリンクでヤフーのページにデジタルアライアンス側が飛ばすこと自体を問題視していたが、インターネットはハイパーリンクでなりたっているものだ。それがかりに法廷でだめだということになれば、自分たちも困る。

読売側はヤフーの法務部長の別所の陳述書をほしい、と言ってきた。契約先なのでひきうけた。別所の草稿ドラフトは読売側が書くという。送られてきたドラフトに手をいれるのは今子の仕事だった。読売の見出しに著作権があるのは自明であるとか、このサービスは不当である、とか、まるで読売の人間が書くような陳述書になっていたのでそれを和らげて、できるだけ事実経過のみを記すよう変えて今子は戻している。

弁論準備手続きが始まった。弁論準備というのは、争点整理のために、裁判所が主宰して双方の当事者がひとつの部屋で協議をしあうというものだ。ここで、神戸から一人上京していた柴田はまず驚くことになる。こちら側は自分ただ一人だけ。が、読売側は全員の弁護士と読売新聞の社員がずらりとそろっていた。弁論準備は、弁論準備室や和解室で行なわれるが、それほど広い部屋ではない。裁判官がいて、自分がひとりぽつんといる。あとは読売側の弁護士と読売の社員がずらりとり囲む形になった。机に着席できない読売の人間は後ろに椅子を置いて座っている。一人が柴田の後ろに座ろうとしたので、

「後ろはやめてください」

とやんわり断った。それこそ自分が何かメモしているのを見られたらばたまったものではない。

このようにして、柴田眞里は、大読売弁護団と一人で対峙したのであった。

夜討ち、朝駆けをしてとってきた情報なのだ

読売側の弁論は、具体的な「ヨミウリ・オンライン」の見出しを挙げ、その見出しがいかに同じ時期に報道された他社見出しと違い、著作権の要件たる「創造性」があるかを強調する、というものになった。

例えば、二〇〇二年一〇月一六日にアップされたマナー本の海賊版を書いた医大教授が処分を受けたという事件に関して「ヨミウリ・オンライン」は、

「マナー知らず大学教授、マナー本海賊版作り販売」と見出しを挙げた。

これが時事ドットコムだと「複製本販売、教授を戒告処分＝高知医大」となり「マナー本を書いた教授の自己矛盾という特異性を顕著に伝える点で、創作性がある」といった具合である。

共同通信が、裁判の期間中に「デジタルアライアンス」に対して、警告書を送り、これも読売側の証拠として提出された。

が、何と言っても印象に残るのは、実際にこの見出しをつけているメディア戦略局編

集部の五〇代の記者が提出した陳述書だった。ここには、読売の悔しさが素朴な形で表れている。

一九七〇年に入社したその記者は、七五年から九〇年まで整理部で見出しをつけてきたベテランの整理記者。その陳述書は、まず、自分が地方の支局時代にいかに苦労をし情報をとっていたかということが縷々《るる》書かれて始まる。

〈深夜、市長の自宅近くに車を止め、気づかれないようにエンジンを消して、暖房も無い中、朝まで数時間震えていたこともあります。張り込みで5時間以上も立ち続けたり、関係者を探して住宅地を足が棒になるまで歩き続けるといったことは、新聞記者ならだれしも経験しているでしょう。駆け出しのころ、先輩記者から口を酸っぱくして言われたのは、「とにかく現場に足を運べ。現場に行かないと見えてこないことがある」ということ、さらに「自分が感動しないことを書いて、読者に訴えかけられるか」でした〉

（戸部恒夫　陳述書より）

そのように新聞記者が情報をとるためにいかに労力をかけているかが強調されたあと、自身のつけた見出しを次々にあげ、それがいかに独創的かを訴える。

例えば福岡で一家四人が惨殺された事件の告別式の見出しを、こうつけた。

「「ひなちゃーん」　悲しみの声、殺害された4人に告別」

〈私は、「ひなちゃーん」という同級生たちの叫びが、犠牲になった少女への追悼の思いをよく表していると感じました。「ひな」という名前の語感も情感に訴える気がしま

した〉

そうして結論をこのようにしめるのである。

〈デジタルアライアンスの行っている事業は、苦労して情報を取ってくる取材記者と、それに的確な見出しを付けるべく研鑽を続けている編集記者の共同作業にただ乗りするものであり、「ずるいビジネスだ」というのが私たちの率直な印象です〉

ルールが変わった

全世界に配置された記者がみな同じような苦労をしてとってきている情報だ。それにただのりするんじゃない。夜討ち、朝駆けの苦労を知っているか、ということだ。

が、記者クラブに朝から晩まで張りつきながら、深夜や早朝には警察官や官僚の自宅をまわって情報を聞き出そうとするそうした行為自体に、どんな意味があるのか、と考える若者が読売の中にもいることはすでに書いた。それはヤフーに転職した奥村倫弘であり、そうした体制そのものが、結局は、官僚や警察官の持っている情報の「前うち」にしかならないことを鋭く説く識者もいた。

しかし、大新聞社の中ではそうした意見は「青臭い書生論」として省みられず、新聞社はこのベテランの整理記者が表現するロジックの中で生きていたのである。

この論理は、いわば内なる論理で、外から見るとまったく非常識に見えた。そのことを組織人ではない、経営者としてたった一人でこの裁判をうけている有本哲也はこう表現する。

例えば見出しに著作権が認められることになれば、朝、新聞記事を見て、何かを表現したいと考えた一般人は、もはやその事実をもとにした表現ができなくなるではないか。

〈私は、今まで、テレビ等で、マスコミ各社が「報道の使命」「表現の自由」を盾に、いろいろなケースで争っている姿をみていましたが、今回の原告の云わんとしていることは、自分たちには「表現の自由」が存在し、自分たちを「表現の自由」で脅かす人間には「表現の自由」は存在しないといった自己矛盾にみちた傲慢すぎる見解だと思います〉

そして共同通信の内容証明を証拠にあげたことを、プレッシャーをかけているに等しいと主張し、ベテラン整理記者の陳述書の主張する「現場の手間隙」についてもこうばっさり斬った。

〈しかしながら、極めて当然のことですが、表現の創作性、著作物該当性は、表現自体を客観的に検討して判断されるべきであって、断じて大手マスコミの見解や、「額に汗」論に流されて判断されてはなりません〉

そしてもっとも重要な問いかけは、そもそもインターネットという大きな技術革新によって情報伝達のルールが変わったということだった。それを有本はこう表現した。

インターネットは、広く情報を世間に報せるという意味では、新聞やテレビなどの既存の媒体と共通だ。しかし、それには決定的に異なる点がある。それは、例えば、新聞は、新聞社が新聞を作成し、読み手がこれを読むだけの一方通行であるのに対し、インターネットはワールド・ワイド・ウエブの仕組みによって世界中のコンピュータが蜘蛛の巣状につながり、情報の糸が網の目のように張りめぐらされている世界だ。

ここに情報を出すということは、その瞬間から、この蜘蛛の巣をつたって世界中に情報が伝わるということだ。

そう主張したあとで、有本は読売にとってもっとも痛い点をこうついていた。

〈原告は現に「財産的価値がある」はずの情報を無料でばらまいているではありませんか〉

ヤフーに出すという「最初の一歩」ははたして正しいことだったのか？　もっといえば、新聞の読者が月極めの購読料を支払ってとっている情報を、ウエブ上では、「ヨミウリ・オンライン」でただで出している、それははたして正しいことだったのか？

これに対して読売側はただで出しているわけではない。広告料という対価を得たうえで出している情報だ、と反論したが、しかし、消費者にとってはただということでは同じだった。

第一審判決

この一年以上の間、有本は六八二五万円の損害賠償訴訟を抱えて、事業を拡大することもできなかった。一方の山口寿一は、着手したプロ野球界の暴力団排除の問題で、忙殺されていた。この「ライントピックス」訴訟については、あまり手がかけられていなかったかもしれない。

しかし、連戦連勝を飾る読売法務部が指揮している裁判だ、負けるはずはない。

一年三カ月続いた公判が結審し、判決言い渡しの日がきた。

二〇〇四年三月二四日、東京地裁。

法廷内に裁判官が主文を読み上げる声が響く。

「主文

一、原告の請求をいずれも棄却する。

二、訴訟費用は原告の負担とする」

――!

まさかのゴリアテ、読売新聞の完全なる敗訴。

主要参考文献・証言者・取材協力者

村山治、清水純一、今子さゆり、川瀬達也、柴田眞里、永岡直人、山口寿一

戸部恒夫　陳述書

有本哲也　陳述書

『習近平暗殺計画　スクープはなぜ潰されたか』加藤隆則　文藝春秋　二〇一六年二月

読売新聞側で匿名で証言をしてくれた人がいることを記す。

第六章　戦う法務部

守るだけではなく、攻めなくてはだめだ。山口の信念のもと読売法務部は変わっていく。

「ライントピックス」訴訟控訴審。グーグルの上陸で掛け金ははねあがる。


かつて山口と一緒に働いたことのある社員は山口のことをこう評した。

「あの人ほどハラのすわった人はいない」

山口のもとで読売の法務は大きな変化をとげた。通常、報道機関の法務部というのは、自身の報道に対してのトラブルを処理する対応型の仕事をするのが常であった。名誉棄損で提訴されたらば、それに対応するといった具合に。

ところが、山口の下で読売の法務部は受け身ではなく、積極的に動いて様々な仕事をするという形に変わっていく。

法務は守るだけではだめで、攻めなくてはだめだ、と当時部下だった加藤隆則にも、山口は語っている。

週刊誌の読売新聞や渡邉恒雄に対する報道へ、逆に読売の側から訴えるという対処はその一例だろう。

週刊文春のグラビア班のカメラマンが、九段の自宅マンションのベランダでくつろぐ渡邉恒雄のガウン姿の写真を公道から撮影したことがあった。渡邉はこれをプライバシー権の侵害だと怒った。渡邉恒雄は文藝春秋と週刊文春の編集長を提訴したが、かつての法務であれば、自ら出廷して思うところを述べたいという渡邉に対しては、何とか思い止まってもらうというのが常であった。しかし、山口が法務部長になってからは違った。山口がこう渡邉に言っているのを聞いて、冒頭の社員は目が覚めるような思いをする。

「いいですよ。主筆出てください」

渡邉恒雄は出廷し、思いのままを述べ、この裁判に勝訴することになる。

また、部次長時代に始めたプロ野球に巣くう暴力団の排除などは「ハラのすわった」対処の典型例だ。

東京ドームで応援団が外野席を占拠して、どんなに早く並んでも自由席に座れない、という苦情が読売新聞にあいついでよせられ、社長室長の滝鼻卓雄に対処を命じられたのが、暴力団排除運動にとりくむきっかけだった。

山口は後の裁判でこう述べている。

〈ある日、忘れられない場面に出会いました。夏休み、東京ドームのライトスタンドのゲート前には、午前中から長い列ができていました。列の前の方で、幼稚園ぐらいの男の子が「疲れたよ」と駄々をこね、お母さんが「もう少しで中に入れるよ。中に入れば座れるから」と慰めるのを耳にしました。男の子は首から小さな水筒をぶら下げていました。

私は非常に胸が痛む思いがしました。その親子は炎天下、開門まであと五時間ぐらい待ち続ける。親子は列の前の方にいるので開門すれば座れると信じているけれど、現実に座ることはできない〉

なぜならば、外野席は私設応援団が、球団の警備員をまきこんで、事実上ほとんどすべておさえているからだ。その席は、自分たちの仲間か、あるいは自分たちが企画しているバスツアーの客などに高額の値段でわりあてられる。私設応援団に球場の職員が使われるという倒錯した関係にあるのは、私設応援団には暴力団が関係しているからだった。

〈私は、非常に怒りがこみ上げてきて、こんなことを放置してはいけない。必ず正さなければいけないと強く思いました。この思いが、私のプロ野球暴排活動の原点となりました〉

山口はこのようにして暴力団排除運動に乗り出していくのだが、そのやりかたは徹底していた。

七月の土曜日、山口は、バスツアーできた四〇人ほどの客がチケットなしで外野席に入っていくのを目撃する。この日は、法務部の山口だけではなく、社会部の記者多数も応援のため、球場で待機をしていた。反社会的勢力が関係しているとなれば、報道に値することだという社長室長の滝鼻の判断から、編集局を通じて応援を頼んだのだ。

無札で入場した四〇人がどこに座るか、山口は外野席の担当者に連絡し、特定する。試合が終ると、山口や社会部の記者が、この四〇人を追尾して、どこにいくのかを確認する。大型バスの駐車場に固まって行き、一台のバスに乗り込んでいく。そのバスのボディを見て、バス会社名を控え、フロントガラスにまわって、「〇〇ツアー御一行様」の文字をメモした。

その後、バス会社の幹部やツアー客から聞き取り調査をしたのは山口ら法務部だ。応援団員とダフ屋の暴力団組長それに東京ドームの警備員が共謀して正規のチケットではない額で席を取引するというショバ屋行為を立証するために、客を説得し陳述書をつくる。

このようにして、山口はショバ屋行為を警視庁に告発した。

私設応援団の幹部が逮捕される。

しかし、個人を対象にしている限り、問題の根本的解決にならないことがじきにわかってくる。

「個別対象・短期間・一球場限定」という従来の処分方法では改善を見込めない。「団体対象、長期間・全球場一斉」というふうに徹底化しないと意味がない、そう山口は考える。一二球団や各球場が連合してこの問題に対処するために、プロ野球暴力団等排除対策協議会の設立のために奔走する。

暴力団と結託した私設応援団は、すでに相当の勢力になっていて、本拠地だけでなく、各地の球場に暴力と利権の根を広げつつあった。選手らとの接点も作ろうとしていた。

自宅に無言電話が

朝日新聞の村山治は二〇〇四年に、元東京地検特捜部長の熊崎勝彦からこんな電話をもらっている。

「山口が困っているんだ。助けてやってくれ」

山口は法務部に行って、最初の大きな仕事を、東京ドームから暴力団を追放することにかけている、とのことだった。しかし、読売だけではうまくいかない、朝日の援軍が必要だ、と熊崎は言った。

さっそく山口に会ってみると、その顔はこころなしか、青ざめているように見えた。

「家に無言電話がかかってきてやばいんだ」

ヤクザはまず自宅の住所をつきとめて、それで無言電話をかけたり、いやがらせをする。実際、自宅だけではなく会社にも、不審な電話がかかるようになっていた。

「おたくの会社の役員がいつ襲撃されてもおかしくない」

「命っていうのは大切なんだよ」

「警察庁長官だって襲撃されたりしてるからね」

村山は「これは協力しなくてはならない」と即座に判断した。

普段、朝日と読売は天敵同士といっていいくらい仲が悪い。しかし、この問題は別だ。村山は警視庁記者クラブのキャップである夏原一郎に話を回した。デスクの長典俊らと一緒に村山は、山口と、「どうすれば山口のやっている運動が世間の耳目をひくか」について話し合い、連載の企画をたてた。連載にはならなかったが、夕刊の一面記事になった。

「プロ野球応援団への暴力団の関与を断ち切ろうと、警察庁や各球団でつくる対策協議会が各球団や球場に関する実態調査に乗り出した」というリードで始まる。

村山は、山口が純粋な正義感からこの運動にとりくんでいることがよくわかった。でなければ、ここまで自分の身が危険にさらされるようなことをするだろうか。

山口自身、暴力団員と対面することもあった。文字どおり体をはってこの問題にとりくんでいた。

が、村山がもっと感心をしたのは、山口の方法論だった。検事や弁護士だけでなく、警察もまきこんで、そして他社のメディアをも使って球界から暴力団を追放しようとしている。その徹底性だ。

山口は後に新聞協会にも出入りして業界の様々な問題に対処するようになるが、何か問題にあたろうとする時には、しばしば連合軍となる他社に声をかけた。「ライントピックス」訴訟で、共同通信や時事通信の協力を求めたのもそのでんだろう。

この暴力団排除運動で見られるように、目的のためであれば、あらゆる手段を講じるその「徹底性」は山口の大きな特徴だった。この「徹底性」はよくもあしくも読売法務部の性格となり、後にはそれは全社に及んでいくことになる。

弁護士を総入れ替えする

そうした厳しい暴力団排除運動にとりくんでいる最中に山口は「ライントピックス」訴訟も指揮していたことになる。

しかし、一審の結果は、完敗だった。

判決は、読売が著作物性があるとしてあげた七つの見出しひとつひとつについて検討し、全て「ありふれた表現であるから、創作性を認めることはできない」とその著作物性を否定した。そのうえでヨミウリ・オンライン見出し一般についても判断をくだし、「本件全証拠によるもヨミウリ・オンライン見出しが、ヨミウリ・オンラインで記載された事実から離れて格別の工夫が凝らされた表現が用いられていると認めることはできないから、ヨミウリ・オンライン見出しは著作物であると言えない」とした。

そして不法行為についても、「ヨミウリ・オンライン見出しは、原告自身がインターネット上で無償で公開した情報であり、著作権法等によって、原告に排他的な権利が認められない以上、第三者がこれらを利用することは本来自由であるといえる」と全否定された。

山口自身は、提訴前から、著作権侵害でこの裁判を勝つこと自体は難しいと考えていた、という。むしろ勝てるとすれば、ライントピックスというサービスがあるために読売のビジネスが不当に侵害されているという「不法行為」のほうでないかと考えていた。しかし、これもまったく裁判所は認めていなかった。

山口は判決文を精読する。そうすると、自分たちの裁判の戦い方が、著作権に偏りすぎていたのではないか、と思うようになる。

同じ弁護団で控訴審も戦うのが通常のやりかただ。しかし、山口は、この時に一審の弁護団を全員くびにし、総入れ替えをする。

控訴審で不法行為に主張の重点を置き換えていくとすると、一審の延長ではなく新しい発想で建て直さなければならない。新しい主張をするには思い切って、弁護体制を刷新する必要があると考えたのだった。

二審を担当することになったのは、後に読売の訴訟を多く手がけることになる「ＴＭＩ総合法律事務所」という法律事務所だった。

二審の読売側の弁護は明らかに変わった。

読売新聞の財力と物量を存分に活かした。まず青山学院大学などで、実際に記事を読ませて見出しをつくってもらうというアンケート調査を行ない証拠として提出、人によって作られる見出しがそれぞれ違うことから、見出しも創造性があるということを印象づけようとした。

さらに、山口は、読売新聞社と関係のある内外のメディア二〇社（共同通信、時事通信社、日本経済新聞社、ワシントンポスト、ＡＰ、ＡＦＰ、ロイターなど）にもアンケート調査を行なった。二〇社中一七社が、一審判決について「問題がある」と回答した結果を証拠として提出した。「徹底性」は山口の性格でもある。メディアだけに終らず、その先の報道機関からニュースを契約で配信してもらっているヤフーの競争社七社（ニフティ、ＮＴＴコミュニケーションズなど）にもアンケートを行ない、この結果では、もし一審判決が確定したら、「読売との取引について配信料の値下げなど契約条件の見直しを求めることがありうる」と七社中六社が回答したと主張した。

実は、一審を提訴した時と決定的に変わったのは、グーグル・ニュースが上陸したことだった。

グーグル・ニュースの上陸

グーグル・ニュースはヤフー・ニュースとは決定的に違った。ヤフー・ジャパンはそれぞれの報道機関と契約を結び記事の配信をうけて、ヤフーのドメイン上に記事を表示する。ところが、グーグル・ニュースは、コンピュータがインターネット空間を自動でクロールし検索し、ニュースを収集してくる。そのリンクを見出しと記事の最初の何行か（これをスニペットという）とともに表示をするのである。米国や欧州でこのサービスを始めたグーグルは、記事使用料を払おうとはしなかった。その理由は、デジタルアライアンスと一緒で、リンクを張っているにすぎないという理屈だった。

日本に上陸しようとしたグーグルは、この案件が、読売新聞とデジタルアライアンスの間で裁判になっているのを知る。そこで、グーグル・ニュースに載せないでほしいといってきた社に対してはその意向を尊重しグーグル・ニュースのクロール先から外していた。読売新聞は主要報道機関で最後までグーグル・ニュースに対してノーと言っていた社だった。読売社内で、グーグルとの契約について〝待った〟をかけていたのは山口だ。

デジタルアライアンス側は裁判の中で、読売だけが、グーグル・ニュースに掲載されていないとして、グーグル・ニュースの画面をプリントアウトしたものを証拠として提出、インターネットの大きな潮流に逆らおうとしている愚かな会社、という印象をもたせようとしていた。

実際、グーグルの広報はメディアの取材にこう答えていた。

「インターネットで公開されている情報は、公のものだという基本的な考え方に沿っている。ただし、係争中の裁判もあり議論の余地はあるだろう」

つまり、この控訴審で読売が負ければ、グーグルは、許諾など求めずにグーグル・ニュースをやっていくことになる、ということだ。

訴訟は読売一社だけの問題ではなくなり、掛け金の額は何百倍にもはねあがっていたのである。

裁判の流れが変わる

読売の弁護団は、見出しの著作権を認めさせるのはなかなか難しいと考えていた。とすれば、見出しの著作権が認められないなかで、ライントピックスが、読売のビジネスに打撃を与え不当に利益を奪っている、という不法行為のほうで戦っていくしかない。そう方針は決めたものの、どのようにしてという問題が残る。打ち合わせは暗いものになった。山口はそうした時に、気分を変えようと、

「気合で乗り越えましょう」と声をかけたりもした。

そんな山口が、もしかしたら、裁判の流れが変わってきているかもしれないと感じたのは、控訴審の終盤に、裁判長からこんな発言があった時だった。

「読売の請求を棄却したばあいにいかなる問題が発生するかという点について、裁判所は慎重に合議してきました」

これはアンケートをやった意味があった、そう山口は考えた。

　一方、柴田眞里は、こうした読売の物量を使った法廷戦術に、必死に抗《あらが》っていた。

　読売は、デジタルアライアンスの競争社からの陳述書をえて証拠として提出していたが、それに対して筆鋒鋭くこう反論した。

〈控訴人のような巨大企業に許諾申請を求められた者は、法的に使用許諾が必要であるか否かに拘わらず、これを拒めば実際に提訴されるとの恐怖感を抱いているのは確実である。なぜなら、控訴人をはじめとした巨大マスコミに提訴されれば、多くの場合、東京の裁判所における応訴を余儀なくされ、仮に、勝訴したとしても、結論とは無関係に、訴訟代理人弁護士の選任その他に多大な経済的負担を強いられる。しかも、提訴される被告側の団体等は一般に経済力の乏しいベンチャー企業、零細企業等ばかりであり、訴訟のために易々と従業員を動員できる控訴人のような巨大企業と違って、訴訟追行のための作業負担も甚大である。このような格差がある中で、訴訟提起を背景に控訴人のような企業から許諾申請書提出を求められ、月額金一〇〇〇円程度の許諾料を提示されたならば、本心はどうあれ、「訴訟をされるよりは精神的、経済的負担が格段に少ない」との経営判断から妥協し、申請書の提出、許諾料の支払いに応じる結果となってもやむを得ない。

　控訴人が提出している許諾申請書や陳述書等には、明らかに「何としても許諾の体裁を作ろう」とする控訴人の思惑と、「訴訟をされては困る」という相手方の判断が色濃

く反映されているのである〉

柴田も裁判の終盤、流れが変わっていることに気がついていた。

双方の弁護士を呼んで、裁判官が話を聞く際に、裁判官がこんなふうに柴田を労《ねぎら》った。

「しっかり主張もされて、書面もしっかり書いている。大変だったでしょう」

が、そのあとに続いた裁判官の言葉に柴田は凍りつく。

「ただ、被告の活動を全面的に許容することはできないんです」

即座に柴田はこう返した。

「それでは見出しの著作権を認めるんですか？」

「それはない。ただ、ニュースの鮮度の高い時期にフリーライドしていることについては、正直言って許容することはできないんです」

和解の勧告があった。柴田は「お金を払ってもいいか」と聞かれたので「はい」とは答えた。

というのは、もともと有本は柴田に、「もし読売新聞が、提訴する前に、お金を払って契約してほしいと言ってきさえすれば、応じていた」と言っていたからだった。何も好き好んで、会社を倒産の危機にさらしながら、裁判を控訴審まで戦うリスクをとる必要はなかったのだ。

しかし、控訴審となった今、グーグルが上陸、ことは読売一社だけの問題ではなくなっていたことは既に書いた。読売にとって判決文は必要だった。

裁判は判決までもつれこむ。

控訴審判決

二〇〇五年一〇月六日、控訴審判決が東京で言い渡された。

読売の提訴から、約三年の月日が過ぎていた。

控訴審判決は、一審より長い複雑なものになっていた。が、つづめていえばこういうことだ。

見出しの著作権は、やはり認められなかった。

しかし、不法行為については認め、デジタルアライアンス側は二三万七七四一円を読売に支払うことになっていた。

判決では、三六五の見出しについて「いずれも著作物として保護されるための創造性を有するとはいえない」とした。そして読売側が具体的に主張した見出しについても「これらのYOL見出しの表現に創作性があるとは到底いえない」とした。またヨミウリ・オンラインの見出し一般についても「著作物性が認められるべきであるとの控訴人の主張は、直に採用し難いというほかない」とされた。

ここまでは一審と同様、読売の完敗。

が、不法行為については、このような判断をくだしたのである。

「ニュース報道における情報は、控訴人ら報道機関による多大の労力、費用をかけた取材、原稿作成、編集、見出し作成などの一連の日々の活動があるからこそ、インターネット上の有用な情報となり得るものである」

そのうえで、ヨミウリ・オンラインの見出しは「法的保護に値する利益となり得る」としたのである。それが二三万円余の損害賠償の根拠だ。

読売新聞は、翌日の朝刊で判決の要旨をいれて詳報、その見出しは、

「ネット記事の見出し無断配信は違法　初の司法判断　読売新聞逆転勝訴/知財高裁」

だった。

しかし、この控訴審判決は、次のような形で小よく戦ったデジタルアライアンスと柴田にもメッセージを送っていたのである。

〈控訴人（読売）が当裁判所が判断したような相当額の支払いを求めて適切な事前交渉をしているとは認められない本訴においては、被控訴人（デジタルアライアンス）に控訴人が要した弁護士費用を負担させるのは相当ではない〉

〈訴訟費用の負担については、本訴の訴額が差止請求部分と損害賠償請求部分を合算すると、四億円を超えるものであるのに、認容額は損害賠償のごく一部にすぎず、しかも、本訴における主張立証の大半は、著作権に基づく請求について行われ、この点について控訴人（読売）は敗訴しているほか、被控訴人（デジタルアライアンス）は遠隔地からの応訴であること、控訴人が適切な事前交渉の措置を講じなかったこと、和解勧試における状況によれば、被控訴人は相当額の金銭の支払いを検討する用意があるとの意向を

示唆していたことなどを考慮すると、訴訟費用の負担のうち、訴えの提起及び控訴の提起の申立て手数料の一万分の五を被控訴人の負担とし、その余の訴訟費用をすべて控訴人の負担とするのが相当である〉

裁判所は、読売新聞が何の事前折衝もなしに、神戸の小さな会社をいきなり提訴したことを判決文で二度も咎《とが》めた。そのうえで読売側の弁護費用の請求を退けるとともに、訴訟費用についてもそのほぼ全額を読売が支払うこととしたのだった。

柴田はこの判決文を読んで、裁判所としては、裁判費用の確定の申立てをしろ、という自分たちに対するメッセージかと考えた。すぐに訴訟費用確定の申立てを裁判所にする。交通費や他の訴訟費用を計算し、認めてもらい、四六万七九四円を読売側が負担することが確定しその支払いをうけることになる。

つまり、お金の面で言えば、デジタルアライアンス側は、二三万を払って、四六万が戻ってくる、そういうことになり、それで有本哲也も納得した部分があったのだという。

金字塔の訴訟記録

控訴審判決に対しては双方ともに上告せず判決は確定した。

山口は当初の目的である、「規範創造の司法判断」をえられたことに満足した。

デジタルアライアンスは、これをもって「ライントピックス」のサービスをとりやめた。控訴審が確定し有本は、ようやく大きく息が吸えるようになった。これまでは、四億円を超える負債を負うかもしれない状況のなか、ビジネスを広げようにも広げることはできなかった。

その後、デジタルアライアンスはデジアラホールディングスと名前をかえ、インターネットと店舗を組み合わせた建材の販売で業績を伸ばし、二〇一九年現在は一八五名の従業員を抱えるまでになっている。

柴田はたった一人で大読売新聞の弁護団とこの裁判を戦った実績が認められ、現在も神戸で開業している。この「ライントピックス」訴訟は柴田にとって独立直後の忘れられない裁判になった。この判決は「判例百選」という雑誌が編まれるとかならず入り、司法修習生が柴田の弁護士事務所で修習をする際には、この裁判の資料をかならず読んだ。

一審、二審の証拠と答弁書、判決などを綴じ込んだそのファイルは、今でも神戸の柴田の事務所に大切にとってある。角がすりきれ、ページの所々は、指でよごれぼろぼろになっている。が、それは柴田にとっての「金字塔」の記録なのだった。

最初の一歩を間違ったのか？

読売と山口にこの裁判は大きな宿題を残した。かろうじて勝ちはしたが、デジタルアライアンスと柴田がその書面で問いかけた、そもそもヤフーに無料に出していることが間違いなのではないか、という問いは、山口に深く突き刺さった。

〈しかし、そもそも、自ら掲出し、広告を掲載するヨミウリ・オンラインがあるにもかかわらず、日本で最大の検索エンジン運営者であるヤフーが作成した膨大な量の各種情報記事を集めたウェブページ（Yahoo! ニュース）、しかも、情報記事に自由に無料でリンクできるページに、ＹＯＬ記事を提供しているのは、控訴人自身である。つまり、控訴人は、自らの手で、自らの投下資本の回収の途であると主張するウェブページとYahoo!ニュース掲載の情報記事とを併存させているのであり、その結果、巨大検索エンジンサイトに掲載された情報記事のみにアクセスされ、自らの広告収入が得られないこと、情報記事へのリンクが自由にされることを承認している〉

〈控訴人は、自らの広告収入のためにページ・ビューを増加させたいといいながら、ディープリンク制限により、かえってビューを減少させているという矛盾行為を行っているのである。被控訴人が原審で主張したように、新しい世界でビジネスを行おうとする者は、当該世界の特性を吟味した上で、そこに参入しなければならないのは当然である。この点に関し、控訴人担当者は奇しくも「最初の一歩を間違った」と述べているが、自らのビジネスの方法により生じた結果が意に添わないとしても、それは自己責任として甘受すべきであり、他者に損害賠償を求めるのは筋違いというものである〉

新聞協会が出す週刊新聞「新聞協会報」の二〇〇四年七月二〇日号には、この訴訟についての長文の記事が掲載されたが、読売新聞のメディア戦略局の川内友明のこんな悲鳴のようなコメントが目をひいた。川内は一般の人々に新聞社のニュースサイトは無料と思われている現状を挙げてこう言ったのである。

「最初の一歩を間違った。どこの社も手をつけられなくなっているが、有料化は将来のこととして真剣に考えるべきだ」

最初の一歩を間違えた、のか？

これは読売にとって重い問いだった。

山口寿一は、二〇〇四年には法務部長でありながら社長室次長にも兼務で就任、社の全般の政策を社長室のナンバー2として見るようになっていた。その山口がこの問題にとりくみだす。

主要参考文献・証言者・取材協力者

村山治、柴田眞里、永岡直人、今子さゆり、山口寿一、滝鼻卓雄

「プロ野球からの暴力団排除」第一四回暴力団追放都民大会　特別講演　山口寿一　二〇〇五年一一月九日
陳述書　山口寿一　二〇〇九年六月二六日
「引き出した知財高裁の勝訴判決」山口寿一『新聞研究』二〇〇五年一二月号
「新聞協会報」二〇〇四年七月二〇日号

他に複数の読売新聞社員が匿名を条件に協力してくれたことを記す。

山口は、法務部の存在意義は「記者の活動を守ることだ」と私との取材で強調している。自分が誇る仕事として、例えば衆議院議員の小林興起から起こされた名誉棄損訴訟を取材であげている。

読売新聞が衆議院議員の小林興起の「口利き」について報道したことがあった。中国人女性の入国審査で、小林議員の口利きによってこの女性が、単純労働の客室係でなく、

通訳の在留資格を認められた、と報ずるものだったが、小林は読売新聞を名誉棄損で提訴した。山口はこの裁判を担当したが、真実相当性だけではなく、報道の内容が真実であるという真実性まで踏み込んだ判決を勝ち取っている。

第七章　日経は出さない

各社が自社サイトやヤフーで紙面掲載のほぼ全てを見せているなか、日経だけは三割ルールをもうけて制限をしていた。このことがデジタル有料版への重要な布石になる。

朝日や読売、産経、毎日といった全国紙が、自社のウェブサイトやヤフーに自分たちの新聞の記事をただでほぼ出していた二〇〇〇年代の前半。ひとつだけ、例外を行く新聞社があった。

日本経済新聞である。

日本経済新聞だけは、「ＮＩＫＫＥＩ　ＮＥＴ」で「三割ルール」というものを定め、本紙に掲載された記事の三割しか無料では読ませないことにしていた。あとは、ＮＩＫＫＥＩ　ＮＥＴの編集部の独自取材でうめた。

この「三割ルール」をつくったのが、九〇年代、日経のデジタル部門をずっと見てきた杉田亮毅《りょうき》だった。

二〇〇三年には代表取締役社長の座につく杉田亮毅は日経らしい陽性の男だった。

物事が進歩していく面を見る。どんな人とも厭《いと》わずに会う。社内での議論も開けっ広げで、誰の意見にも耳を傾ける。

記者、編集者としても優秀だ。たとえば、一九八一年から一九八四年まで日経ビジネスの編集長をやっていた時代には、「企業の寿命三〇年説」をとなえ、それを誌面で大展開する。一九六一年に横浜国大から日経に入った杉田は、三〇年近くをへて、就職時に大企業で人気企業だった社がみるかげもなくなっていたり、その当時は歯牙にもかけなかった中小企業が大企業になっているのを見て、それをうらづける資料を探した。

編集部員の一人がようやくその資料をみつけた。三菱総合研究所にあった。明治以来一一四年にわたる各企業の売り上げと利益の推移を記した資料だった。戦後の資料は通産省にあった。その資料をつかって、一〇年ごとにベスト一〇〇社を出していった。そうすると、だいたい三回、つまり三〇年で、このランキングからどの企業も消えていくことがわかった。

この「企業の寿命三〇年」の連載は、日経ビジネスの誌名を高め、学会からも高く評価された。

その杉田は九六年六月には、常務として、総合電子メディア担当となりスタートしたばかりの「ＮＩＫＫＥＩ ＮＥＴ」を見るようになる。

九六年四月に始まった「ＮＩＫＫＥＩ ＮＥＴ」は、産業部にいた中島修や関口和一など五人が構想し、社内公募によって集められた部隊によってスタートした無料サイトだった。無料で日経の記事をのせて、広告をいれてその広告料で運営していく。

その無料サイトで杉田は、三割ルールというものを厳しく課した。

杉田は最初から情報をただで出すことについて大きな抵抗があった。

「なんでもないように見える記事でも、記者たちの夜討ち朝駆けの苦労が集積してできているものなんだ。だからただで出すというのはどうしても、納得いかないんだよ」

「だから全部出してはいかん。特に専門媒体は出してはだめだ。だから本紙の中の三割」

杉田はPVをあげようとするばかりに逸《はや》る「NIKKEI NET」の編集部にそう言って、戒《いまし》めていた。「NIKKEI NET」の編集部だけではなく、編集局の局次長に、「NIKKEI NET」に記事が出すぎていないか毎月チェックさせた。

こうした三割ルールは、日経が、高額のデータベースサービス日経テレコンをもっていることや、当時進めていたAOLとの提携を維持するうえでも必要だった。

他の新聞社のサイトがぜんぶ駄々漏れで、ただで紙面の記事を出しているなかで、日経だけは三割しか出してこなかったということは、後々重要な意味を持ってくる。

ただではなく有料の電子新聞

杉田は、九〇年代後半にはすでに、有料課金版を作ることを考えていた。

総合電子メディア担当の専務時代（九七年～九九年）、杉田は何人かの若手と将来の日経を議論する機会を設けていた。

そこで編集委員だった関口和一がこんなことを言ったのだった。

「日経が生き残るには有料の電子情報を出せるかどうかにかかっている」

関口は、日経の中でもっとも早くインターネットの興隆によるメディアの変貌をカバーしていた記者で、「サイバースペース革命」という連載のキャップをやっていた。

当時、デジタル有料版を出していた新聞社は世界中で一社しかなかった。

ウォール・ストリート・ジャーナルである。

まだ、ルパート・マードックのニューズ・コープに買収される前のウォール・ストリート・ジャーナルは、有料課金版を九六年に始めていた。

草創期に有料電子版を率いたのは、ゴードン・クロヴィッツという「物静かな天才」だった。ジャーナルが、紙面の記事情報をただでサイトに載せることなく、有料課金のサイトをつくることになったのには、ジャーナルを発行するダウ・ジョーンズが、金融のプロむけの金融情報を有料で流してきた歴史があるからだった。テレレートという金融情報ターミナルの事業もやり、クロヴィッツは、このターミナルを九〇年代に香港でアジアの金融機関に売っていた経験も持っていた。

テレレートは、銀行や証券会社、保険会社などの金融機関に、世界中の株価や債券、通貨などの付け合わせの値を速報し、ダウ・ジョーンズという通信社部門の記者が送ってくる金融情報記事を専用のターミナルで届けていた。

実は日経も、ＱＵＩＣＫという会社を筆頭株主として持っており、ここで、東京証券取引所でついた値を独占的に速報するターミナルを売っていたのである。

この専門の金融機関向けのターミナル事業は、一台あたり月一〇万円といった高額の情報提供料を得ることができた。

そうしたことから、クロヴィッツは、ウォール・ストリート・ジャーナルもデジタル化した時に有料化するのは自然のことだと考えたのだが、日経についても同じことがいえた。

そのことを関口は杉田に進言したのである。

杉田亮毅　2007年Ⓒ共同通信

いつか新聞も出していた会社になりたい

日経が新聞を出している会社から、新聞も出している会社になろうと業態の転換を図ったのは早い。すでに一九七〇年代に、圓城寺次郎という名経営者のもと、大きな変貌をとげていた。

まずそれまで鉛の活字で組んでいた版をＩＢＭとともに、コンピュータ化する（ＡＮＮＥＣＳ計画）。活字をコンピュータに置き換えたということもさることながら、そこで電子の形で置き換えられた情報が生まれたということが重要だった。なぜなら、それは保存し、回線を通じて送ることができるからだ。

一九六八年二月から一九七六年三月まで日本経済新聞の社長を務めた圓城寺は、業界紙に毛の生えたような存在だった日本経済新聞を、「経済に関する総合情報機関」というまったく新しいコンセプトで、根本からつくり変えようとした。

圓城寺が自ら起草し、一九六九年の経営計画に書き込まれた「経済の総合情報機関」というコンセプトは、言ってみれば、経済に関する情報を時系列と媒体を様々に開発して売っていくということだった。新聞は、紙面に限りがあり、一日に二回だけしか伝えることはできない。しかし、株価は刻々と動いている。これを知りたいという読者がいる。これは取引所が電算（コンピュータ）化されれば、リアルタイムで供給できるのである。この事業を日経がやればよい（日経ＱＵＩＣＫ）。

読者が過去のことを知りたいと思った時、新聞では、縮刷版を繰るしかない。しかし、新聞制作工程をコンピュータ化し、記事を磁気テープに保存しておくことができれば、コンピュータでこれを検索できる。このデータベースも日経がやればよい（日経テレコン）。

圓城寺は、「いつか新聞も出していた会社になりたい」というのが夢だった。この圓城寺の秘蔵っ子として育てられ初代データバンク局長となった森田康は一九八二年に社長になると、さらにこの「経済の総合情報機関」のコンセプトを押し進め、日米欧三局編集体制をしき、ロイターとはりあって金融情報でグローバルな展開を図ろうとした。

　森田がリクルートの未公開株を取得したというスキャンダルで、八八年七月に失脚し、この総合情報化路線は、いったんは後退する。が、圓城寺時代に入社し、森田時代に三〇代、四〇代の働き盛りを迎えた日経の社員たちは、「いつか新聞も出していた会社になりたい」というDNAを植えつけられていたのである。

　一九九四年三月に社長室長になった杉田亮毅の下でマルチメディア事業の担当となった坪田知己（一九七二年入社）もその一人だった。

　坪田は杉田亮毅につねづね「第二の圓城寺になるんですよ」と言っていたという。

「NIKKEI NET」の始まった九六年の時点で、パソコンで利用できる有料のデータベースサービス「日経テレコン」が始まって一二年がたっていた。またすでに、日経の編集局は、日経QUICKに一日一六〇〇本のリアルタイム電子情報を流していた。「有料化」の素地は整っていたのである。

NIKKEI NET

　産業部の記者出身の坪田は、インターネットが日本に入ってくる前からパソコン通信にはまり、デジタルこそ日経の未来を切り開くと信じていた。坪田は、九六年三月に新設されたマルチメディア局の企画開発部長になり、四月から立ち上がる「NIKKEI

NET」の営業の責任者になる。

九六年に始まった「NIKKEI NET」は社内ベンチャーでもあり、日経で初めて公募によって人を集めた。

が、しかし、編集部門で手をあげた人間は一人もいなかった。

そう坪田が人事部長に聞かされた時には本当にがっかりした。必然的に販売や広告、事業、出版など他の部門からの人材となる。つまり記者としては素人だ。しかし、そうした人材が、独自の記事をせっせと書き、三割の日経の記事以外の記事でサイトを埋めていった。

その当時は、ネットはわけのわからない傍流の事業としかみられておらず、編集局の経済部・産業部といった本流から、わざわざ好き好んでいこうとする人間はいなかった。

当初こそ、「NIKKEI NET」は広告が集まらず苦労したが、順調に成長し、二〇〇〇年に月間一億PVを超え、二〇〇四年には、月間二億六〇〇〇万PV、年間の売上も二〇億円近くになっていた。

そうした状況の中、坪田は社長になっていた杉田に呼び出しをうける。

二〇〇五年八月中旬のことである。

ここで、杉田は、坪田にあることを相談している。

杉田は新聞社の将来はデジタルにあることを断ったうえで、有料電子版の創刊を考えていることをうちあけた。その準備を始めると言うのだ。

「そこで悩んでいるのは、それを誰にやってもらうか、だ。現在の『NIKKEI NET』の部隊にやらせるべきか、電子新聞の新しい部隊を作るべきか」

坪田は、躊躇なく、

「編集局を軸に、新しい部隊をつくるべきです」と進言したと言う。

杉田は、その進言をうけいれ、新しく創設される部のヘッドに産業部のエース徳田潔《きよし》を据えることになるが、これは重要な決断だった。

通常であれば、坪田は自身が手をあげるところだろう。実際に、坪田も有料電子版への移行については、以前から口にしていた。が、この時すでに五五歳。さらに有料電子版をつくるとなれば、編集局のど真ん中の人間がやらなくては絶対に無理だ。自分のようにいったん編集局を外れて社内の傍流という意識のあるネットの部門をやってきた人間がやってもできることは限られている。これは全社的な事業にしなければ成功しない。

この時、徳田潔は、日経MJ（流通新聞）の編集長に就任したばかりだった。坪田との関係は以前日経産業消費研究所で一緒に働いたことがあった。坪田が「NIKKEI NET」にとりくんでいる一九九〇年代の後半にもいろいろな話をしたという。これからはデジタルの時代になる。徳田が、パソコン通信も好きで、日経産業新聞のフォーラムをパソコン通信上につくったりしていたことを坪田はよく覚えていたのである。

坪田は一週間前に社長の杉田から「話がある」と内線がかかってきた時に、有料電子版をやるのだなと気がつき、その人事の相談だと予測していた。そこで、社長に会う前日には、編集局長の斎藤史郎に会って、「杉田さんに会って、人事の話になると思うので徳田の名前をあげるよ」と断っておいた。そして徳田にも会って、このように因果を含める。

「産業部でこのままいっても、いいところ田舎のテレビの役員だ、そんなことより、ここで歴史的事業にとりくんで、男をあげろ」

もっともこの人事の話には、別の話もある。

関口和一も、編集局長の斎藤史郎から、打診を受けていたが、記者を続けたかった関口は断っている。時系列的に言えば関口が断ったこともあって、徳田に白羽の矢がたったということになる。

「長期経営計画」

日本経済新聞には、圓城寺次郎が始めた「長期経営計画」略して「長計」という素晴らしいシステムがあった。これは局を越えて優秀な若手、中堅が抜擢され、様々な課題について半年をかけて調査、経営陣に案を具申するというものだった。この「長計」によって縦割りの新聞社の局の垣根を越えて日経の社員は、技術革新による市場の変化を、それぞれの立場から議論をすることができた。そしてその結果を経営陣に発表することができたのである。

これは、若手の頃から、目先の仕事だけに追われるだけではなく、長期的視野にたって自分たちの仕事がどうなっていくのかを、考えることと同義だった。他社の記者が、日々のニュースの処理、夜討ち朝駆けにあけくれ、その自分たちがよってたっていると ころ、「紙の新聞」自体の将来性について考えることがない時に、日経の記者たちは遥か先を見通す訓練をしていたということである。

実際徳田潔は、二〇〇五年に経営陣に具申をする長計のメンバーに選ばれて、「二〇一〇年の日経」というレポートを、常務取締役の関山豊成、経理局次長の村上一則、編集局次長の岡田直敏とともにまとめている。

この「二〇一〇年の日経」の中にも、有料電子版の提言が入っていた。

そこには、こうあったのである。

〈新聞の電子化では、まず専門紙からスタート、その後読者や販売店などの反応を探りながら日経本紙の電子版サービスにつなげる、原則として課金制とし、現在のNIKKEI NETとは一線を画す〉（傍点著者）

正式な人事の内示は編集局長の斎藤史郎から徳田はうけた。徳田は最初、

「ええー、電子新聞ですか？　MJの編集長のほうがいいですよ」と渋ったが、斎藤は「うけろ」の一点ばり。そのあと、「誰がほしい」と聞かれた。

「言っておこらないですよね」

徳田があげた名前は「新実傑」だった。経済部という保守本流中の本流のエース。だめもとで言ったのだったが、斎藤はこう返したのである。

「まあ、そういうかと思ったよ」

このようにして、二〇〇六年三月に、ひっそりと、日経の中にデジタル編集本部という部署が作られた。本部長は徳田潔、副本部長は新実傑。たった六人の部署だったが、産業部、経済部のエースが配置されたことで、全社に対して、どうやら、会社は本気で電子新聞の有料化にとりくもうとしているらしい、というメッセージを発することになった。

主要参考文献・証言者・取材協力者

杉田亮毅、関口和一、坪田知己、徳田潔、藤田俊一

『勝負の分かれ目』下山進　KADOKAWA　二〇〇二年一月
『人生は自燃力だ‼　私の日本経済新聞社生活37年』坪田知己　講談社　二〇一〇年一〇月

第八章　真珠のネックレスのような

二〇〇五年は分水嶺の年だった。ヤフーの売上が一〇〇〇億円を突破し、警戒感を高めた新聞各社は、自分たちがポータルサイトを作ればということを考え始める。

読売新聞社内には、社長室次長だった山口を中心にした極秘のプロジェクトチームができつつあった。二〇〇五年九月のことである。編集局のみならず、広告局やメディア局から俊英が集められ、外部のDOEというコンサルタントとともに秘密会合を持った。テーマは、「ヤフーに代わるポータルサイトを新聞社独自の手によってつくることができるか」だった。

お茶の水の山の上ホテルの部屋を貸し切り、ここで泊まり込みで、各部門からの意見だしが行なわれた。それは、まるでハッカソンのようだった、と言う。

実は、控訴審判決のあとこんなことがあった。読売新聞に知的財産部ができる。その部長も山口が兼務することになった。山口は、ヤフー本社を訪ねて、ヤフーとの契約書に、見出しについても読売が権利を持っている旨を銘記してほしい、と要請した。

応対したのは、「法務部のジャンヌ・ダルク」今子さゆりと当時読売新聞を担当していた中島恵祐である。

今子にとってはうけられない相談だった。

なぜなら、判決では、控訴審でも見出しに著作権はないとはっきり言い切っていたからだった。

それを指摘すると、山口は、「われわれは判決には不満です」と返した。

今子は、さらにこうカウンターを返した。

「では最高裁まで争えばいいのではないですか」

山口は苦笑いをして鉾を収めたと今子は言う。

ヤフーの伸長は目覚ましかった。二〇〇〇年六月には月間のPVは三〇億、これが、二〇〇一年には五〇億になり、読売が参加した後の二〇〇二年には九三億になる。そして、二〇〇四年には二二四億PVとなり、完全なガリバーとなっていた。この当時のヨミウリ・オンラインの月間PVは二億を超えたばかりの状態だから、ネット上ではヤフーの一〇〇分の一以下の影響力しかないと言えた。

山口は二〇〇四年から二〇〇五年にかけて、グーグル・ニュースやライントピックスの件等で、グーグルやヤフーの人々と協議する機会が多々あった。

山口は、これらのプラットフォーマーたちに対して、新聞社とはずいぶん違う、という印象を深めていった。こつこつと手作りで新聞をつくり続け、特ダネをぬくために全精力をつぎこんでいる新聞記者とはまったく違う種類の人々だ。新しい機能、新しいサービス、新しいコミュニケーションをつくりだすことに注力していて、肝心の中身やメディアの責任といった問題への関心は希薄だ。

ヤフーは各社にニュースを提供してもらい、ポータルサイトとして大きな影響力を持ち、莫大な広告費を得ている。ガリバーという立場を利用して、その取り分は、日夜取材活動に励んでいる新聞社ではなく、プラットフォームであるヤフーにほとんどが行ってしまう。

これを解決するには、新聞社が連合を組んでポータルサイトをつくるしかないのではないか？

山口は、当初、地方紙もいれた広範な新聞社の連合によるポータルサイトの構築を考えた。

山口は最初に共同通信に相談を持ちかける。読売の複数の取締役とともに共同通信を訪問し提案をした。

が、断られた。

すでに地方紙は共同通信が主導し同様のプロジェクトが密かに進んでいたのである。

本章では、四七都道府県の地方紙が共同通信のもとに連合し、ポータルサイトをつくるというその「４７ＮＥＷＳ《よんななニュース》」の誕生について書こう。

電通新聞局

二〇〇五年は分水嶺の年だった。

この年、電通の新聞局の社員が一斉に地方紙をまわり「ヤフーにニュースを出すのはやめろ」ということを言い始めた年だった。

ところが、各県の県庁所在地にある地方紙の本社を回っていたのは電通の新聞局だけではなかった。ヤフーの営業の人間もまわっていたのである。

ヤフーの側は逆に、「ヤフーに出しませんか?」と地方を行脚していた。

電通の新聞局は、焦りを感じていた。電通において新聞局は保守本流中の本流。歴代の社長はほぼすべて新聞局の出身だった。もともと同盟通信がわかれて、共同通信と時事通信そして広告会社としての電通になったので、そのスタート時から新聞への広告を扱う新聞局は社の権力の中枢を占めていたのである。社内の枢要なポストも新聞局出身の人間がおさえる。

ところが、その肝心の新聞広告が二〇〇〇年の一兆二〇〇〇億円強をピークにして下がり始め、二〇〇五年には一兆円ぎりぎりの数字になっていた。かわりに伸びていたのはインターネット広告費で二〇〇〇年にはほとんどなかったインターネット広告費は、二〇〇五年になると、三〇〇〇億円に近づいていた。

ヤフーと電通新聞局に真逆のことを言われた地方紙の幹部たちは、あわてふためく。

どうすればいいのか相談をした先が共同通信だった。

共同通信は、いわば地方紙がお金を出し合ってつくった、地方紙のための取材組織だった。地方紙はたとえば東京に全国紙が持つ政治部や、社会部、経済部のような足場がない。首相官邸や永田町記者クラブで中央の政治の流れを追い、司法記者クラブで東京地検特捜部が追いかける事件の取材をする。そうした記者を各地方紙が独自で持つのは不可能だった。また、全国紙のような海外取材網を地方紙が持つのも無理。そこで全国紙に対抗するために、連合してお金を出し合い共同通信という社団法人ができているのである。

取材のための組織として始まった共同通信ではあったが、インターネットというものが出てくると、それに加盟紙がどう対応すればよいのかを考える必要が出てきた。その役割を担ったのが、共同通信の小片格也《おがたかくや》だった。

二〇〇〇年の斎田一路

インターネットによって通信社の役割が大きく変わる。これは大変な変化になる、そう最初に気がついたのが、九八年六月から二〇〇二年一二月まで共同通信の社長を務めた斎田一路《さいたいちろ》だった。

斎田が、共同通信社もこの大きな変化に対して対応しなければならない、と行動を起こしたきっかけは、私が一九九九年の末に講談社から出版した『勝負の分かれ目』を読んだからだと、小片格也は言った。

確かに、私は、その本を出したあとに、二度の天安門事件をカバーした唯一の記者である伊藤正《いとうただし》の仲介で、斎田と食事をしている。斎田一路は、筑紫哲也と一緒にデイビッド・ハルバースタムの『メディアの権力』を訳していたこともあり、まだ三〇代だった私は大いに期待してその夕食の場に出向いた。

しかし、食事の間中、斎田はほとんどしゃべらなかった。

だから、インターネットが登場する前から起こっていた技術革新によるメディアの変貌を、ロイター、日経、ブルームバーグ、時事通信を舞台に描いたその作品に、本当に興味があるのかと、がっかりした覚えがある。

ところが、今回この本の取材で小片に会った時、小片が「斎田さんは、あなたの本を大量に購入して、役員全員に読ませていた」と言うのを聞いて、歴史はあとになってみないと本当にわからないものだと思ったものだ。

ともあれ、その斎田一路に、当時やはり三〇代だった小片が呼び出されたのは、二〇〇〇年の三月だった。

外信部長から「小片、社長がオークラのホテルのバーで待っているから行ってくれ」と言われた。当時ホテルオークラのすぐ近くにあった共同通信の社屋からかけつけた。

バーに入るとカウンターに斎田が座っていた。ジャズが流れていた。

斎田は、高級な背広に身をつつみ、ポケットチーフを覗かせながら、バーボンをロックで飲んでいた。ダブルのジャケットのポケットから紙をとりだすと、こんなことを言い出したのだった。

「インターネットで、新聞はたいへんなことになる。そのとき通信社がどんな役割をはたしたらいいのか、まずは米国のAP通信から調査したいと思う。APが加盟社のためにどんなことをやっているか、そして加盟社がAPにどんなことを望んでいるか、調べてきてほしい。私がAPの社長に手紙を書いた」

とりだした紙はAPの社長宛の手紙だった。このようにして、ボスニア戦争をボン特派員としてカバーして帰ってきたばかりの小片に、AP通信での調査が命じられたのであった。

APは共同通信のようにアメリカの全国各地に散らばる地方紙が運営費を拠出しなりたっている通信社だった。だから共同とよく似ている。

通信社にとってその取材した中身の記事をウエブ上にそのまま出すという行為は、加盟紙にとっては背信行為だった。というのは、通信社の記事の中身は、その地方紙を読まないとわからないというのが地方紙にとっては大事だったのだ。ウエブ上でただで見ることができてしまっては、地方紙の国際ニュースや政局のニュースなどはわざわざ新聞を読まなくともよいということになる。

そこでAPが行なっていたのは、まずAPが取材している事柄の記事については、それを短く要約したパッケージをつくり、それをヤフーなどのプラットフォーマーに出していたことだった。

それとさらにもうひとつAPは、加盟紙の記事の見出しを集めたサイトをつくっていた。ニュースはその時々で更新されていく。ヤフーとの違いは、その見出しをクリックすると、その地方紙のドメインに飛んで見られるようになっていたことだった。ヤフーの場合は、記事自体を提供してもらっているので、自身のドメインにはりつけており、ヤフーのドメイン内にユーザーは留まることになる。

APのようなハイパーリンクで飛ばすやりかたを「リンクハブサイト」と呼んでいた。このAPの「リンクハブサイト」が後に、共同通信と電通が中心になってできる地方紙のニュースのポータルサイト「47NEWS」の原型になる。

真珠のネックレスのようなサイトをつくる

小片は、「社内政治をこそこそするようなのは大きらいなんだ。そんなことをする暇があったらば外のひととつきあったほうがいい」と公言するような男で、その人柄に惚れる社外のひとは多かった。それは地方紙もそうだったし、実は、小片は、ヤフーなどのデジタル企業のひととも幅広くつきあった。

電通とヤフーの両方の行脚をうけた地方紙の幹部が相談する先も共同通信では、当時社長室にいた小片ということになった。社長室から分離する形でデジタル戦略チームが二〇〇五年一二月にはできる。このデジタル戦略チームの主要メンバーとして小片は、加盟紙一五社が集まるデジタル事業研究会を立ち上げることになる。

目的は、地方紙の連合によるヤフーに対抗するためのポータルサイトである。

第一回の会合は二〇〇六年一月に開かれた。事務局は共同通信が担い、最初の会合には共同通信からは社長の石川聡、常務理事の福山正喜が参加した。加盟紙のほうは北海道新聞社、河北新報社、中日新聞社、西日本新聞社といった有力ブロック紙と中国新聞などの県紙のデジタル担当の役員、局長が参加し検討が始まった。

「真珠をつなげてネックレスにするようなそんなサイトをつくりたい」

こう発言した地方紙の幹部がいた。

電通新聞局も同時に地方紙のブランドをいかした物販サイトをこのサイトの表裏の関係で立ち上げることを急ぎ、ニュースとショッピングがそろう、ヤフーへの対抗サイトの形が徐々にととのっていく。

私たちは新聞少年です

ヤフーで九八年からニュースをみるようになった宮坂学は、いつも新聞社を回ると、自分より一回り年上の新聞社のデジタル担当者にこう言って自分を売り込んでいた。

「私たちは新聞少年ですから」

ようは、新聞社のコンテンツを読者のもとに届ける新聞少年と同じ役割をヤフーは担っているんです。私たちは新聞少年なんです。ということだった。

大阪のユー・ピー・ユーという会社からヤフーに飛び込んだ宮坂が株価情報を経て、ニュースをみるようになった経緯はすでに書いた。

宮坂はアウトドア派の山男であり、酒も良く飲んだ。酔いつぶれて道路にそのまま寝てしまい、同僚が困って家まで送り届ける、なんてこともあった。が、新聞社の年長のデジタル担当者はそんな宮坂をかわいがった。

しかし、それはヤフーがまだ箱崎、そして表参道にいた時までの話だった。二〇〇三年には新築の六本木ヒルズに第一号テナントとして入居、株式もジャスダックから東証一部に昇格するようになると日がかわるたびに社員が増え、使うフロアがふえ、オフィスが大きくなっていく。もう中小企業とは言ってられない規模になってくる。

宮坂が最初に新聞社の警戒感を肌身で感じたのは、ヤフーに記事提供をしてもらっている媒体の担当者を集めてもてなす会合を開いた時のことだった。二〇〇五年五月一三日のことである。

それは「コンテンツパートナーカンファレンス」と名付けられ、ヤフーの方針を媒体社に説明するとともに日頃の提供に感謝するという趣旨の会の最初の会合だった。そこにはまだヤフーに提供をしていない社も招かれていた。

宮坂は、この時点で部長になっており、媒体社との折衝は下の人間にまかせている。いつものように、「われわれは新聞少年です」と陽気に挨拶を始めた。

意気揚々と、ヤフーがいかに伸びているか、どれほどの影響力を持つかを話す。

ところが、反応が氷のようにつめたかった。

質疑応答になった。

「おまえらの自慢話はいいからいくら払うのかをまず話せ！」

そう質問があって、このパートナーカンファレンスはパートナーと言うには恥ずかしいくらいに荒れた。

宮坂は初めて、これまでのような「よろしくお願いします」の営業パターンではうまくいかなくなっていることに気がついた。

二〇〇〇年三月期には五七億円の売上しかなかったヤフー・ジャパンはその後売上を倍々ゲームで増やしていき、二〇〇五年三月期には、一一七八億円の売上を計上するまでになっていた。

もう中小企業ではない。新聞社もそういう意識ではつきあってくれない。

一〇〇キロの名営業マン

宮坂は、この事件をきっかけに、もっと手厚く媒体社をケアしなければならないと考え始める。

それまではニュース・プロデューサーが、媒体社の営業も契約も全てやってきたが、媒体社の数が増えると、宮坂がやってきたように、新聞社の人と食事にいったり飲みにいったりということが減り、社によっては契約更改の際もメールでやりとりし、まったく先方の担当者にも会わないということも多くなっていた。

媒体社の開拓と維持に特化した部をつくってひとを増やそう、そう井上に進言し、ビジネス開発部ができたのが二〇〇六年四月のことだった。

このできたばかりのビジネス開発部に、配属になったのが、二〇〇五年六月に読売テレビからヤフーに入社した中島恵祐だった。

もともと中島は一九九二年にTBSに新卒で入社し、ラジオの番組ディレクターから職歴をスタートしている。

最初に手がけた番組が当時聴取率ナンバーワンと言われた「森本毅郎・スタンバイ!」という番組だった。番組のキャッチフレーズは「聞く朝刊」。

しかし、中島はいきなりラジオの退潮を体感することになる。バブルが崩壊し、ナショナルスポンサーが次々に「弱いメディア」から広告を引き上げ始めていた。

まずトヨタがおちた。それからトヨタディーラーがおちた。

これはたまらんと思った。しかし、テレビの方に異動させてくれる気配はない。それどころか分社化の動きがあって自分はこのままラジオに塩漬けになるのではないかと思い、読売テレビに転職する。ここではテレビの仕事ができたが、しかしその過程で、本当の成長はインターネットにあるのではないか、と考えるようになった。

入社してきた中島は、宮坂の見るところ、タフでしかも愛されるキャラクターだった。

例えば読売新聞の担当者は、その前には、なかなかうまくいかず、心の病気になる社員もいて、定まらなかった。これを中島に担当させた。

「ライントピックス」訴訟後の厳しい時代でもあったが、中島は、ひかないところはひかず、しかし、うまくつきあっていくということができた。

読売のみならず、共同通信、時事、産経と主要どころは全て中島の担当になった。

一〇〇キロを超える巨漢。揚げ物には目がなく、とんかつが大好物。常に何かを食べているが、そのエネルギーを仕事の馬力に変える名営業マンだった。

情報は早い。

その中島がどうやら共同が離脱を考えているらしいという情報をとってくる。

ビジネス開発部ができて以降、ＹＭＮ定例会議というものがビジネス開発部でもたれるようになっていた。ある意味、この会議が、それぞれのメディアとの対応を決める重要な場になっていた。というよりそのときヤフーは圧倒的な力をウエブ上ではもっていたから、後にヤフーの三代目の社長になる川邊《かわべ》健太郎《けんたろう》に言わせると「メディアの生殺与奪を決める会議」だった。まさに中核中の中核の会議。

当時、宮坂は、取引をしている相手先メディアのネット担当を出世させるようにしよう、とよく言っていた。つまり、会社の中で、ネットについてわかる人たちが中枢を占めるようになっていかないと、物事は前に進まないと考えていた。

そういう態度で接していたから、相手先企業の担当者とも同志的連帯が生まれ、じょじょに情報が入ってくるようになっていた。ことに中島はその能力に優れていた。

その中島の情報によれば、共同が離脱を考えているのだという。

ヤフー内部は緊張する。

共同通信離脱

そんな時に共同通信の担当者がヤフーに来社し、宮坂と中島にこんなことを言っていった。二〇〇五年九月五日のことである。

「共同はネットのポータルに配信を始めて四年たった。ヤフーには三年になります。しかし、現状をみると地方紙の部数は下がり、地方紙のウエブサイトのPVもよくない。東京のIT企業の業績はぐんぐんあがっている。地方紙はいま怒っている。自社サイトのアクセス数のアップと情報提供料のアップの両方を強く求めている」

電通の新聞局も「宮坂というのは敵か味方なのか?」と怒っているという噂が宮坂の耳に入ってくる。すでに共同通信内部では「47NEWS」の設立の準備が地方紙との間で着々と進んでいた。

二〇〇六年四月一八日には、電通の幹部も来社して、わざわざこんなことを宮坂に言っていった。それまで会ったこともないひとだった。

「電通が仕切って地方紙とやるから。ヤフーがいろいろやっても難しいと思うよ」

そしてその三カ月後の七月五日、ついに共同通信から幹部が来社し、「47NEWS」を設立するので、ヤフーからは離脱する旨が通告された。

宮坂はこれは大変なことになると思った。「取引をしていたのにできなくなってしまいました。すみません」と共同通信側は低姿勢だったが、六本木ヒルズの会議室で「私たちに何が足りなかったのでしょう」と宮坂は途方にくれて聞いた。

このようにして、「47NEWS」が設立されていく動きを見て、読売新聞社内でヤフーにかわるポータルを新聞社独自で作ろうとしていた社長室次長の山口寿一は、地方紙はとりこめないことを悟ったのである。

で、あればどうするか？

他の全国紙と組めばいい。

山口は日経に狙いを定める。

読売新聞が二〇〇六年春に定めた中期経営計画には次の文言がいれられる。

「台頭するインターネットに対抗するため、新たな収益モデルの確立が急がれる。新聞・テレビのサイトは、ネット上のメガポータルサイトに集客力で水をあけられており、集客力、収益性、ブランド価値などの課題を克服できるインターネット事業を実現しなければならない」

主要参考文献・証言者・取材協力者

山口寿一、渡部徹、小片格也、宮坂学、中島恵祐、川邊健太郎、佐藤和文

「共同通信社70年史」 共同通信社社史刊行委員会編 二〇一六年一一月

読売新聞社内報

『日本の広告費』 電通メディアイノベーションラボ メディアイノベーション研究部 二〇一九年三月

他に読売新聞で匿名で協力してくれた社員がいることを記す。

第九章　朝日、日経、読売が連合する

後に「あらたにす」として結実することになる朝日、日経、読売の共通のポータルサイトの案は読売を出発点として、販売協力の話から始まっている。三社の社長の駆け引き。

戦後、東京のブロック紙だった読売新聞が、全国紙になり、朝日を抜いて部数一位になったのは務台光雄という販売の天才がいたからだった。

務台は、専売店による新聞部数の拡張という独特の方法で、読売を広げていった。販売店は地元の名士などが自分で店を持ち経営する。読売新聞社はある区域における読売新聞の販売権を独占的に認めるのである。認めた上で新聞を卸す。六七パーセントといった料率で卸した新聞を売れば、販売店には三三パーセントの実入りがあることになる。また新聞に折り込む地元のスーパーなどのチラシ広告は広告料金の八割が販売店の収入になる。

つまり、これは、販売店とすれば、部数を拡張すればするほど、販売収入と広告収入で売上があがり生活が豊かになるということである。

東京のブロック紙であった読売新聞が全国紙になっていく過程には、当然のことながら、各地のブロック紙、地方紙との熾烈な販売合戦があった。地方紙の牙城に読売の専売店が出るにあたっては、本社からそれなりの支援がなければできなかった。

七〇年代後半から八〇年代にかけてその攻撃隊役を担ったのが、拡張団という組織だった。専売店の従業員というわけではない。読売新聞の社員でもない。フリーランスの拡張団は全国各地の専売店のため、セールスをし、三カ月なり、半年なりの契約をとる。そしてその契約をとると販売店から報奨金が支払われるという仕組みだった。

たとえば新潟。

新潟は、新潟日報という県紙が圧倒的に強く当時で五五パーセントというシェアを誇っていた。そこに読売新聞が七九年から八一年にかけて大攻勢をかけてきたのである。

今は西区と呼ばれる新興住宅街が標的になった。

読売新聞VS.新潟日報

二〇一八年に新潟日報社の専務を退《ひ》き、新潟日報サポートの社長を務めることになる星野純朗《すみお》が日報に入って入社六年目、ちょうど販売の担当員になった一九七九年のことだった。

販売部長から声がかかった。

「おい、星野、西区に読売の拡張団がきているらしいから、様子を見に行こう」

販売部長は運転ができない。星野が運転して、販売部長とともに西区にむかった。販売部長は、新聞公正取引協議会という販売正常化のための業界組織の新潟県の会長もかねていた。

はたして、西区の広い駐車場に、その拡張団はいた。各地で地方紙をあらしまわっている「クボマン」と呼ばれる読売系の拡張団で、八〇人の規模でこの西区に県境を越えて襲来していた。

駐車場には二トントラックとマイクロバスが何台もならび、トラックの荷台の上には、八〇人分の自転車、バイクそして拡販の品々が山積みになっている。ビール、醬油、バターなどのギフト券から、バスタオル、そろばん付電卓、ヘルスメーター、デジタル時計までありとあらゆる家庭用品が積まれている。

それを、拡張団の団員がトラックの荷台から下ろした自分のバイクや自転車に積んで次々と住宅街に散っていくのである。契約がとれることをこの業界の用語で「カードがあがる」というが、ハンコをついてもらい三カ月なり、半年なりの契約をとってきた団員は、そのカードをもって戻ってくる。すると、親分格の男が、また洗剤を渡し、団員は再び住宅街へと消えていく。その繰り返しだった。

販売部長は新聞公正取引協議会の新潟の会長も兼ねているので、「拡材を使って拡販をするのは違反です」とハンドマイクでがなるが、拡張団のボスは、じろりとこちらを睨み、「冗談じゃねえ」と凄む。

「クボマン」の通ったあとはペンペン草も生えないと言われていたから、若い星野はただ呆然として見ているしかなかった。

読売新聞社の社員である担当員に連絡して、「違反ではないか」と詰め寄った。「禁止命令を発する」といったんは言うが、そのあとは「いや俺の言うことはきかないんだ」とのらりくらり。

拡張団は読売新聞の販売店の社員でも読売の社員でもなんでもない。ただ、セールスをして契約をとってきたら、そのカードを店にわたし、六カ月の契約であれば、一件あたり六〇〇〇円といった額を戻してもらう。

これでどうやって販売店は儲けがでるのか不思議に思うかもしれない。一カ月朝夕刊セットの購読料が二六〇〇円だったとして、半年で一万五六〇〇円。これでは、拡張団に払うカード料と拡材の金だけでトントンになってしまう。しかし、マジックは折り込み広告にあった。折り込み広告は八割が店の取り分になる。そうすると折り込み広告一枚あたりの料金が三円とすれば、二円四〇銭が店に入る。一日二〇枚折り込み広告が入れば、新聞一部あたり四八円の実入り。三〇〇〇部配っているとすれば一日あたり一四万四〇〇〇円。一カ月で四三二万円、一年で五一八四万円の収入になる。

だから販売店は拡張団を使い、本社は様々な販売報奨金で支援をする。

新潟日報は紙面で応戦

新潟日報には読売のような財力がないために、販売店に対して拡販のための品を供給するだけの報奨金を出すことができなかった。そのため新潟日報の販売店は拡材ももたず、しかも、アルバイトで新聞を配っている主婦が徒手空拳で戦うことになる。

たまりかねた新潟日報は、一九八一年七月四日にはこんな記事を紙面に出す。

「新聞拡張団が横行。新潟市　強圧的勧誘に苦情」

〈最近新潟市を中心に、大量の洗剤やデジタル時計などの景品を使い、強圧的、詐欺まがいの新聞勧誘を続けている拡張グループが横行しており、一般市民のマユをひそめさせている〉

という文章で始まるこの記事では、Y新聞とイニシャルにしているものの、読売の強引な販売攻勢を具体的事例をいくつもあげて糾弾していた。

〈「日報」です。と入り込み、洗剤などの景品をおいてゆき、三十分後に別の拡張員が来て「実は○○新聞だ。品物をうけとったのだからどうしても新聞をとれ」とすごまれて印鑑をつかされた〉

〈主人がまだ帰らない夕方、暴力団風の男が三、四人来て「新聞をとってくれ」と洗剤入りの段ボールを出した。いくら断っても聞き入れず、押し問答をしているうち、洗剤をおいたまま「あした判をもらいにくる」と帰ったが心配で夜も眠れない〉

記事では発行本社の読売新聞に新潟日報から指導を要請したことも記されている。しかし、「関係者の善処するとの返事とはうらはらに、いまだ拡張団が居すわり苦情が寄せられているのが実情である」とおとしていた。

読売新聞の攻勢は七九年から八一年まで続いた。

この結果、新潟の西区だけで、新潟日報は読売に七〇〇〇部あまりの部数を奪われることになった。

ボーヤからの叩き上げ

しかし、こうした拡材と拡張団をつかった読売の全国制覇の政策はしだいに無理が生じてきていた。そのことを、二〇〇四年に読売新聞グループ本社の社長になった内山《うちやま》斉《ひとし》は危機感をもって感じていたのである。

内山は、日大の学生だった時に、読売新聞の政治部でボーヤと呼ばれる雑用係のアルバイトを始めそのまま読売新聞に採用された。一九五七年のことである。当時、政治部にいた渡邉恒雄[※1]が音頭をとり、採用嘆願の連判状を政治部員につのり、編集局長に出して採用が決まった。内山が配属されたのは地方部だった。

地方部というのは、読売新聞の各地方の県版の紙面をうめる部であった。社内の最も傍流と目されている部であったが、実は務台が進める読売の全国制覇の政策と軌道をひとつにしている部でもあった。というのは、地方紙と戦うためには、その県の県版を充実させなければならないからだ。

丸山巌という後に渡邉恒雄の最後のライバルになる実力派の販売局長にかわいがられ、全国の販売店の会議に内山はつれていかれ、挨拶をさせられた。そこで地方の販売店の声を聞け、ということだった。それで死亡記事を増やしてくれという声がある。その声をうけて増やす。しかし、一年後部数が増えていなければ、その地区に行って内山は言う。「あなたたちが死亡記事を増やせというから増やしたが部数が増えていないではないか」

県版でなくてはならないのは、訃報と葬儀情報である。その訃報には通夜、葬儀の日取りと場所そして喪主の名前を読売新聞はいれていた。ところが、十勝毎日新聞はさらに葬儀委員長が誰かまでも調べていれていたことがわかる。そのことを知った内山は、葬儀委員長も取材するように地方部の部員たちに指示をし、各県の支局にも要請をする。

このように販売と一体の活動をしてきたことから、務台の目にとまる。

地方部の主任をしていた時に、地方分散印刷を務台に進言している。務台はその申し出を聞こうとしない。

内山はこう言ってくってかかったと言う。

※1　『君命も受けざる所あり　渡邉恒雄　私の履歴書』渡邉恒雄　日本経済新聞出版社　二〇〇七年一一月

「何を言っているんですか？　務台さんの故郷の長野、夕刊の早番に毛の生えたようなもので我慢するんですか？　社長はそれで長野県民を満足させるんですか？　社長は長野県民を馬鹿にしているんではないか」

東京で印刷しているかぎり、長野には高速をつかって販売店に届けるしかなく、長野に届く読売新聞は、〆切の早い版にならざるを得なかった。何よりも巨人戦のナイターの最終結果が入らないことがあった。務台は一年たってから内山にこう言った。

「おれはあのとき君の意見をいれていればよかった。おい、分散印刷進めてくれ」

この地方分散印刷の成功があり、地方部出身でいながら、内山は社でしだいに中枢の地位を占めていくようになる。

やがて盟主となる渡邉恒雄には忠実なしもべとして仕えた。社長室長、労務担当、制作局長などの要職を内山に「歴任させた」と渡邉は自著で書いている。一九九〇年には取締役制作局長になり、一九九一年には常務として社長室長を務め、九八年からは副社長として販売を見た。

拡大路線の翳り

内山が読売新聞グループ本社の社長になったのは、二〇〇四年一月のことである。が、社長と言っても、本当の権力は会長であり主筆の渡邉恒雄にあった。内山に人事権はなかったのである。部長以上の人事は全て渡邉が決めていたと、内山自身が私のインタビユーに答えている。部長どころかその下まで渡邉自身が人事権をもっていたという。では、社長として何ができるのか？　そう聞くと、政策の立案と執行についてはある程度まかされていたのだという。

内山は、務台・渡邉と続いた拡張主義に限界がきつつあることを感じていた。それは自分が販売に近いところを歩いてきただけにわかるのだ。

たとえば販売店が拡張団はいらない、と言ってくるようになってきていた。内山によれば、当時、様々な契約の形があったが、ひとつカードをあげると、販売店は六〇〇〇円を拡張団に戻していた。しかし、これに、拡販の品の経費、二、三〇〇〇円がかかると赤字になるようになってきたのだという。

内山によれば、自分がグループ本社の社長になった二〇〇四年には、折り込み広告の収入がバブル期の半分にまで落ち込んでいたのが大きかったという。これでは拡張団を使って部数を増やしても、赤字になる、そう販売店が訴え始めた。

本社は店に対する援助を強化せざるをえない。内山が社長の時代には、販売店の従業員の給料の補塡を本社が販売補助金の形で支給をするようになっていたのだと内山は言う。「三分の一を本社が見る。弱小店は半分見ます」

拡大路線をとることはもう不可能だと思った。安定路線をとるしかない。

内山は、専売店であくまでも伸ばしていく戦略をあらためて、山間僻地では、地方紙の専売店に紙を預けるということを考え出す。

朝日の秋山耿太郎

販売店には専売店と合売店《ごうばい》がある。専売店は、読売系列であれば、読売新聞しか売らない。合売店は、他の新聞も預かって売ることになる。本社は販売経費がかからない反面、本当に自分の社の新聞を売っていってくれるのかという不安がある。

しかし、内山は背に腹はかえられないと考えたのだった。

苦労人の内山は、他社の経営者からのうけもよかった。

この時代は、朝日新聞は秋山耿太郎《あきやまこうたろう》、日本経済新聞は杉田亮毅が社長の時代だが、三人のケミストリーはよくあっていた。中でも、内山は秋山とよかった。

秋山は、社長になる二〇〇五年の前二年ほど販売担当の役員をしている。

秋山は政治部出身のエリートだ。政治部長、編集局長を経験し、社長の大本命。だから販売を担当せよ、とのことだったのだが、それまでまったく販売の経験がなかった。

自然、苦労人として地方部時代から販売を見てきた内山に相談をすることが多かった。

例えば、秋山は実際に、販売店に行って、拡張団について自分も新聞勧誘をやってみることにしている。その時の体験を内山に話をしたりしていた。

そこは大泉学園の店だった。自分もセールスをやってみたいと打診すると「失業したサラリーマンの格好してきてくれ」と言われた。

ジャンパーをはおり店にいくと自転車が用意されていて、その自転車で区域内を回った。拡張団の年配の男性が、指導役だった。過去の読者の一覧表が渡され、「ここをしらみ潰しにあたっていく」と言われる。

しかし、回ってみて、どの家にもすげなく断わられることがわかった。まず昼間は留守のことが多かった。在宅していても、ドアをあけてくれる家はわずか、ドアをあけて応対しても「うちは巨人戦のチケットがなければとらないよ」と断られる。

拡張団の男性が「『おきかん』をやる」ということになった。「秋山さんあなたはちょっとむこうに行っててくれ」と言われる。

それは、現金を潜在読者に渡して、「これでとってくれ」というセールスだった。二万円をおき、「三カ月分をとってくれ」と勧誘するのだった。この額を上回る販売費が出ているからこそ成り立つセールスだった。

最後に、「あんたひとりでやってみろ」と言われた。ふるぼけたアパートで、ピンポンをおすとフィリピン人の女性と子どもが出てきた。その女性は「そんなものをとったらば旦那におこられる」と言う。困ったなと思ったら横から、拡張団の男性が助けてくれた。

秋山耿太郎
2005年 ©共同通信

「あんたどこに買い物いくの」

「そこのスーパーに」

「そうしたらこの商品券使えるから」

「それでも旦那さんに了解をえないと」

「大丈夫だから」

そうしたら、その女性はサインをしてくれた。ようやく一軒契約がとれた、と秋山は喜んだ。

ところが、数日たってその拡張団の親分に会ったらばこんなことを言われる。

「秋山さんあれ、傷物のカードだった。はんこじゃないとだめなんだ。サインだと駄目なんだよ。裁判所に行って通用しないんだ」

こんなに泥臭い現場から、自分たちの取材費は出ているのか、と秋山は頭が下がる思いだった。

後日内山に会った時に、秋山は思わずこうもらしている。

「内山さん、朝日新聞は紙面で売れているとばっかり思っていた。でもそうではないことが販売担当になって初めてわかった。読売が日本一になった理由も初めてわかった」

「拡張団と一緒にまわったが、行く先々で読売をとってますと言われました。『秋山さん、ただとってください、というだけでは売れない。何かをあげないと』と拡張団の人は言う。それでは読売と同じではないかと言ったら、『だから読売は伸びたんですよ』

こうした二人の肝胆相照らす関係があって、地方紙への販売協力の呼びかけが始まる。

全国販売局長会議

しかし、これはなかなか上手く行かなかった。地方紙は、新潟日報の例を持ち出すまでもなく、これまで散々読売にやられてきたのだった。新聞各社の販売局長や担当の役員が集まる「全国販売局長会議」という会議が二〇〇四年の初夏に九州であった。ここで内山は、県庁所在地以外の場所での販売店の統合、合売化について地方紙に呼びかけている。

「山間僻地については、地方紙の専売店に読売は紙を預けたい」「安心してくれ。拡販材料も使わない。せいぜいサービス品程度で。やってきた本人が言ってるんだ。心配しないでくれ」

しかし、地方紙の側のガードは固かった。トップで合意しても現場ではひっくり返される、それが販売だ、とも内山は言われている。

朝日の秋山を口説く

地方紙をだきこむ戦略は、共同通信が、地方紙をがっちり固めて団結させているだけにうまくいきそうになかった。読売新聞は共同通信の加盟紙ではない。

そうした状態の中で、内山は、朝日の秋山と協力することを思いつく。内山がグループ本社の社長だった時代、社長室次長には山口寿一がいた。

ここで山口は、日経と協力をして、ポータルサイトを新聞社独自でつくっていく案を内山に根回しした。

というのは、二〇〇六年のクリスマスの前には、山口寿一が、日本経済新聞の電子メディア部門の責任者である長田《おさだ》公平《こうへい》に接触し、のちに「あらたにす」という形で結実する新聞社独自のポータルサイトの話を持ちかけているからだ。

このようにして、読売、日経、朝日の三社連合の輪郭が徐々にはっきりしてくる。

内山の関心は、販売にあった。販売協力の話を朝日の秋山にした。その際に山口が立案しているポータルサイトの話もしている。

秋山はその話を最初に聞いた時にこう思ったと言う。

内山斉は信頼できる。しかし、組織としての読売は信頼できるのだろうか？

秋山にとっては、ぼやっとした形しかとられていない販売協力の話よりも、朝日と読売が協力してポータルサイトをつくるという話のほうが印象が強く残った。

そこで当然の疑問を口にした。

「しかし、内山さん、読売はヤフーをやめられるんですか？」

この時点で朝日はヤフーに出していない。ポータルサイトをつくるのであれば、まず読売がヤフーをやめなくてはならない、その社内合意が読売の中でとれているのか、ということだ。

「いずれやめる」

そう内山は答えたうえで、実は日経も仲間に加わってもらおう、と考えていると秋山に話を向けた。

「朝日と読売の二社だけでは信用されない。日経が入って楔《くさび》をうちこんでくれれば、ブロック紙、県紙の人たちも入ってくれる」

このようにして、内山は、朝日の秋山の了解をまずとったうえで日本経済新聞社長を務める杉田亮毅のもとを訪ねたのだった。

読売はヤフーをやめられるのか？

杉田亮毅は内山の話を最初に聞いた時にやはり「読売はヤフーをやめられるのか？」と思った。

しかし、内山は朝日の秋山の了解もとってあり、ぜひ日経に参加してほしい、と強く言う。

秋山と同じ疑問を杉田は口にしている。

「しかし、読売はヤフーをやめられるの？」

「現在ヤフーからは二〇億の売上があるが、これを将来的にはゼロにする」と内山は言う。

杉田は社内に話を持ち帰った。すると社内の意見は大反対だった。

「うちにはひとつもメリットないですよ。朝日はともかく、読売からデジタルで学ぶことはひとつもない」

しかもできれば、日経の社内に事務所をつくりたいと言う。

さらに言えば、この時、すでに徳田潔と新実傑による有料電子新聞のための新しい部署がたちあがっていた。これは社外には秘密だが、いずれ有料版がでることになれば、ポータルサイトに無料の記事を出すということ自体できなくなる。

しかし、杉田は最終的に、この内山の話に乗ることを決断した。

理由は沖縄だった。

沖縄の現地印刷をしたい

杉田は日本経済新聞の沖縄における現地印刷をしたかったのだ。

というのは杉田には、沖縄県知事の仲井《なかい》眞《ま》弘多《ひろかず》に詰め寄られた苦い経験があった。仲井眞が知事に就任してすぐのこと、東京に出張のおりに、日経を訪問し、杉田にこう言ったのだった。

「日経は沖縄をあまりにもバカにしていませんか。日経はバンコクでも台湾でも上海でも朝八時に読める。沖縄では午後三時にならないと読めないんです」

当時は沖縄に配達する日経は、福岡で印刷したものを朝の飛行機で那覇にもっていき、そこから、運送会社に頼んで配ってもらっていた。そうすると、どうしても各家庭や会社の購読先につくのは午後三時をまわってしまうのだった。

仲井眞はこう続けた。「先日沖縄振興の経済シンポジウムがありました。ここで私はこんなことを言われたんです。『日経をその日の夕方でないと読めない状態で、経済振興などおこがましい。知事は、まずは日経の社長のところに行って沖縄で日経を印刷してくれるよう頼んでみろ』と」

杉田はぐうのねもでなかった。

そんなことがあったので、内山から話を聞いた時に、これはチャンスではないかと考えた。つまりこの三社連合に参加をするバーターとして沖縄での現地印刷を認めてもらうのである。

琉球新報に印刷してもらうにせよ、沖縄タイムスに印刷してもらうにせよ、朝日、読売の了解をとっておくことが日経にとっては必要だった。というのは日経は専売店を東京と大阪のごく一部にしかもっておらず、多くは朝日や読売の販売店に預けて配ってもらっていたからだ。了解をえずに現地印刷を始めるとどこで嫌がらせがおこるとも限らない。

そこで、内山に再度会った時にこう話をもちかけている。

「内山さんはそう私にお願いをされますが、私もお願いがあります。私は沖縄印刷をやりたいんだ。参加の条件に沖縄の現地印刷をいれてくれないか」

「うちはいいよ、うちはせいぜい沖縄では七、八〇〇部しかない。読売は沖縄がゼロになってもかまわない。朝日が問題だろうな。杉田さん、その問題は、秋山さんとの調整じゃないか」

当時沖縄での日経の部数は四〇〇〇。朝日は一五〇〇あった。

今度は杉田が朝日の秋山のところに通う番だ。

「ぼくは社内の反対をおさえて、参加しようと思ってますけど、うちがやりたいことに協力してくれなくちゃ困るじゃないですか」

「なんですか」

「沖縄での印刷です」

最初、秋山は「とんでもない」といい顔をしなかった。

「私がかりにいいといっても販売局の連中が、江戸の仇《かたき》を長崎でうつということもありうるよ」とも言った。

「慎重に考えたほうがいいです」

最初の会合は物別れに終わった。

しかし、二回、三回と通ううちに、秋山の態度も軟化し、最後には「大義は日経にある」とまで言った。

「我々も遠からずおいかける。朝日、読売の協定に日経も参加してくれますか」

「わかった。協力するよう社内の反対を抑える」

このようにして、三社の連合はなったのである。この三社間の連合を三社の頭文字をとってANY《エニー》とした。

朝日、日経、読売、この三大強者が連合して販売に協力し、そして共通のポータルサイトをつくるという。それまでの朝日と読売の関係を考えれば、前代未聞のことだった。

しかし、宿題がひとつ残っていた。

それは読売のヤフー離脱である。

主要参考文献・証言者・取材協力者

星野純朗、高橋道映、内山斉、秋山耿太郎、杉田亮毅、長田公平

「新たな協調モデルへ」高橋道映『新聞研究』二〇〇九年一〇月号

新潟日報　一九八一年七月四日

『君命も受けざる所あり　渡邉恒雄　私の履歴書』渡邉恒雄　日本経済新聞出版社　二〇〇七年一一月

『新潟日報140年　川を上れ　海を渡れ』新潟日報社編　新潟日報事業社　二〇一七年一一月

第一〇章「あらたにす」敗れたり

包囲網をしかれたヤフー、必死の巻き返しが始まる。読売には強いメディア戦略局長が誕生。朝日の田仲、日経の長田に責められ、読売の山口は苦渋の立場におかれることになる。

なぜ米国のヤフーは潰れ、日本のヤフーは繁栄したのだろうか？　第三章でも触れたこの問題について、あるエピソードを語ることからこの章を始めよう。

それは「ヤフトピ」を軌道にのせた読売新聞出身の奥村倫弘の提案についてだ。

インターネットの様々なページを「サーフィン」して面白いページをみつけ登録し分類していく。このサーファーという仕事からヤフーでのキャリアを始めた奥村は「ヤフトピ」にはうってつけの人間だった。読売新聞でつちかったジャーナリズムの感覚がありながら、何が面白いのかということがよくわかっている。たくさんのニュースの中からその時点で最適な八本のニュースを選び掲載していく。

この「編集」の力なくして、ヤフーはここまで大きくはならなかった。

では次のステップはどうだろう。外部からのニュースを分類し、ピックアップするだけではない。自分たちで取材をし記事を書いてニュースを出してはどうだろうか。

ヤフーに提供されるニュースはストレートニュースだ。解説や分析などの足の長い記事は送られてこない。それだけでも自分たちが編集部を立ち上げて取材・分析し送り出してはだめだろうか。

この提案は井上雅博に幾度となくあげられる。

しかし、井上は首を縦にはふらなかった。

ヤフー自らが取材をし、記事を書くことは、ヤフーがプラットフォームからメディアになるということだ。実際に米国のヤフーはこのメディア化の道をたどりつつあった。ESPNから記者を雇いスポーツの記事を出し、動画のコンテンツをつくるためのプロデューサー、音楽コンテンツをつくるためのディレクターを次々に採用、独自のコンテンツを流し始めていた。

井上はなぜだめかという理由を率直にこう奥村に話をしている。

「おまえ、そんなことやってね、自分で記事書いて、それで読売が抜けたら、おまえ、責任が取れるのか？」

ヤフーが取材を始め独自の記事を出し始めたとたん記事を提供してくれている媒体社と競合関係になる。そうなれば、どことも等分につきあうことで成り立っていたプラットフォームとしての地位が揺らぎ、媒体社が離脱していく、そのことを井上は一番恐れていた。

「金を払ってきちんとしたコンテンツをとる。それが俺たちの仕事だ。自分たちがつくるということはやるべきじゃない」

ある新聞社の買収事案が社内で議題にあがった時も井上は「するべきでない。買収したとたん今提供をうけている社と等分のつきあいができなくなる」と明快だった。

そこが、二〇〇〇年代半ばに、フジテレビを買収しようとしたライブドアや、TBSを統合しようとした楽天と決定的に違っていた。あくまでもポータルに徹することこそが成功の秘訣。川上から川下までという理論は、一見正しいように見えて、間違っているというのが井上の直感だった。

結論から言うと、この井上の戦略が正しかったことは歴史が証明している。ライブドアも楽天もそもそも民放を吸収することはできなかった。

米国のヤフーは検索に出遅れグーグルに抜かれ、ニュースも主要なニュース媒体をとってこれなかったために独自の編集部を作ってカバーしようとした。が、次第にPVが少なくなり、広告収入も減り、最終的には二〇一七年にベライゾンに買収されることで企業としての命脈を終えた。

二〇〇〇年代半ばに日本で起こった、新聞各社や通信社の動きは、ヤフー・ジャパンにとっては最大の危機と言えた。新聞各社や通信社が独自のポータルサイトをつくりヤフーへの配信を止めてしまえば、井上の恐れる「プラットフォームとしての終わり」を迎えることになる。

　共同通信が地方紙をまとめ47NEWSをつくり、ヤフーから離脱。そして今、読売、日経、朝日の最強の三紙が団結して独自にポータルサイトをつくろうとしていたのである。

「俺、ヤフー嫌いなんだよね」


　ヤフーでは宮坂学が、ヤフー・ボランティアの担当をしていた川邊《かわべ》健太郎《けんたろう》に目をつけていた。

　ヤフー・ボランティアは、ボランティアのための情報のポータルになるためにつくられたサービスだった。ページの性格上バナー広告はとらない。だから、ヤフー社内では、「ヤフー内左翼」と呼ばれ、暇な部署の筆頭にあげられていた。モバイル事業から飛ばされた格好の川邊はそこで才能をもてあましているように宮坂には見えた。

「お前ちょっとヤフー・ニュースにこないか？　いまヤフー・ニュースが大変なことになっているんだ」

　こう直々に宮坂に口説かれ、二〇〇七年一月にヤフー・ニュースに移ってきた川邊だったが、しょっぱなからその「大変さ」を知ることになる。

　引き継ぎで、日刊スポーツにいった時のことである。日刊スポーツの担当者は、開口一番こう言ったのだった。

「俺、ヤフー嫌いなんだよね」

名刺を差し出すが、受け取ってくれない。

受け取ってくれないどころか、煙草の煙を川邊に吹きかけてきた。

「既存メディアが怒っていてたいへんなことになっている」とは当時のビジネス開発部の共通認識だった。

川邊も参加したビジネス開発部が行なうYMN定例会議。

そこで、一〇〇キロ超えの巨漢営業マン中島恵祐が報告した。

「川邊さん。ご注進、ご注進。47NEWSに続いてたいへんな陰謀が進んでいます」

朝日、日経、読売がウエブのポータルのようなものをつくるという話がその会議でもたらされたのだった。

中島が情報をとった先は、毎日、産経というこの三社に入れなかった社からではないかと川邊は踏んでいた。

朝日、日経は現在もヤフーに出していないからいい、しかし、読売も共同通信に続いてヤフーへの提供を止めてしまうのだろうか。宮坂を始めとして恐怖のような感情がヤフー・ニュースの中に広がっていった。

山口寿一が動く

読売、日経、朝日のウエブにおける共同事業は、実際にはどのようにして枠組みができてきたのだろうか。

日本経済新聞で電子メディア局長をやり、常務取締役として電子メディアについての総責任者をつとめる長田公平《おさだこうへい》のもとに、「読売新聞社長室次長の山口」と名乗る男からの電話がかかってきたのは二〇〇六年の終わりごろだったと長田は記憶している。日経は、「NIKKEI NET」や日経テレコンなどの電子部門を翌年から分社化することを決めていた。長田はその日本経済新聞デジタルメディアの社長になることが決まっていた。

初めて電話をうける相手だったが、すらっとその男は長田に入ってきた。

「話をしませんか？　お茶でも飲みましょう」

こうして帝国ホテルのティーラウンジで長田は読売の山口寿一に会ったのである。

「読売と一緒にネットをやりませんか」と山口は切り出した。

読売と日経が共同で、ニュースのポータルサイトをつくるというアイデアを山口は披露した。長田は朝日のことをすぐ頭に思い浮かべた。というのは、朝日とはデータベース事業でこれまで一緒に仕事をした経験があったからだ。

「朝日もいれましょう」

「うちはぜんぜん構いません」と山口は答えた。

このようにして、まず読売と日経がつながり、そのうえで朝日のデジタル担当に声がかけられた。

朝日のデジタル担当は、田仲拓二である。すでにこの本では、第四章で登場している。

横浜の販売店主に、アサヒコムについて「朝刊の記事が全部出てしまっているではないか」と抗議をうけた当時の編集局長補佐。日経の長田から声がかかった二〇〇七年の一月には、大阪の編集局長を終え、東京のデジタルメディア本部長として朝日新聞のデジタル部門の総責任者になっていた。

田仲のもとには、長田から連絡が入り、長田は読売新聞のメディア戦略局長の弘中喜通とともに、朝日を訪れている。メディア戦略局の弘中は六月の異動でいなくなり、次の局長望月規夫が出てくることになったが、その局長も一年でいなくなる。実質的には社長室長になった山口寿一が読売を仕切っていることが田仲にわかるのは、すこしあとのことである。

日経の長田とは、以前から知り合いだったこともあり、最初のうちは長田とよく話をした。

読売がヤフーの扱いをどうするのか、ということは朝日の田仲にとっても日経の長田にとっても最初から大きな関心事だった。

田仲は長田からまず「読売はヤフーとのつきあいを見直すつもりでいる」ということを聞く。

「田仲さん、読売さんも、ヤフーに関しては朝日、日経と同じスタンスになりそうです。一緒に進めていく意味は大きいのではないか」

読売のヤフーへの蛇口がとまり、朝日、日経、読売が共同してニュースのポータルサイトをつくれば、それなりに大きなものに成長していくのではないか、ということだ。

山口は、読売の首脳陣に長田や田仲との交渉についての状況を報告し、この新サイトの話は三社の社長同士の協議に持ち込まれた。


もし全ての配信が止まったらばどうするか？


ヤフーの中では深刻な議論が交わされていた。

もし、まったく外部からの配信がなくなったらどうするか？

共同通信が離脱すると通告してきた直後の二〇〇六年七月一九日、社長の井上以下、幹部がそろった会議で、この思考実験とも言える議題が話し合われた。ニュースの最高責任者であった宮坂学も出席している。

共同通信が落ち、47NEWSが始まれば、せっかく獲得した地方紙も離脱する可能性がある。宮坂は、悲壮感をもってこう発言している。

「もし、ひとつも配信がなくなったらば、自分たちで取材して、ニュースを出すしかない」

「最悪、自分たちが書いてでもやる」

それに対して井上は、「テール側だったらできるがなあ」と返した。

井上の言うのは、ロングテールのミドルから下の情報だったらば、ヤフーが独自で始めてもできるだろう、ということだった。これはエンタメ情報やITの情報などその後川邊健太郎がニュースの責任者になる二〇〇七年一月以降、専門媒体との契約という形で実現していく。

「しかし、事件、事故、国政、司法などのロングテールの頭のほうの情報はうちでは無理だ」

どうすればいいのか。重苦しい沈黙が会議室を支配した。

ANYの記者会見始まる

二〇〇七年一〇月一日、都内のホテルで、朝日新聞社長秋山耿太郎、日本経済新聞社長杉田亮毅、読売新聞グループ本社社長内山斉の共同記者会見が始まった。

大変な反響だった。朝日、日経、読売の「強者連合」は、国内外のメディア六七社、二四〇人の記者を引き寄せた。

冒頭杉田がこう発言する。

「ネット共同事業では、三社のニュースを共同で発信するツールの提供などを検討したい。新サービスは〇八年始めの開始を目指し、順次メニューを拡充したい」

秋山がこう補足する。

「ヤフーやグーグルなどで流れているニュースも、取材し発信しているのは新聞社というケースが圧倒的と判断しています。そうしたなかで、ネットニュースにおいて新聞社が果たしている役割をもう一度、多くの方々に認識していただくために何かできないか、ということが発端です」

　会見ではこの三社に置いていかれた毎日新聞、産経新聞が、

「多様性をそこなうことになるのではないか」

「ヤフーへの配信を止めるのか」

など必死の質問をくりだしていたが、実際に毎日新聞のショックは大きかった。当時の社長北村正任《まさとう》の秘書役だった小川一《はじめ》もこの記者会見に出ていた。「ついに三社に排除され、ふりきられるのか」と暗澹《あんたん》たる気持ちになったという。

毎日にはアリバイ的に声がかけられただけだった。立ち話の中で内山が北村に、北海道で全国紙が組んで北海道新聞を追い落とすという話をした。しかし、北村は当時新聞協会会長の立場だったので、道新を追い落とすような企みには加担できないとして断ったのだった。

　その年一〇月に長野で行なわれた新聞大会では、毎日新聞常務の朝比奈豊が、読売の山口寿一をつかまえ、こうくってかかるのが目撃されている。

「山口、何なんだ？　ＡＮＹ《エニィ》って何だ？」

「ＡＮＹなんてできません、って」

「できないことなんでやるんだよ」

　大きな声を出している朝比奈に最初は読売の内山斉がわってはいり、次に渡邉恒雄までがわってはいりなだめるというシーンがあった。

毎日の朝比奈豊はそのころ、毎日新聞はこの三社の協定が、共同通信にかわる通信社構想になるのではないか、と恐れていたのだった。確かに、渡邉恒雄が共同通信潰しをねらって通信社構想を持っていると業界では噂されていたが、しかし、今回ばかりは、朝比奈の恐れは杞憂だったことが後にわかってくる。

本丸はあくまでもヤフーだった。

サーバーもヤフーが用意する

宮坂は必死になって、共同通信、読売新聞、朝日新聞、日本経済新聞らの包囲網を突破すべく手をうっていた。

共同通信がだめならば時事通信がある。戦後国策通信社だった同盟通信社が解散して、マスメディア用の共同通信と、金融情報の時事通信に分かれたが、第二県紙を中心としてマスメディア向けのサービスも行なっていた。この時事通信でデジタル三賢人とよばれた社長室長の栢森哲也《かやもりてつや》やデジタルメディア事業本部の東実森夫《とうじつもりお》や櫛谷文隆《くしやふみたか》と会い関係を強化する。

毎日新聞や産経新聞が、ＡＮＹ側にいかないようにと、毎日・産経の自社サイトのサーバーもヤフー・ジャパンが用意する案を提案し了承してもらう。毎日・産経側はメインテナンスや経費面でメリットがある。ヤフーにとっても安全保障上の意味がある。サーバーまで用意して面倒をみていれば、離脱するということにはならない。

毎日、産経、そして時事通信があれば、なんとか、共同通信47NEWSやANYと戦うことができる、と宮坂は考えていた。

が、包囲網突破の鍵は、そうした動きの中で、ヤフー・ニュースが大きく政策を変えることになる転機となったアイデアを思いついたことにあった。

ヤフトピ砲炸裂

それはこんな事件がきっかけだった。

琉球新報は読売新聞がヤフーにニュースを出し始めた二〇〇一年八月に同時にヤフーと契約している。その琉球新報のウエブ担当が、東京に出張したおりに、担当の中島恵祐と宮坂のところによって、こんな抗議をしたのだった。

「ヤフーに出している意味がうちにはまったくない」

琉球新報のいうのはこういう意味だった。沖縄には二紙の県紙がしのぎを削っている。琉球新報と沖縄タイムスだ。ヤフーと契約して記事を流しているのは琉球新報。琉球新報の記事は、ヤフー・ニュースのページに、掲載される。が、ヤフーと契約していない媒体社のページも広くニュースを探して八本の記事を選んでくる「ヤフー・ニュース・トピックス」に掲載されることがありうる。

奥村が編集権を持つ「ヤフトピ」の編集部では、ヤフー・ニュースに流れてきた琉球新報の記事ではなく、沖縄タイムスの記事に直接リンクをはって八本の記事に入れることがあった。

そうするとその見出しを踏んだユーザーは、沖縄タイムスのドメインのページに飛ばされ、そこで記事を読むことになるのだった。当時ヤフーの月間PV数は一五〇億を越えていたからヤフトピに選ばれて、ハイパーリンクをつたったユーザーが沖縄タイムスのページに飛んでくるだけで、沖縄タイムスのページのPV数は琉球新報をはるかにしのいで跳ね上がった。

時に、サーバーが落ちるほどのユーザーが訪れることになり、これを新聞社の人間は「ヤフトピ砲」と呼んでいた。

「ヤフトピ砲が沖縄タイムスに炸裂するとあっちのPVはあがって、うちのホームページのPVはあがらず、こんなことなら、ヤフー・ニュースに出さないほうがいい。いったいどこ向いて仕事をしているんだ！」

琉球新報の担当者はかんかんだったが、その話を聞きながら、宮坂は、点と点がつながったような気がした。

ポータルからディスティネーションまで

ハイパーリンクを使って、ヤフーにきたユーザーを戻したらばどうだろうか？

宮坂はこう考えたのだ。

社長の井上が社内でこのころまで掲げていたスローガンは「ポータルからディスティ

ネーションまで」というものだった。

　これは、まずパソコンのトップページにヤフーをおいてもらい、そしてヤフーの中でメールも、ショッピングもオークションもニュースもエンタメも全て楽しんでもらう。つまりヤフーのドメイン内で、ユーザーが回遊するようにサイトやサービスを設計していくというものだった。そうすれば、ＰＶも増え、広告もとりやすい。実際、二〇〇四年七月から二〇〇五年六月末のビデオリサーチインタラクティブの調査によれば、ヤフーでのユーザーの年間平均滞在時間は接触率二位のマイクロフソトの三一分五二秒をはるかに引き離し、実に二〇時間四五分四四秒。まさにユーザーは「ポータルからディスティネーションまで」ヤフーを使っていたのである。

　奥村のやっている「ヤフトピ」は「サーファー」の名残の中から生まれたサービスだったので、ヤフー以外のサイトに直接リンクを張ることが認められていたが、ヤフー・ニュースのページは、すべてお金を払って提供してもらった記事をヤフーのドメインの中で展開していた。

「ポータルからディスティネーション」までは確かに素晴らしいアイデアだ。それがヤフーをここまで、大きくした。しかし、それは契約者とのエコシステムを壊すことにもなったのではないか？　ヤフーだけが、金を儲けている、そう媒体社が感じるだけで、４７ＮＥＷＳやＡＮＹのようなアイデアが向う側に生まれてくる。

　媒体社とヤフーが一緒に伸びるシステムをいれる必要があるのではないか？

ユーザーが最初に読むニュースはヤフーのドメイン内でいいだろう。が、ユーザーが見出しを踏んだ記事の関連記事を、その記事を書いた社の関連記事でうめたらどうだろう。しかも、それは直接リンクを張って、見出しを踏めばその社のドメインに行ってユーザーは記事が読めるようにする。

こうすれば、ヤフーに記事を出すことで、その記事を読んだ客がその社のページに帰ってくることになる。そうすれば、記事を提供している社も喜ぶのではないか？

ついでに広告も一緒にその社に送るようにしよう。当時ヤフーへの広告は、掲載しきれないほどの申し込みがあった。この広告も一緒に飛ばして、広告料金は折半する。

このやりかたは「トラフィック・バック」と呼ばれるようになる。

個別には、ハイパーリンクを使って客を戻す施策は「ヤフー・メディア・ネットワーク」。広告もそのメディア・ネットワークを使ってニュース提供者に配信する施策は「ヤフー・アド・ネットワーク」。

「トラフィック・バック」を使った「メディア・ネットワーク」、「アド・ネットワーク」は共同通信が４７ＮＥＷＳを始める二〇〇六年末を狙って始められることになる。

ブラックボックスを理解しようとする

「ヤフーにもともと記事を提供しているのは、新聞社だ。その新聞社がヤフーにやられっぱなしではよくない。新聞社の連合でヤフーに対抗するようなサイトをつくっていく」

朝日新聞のデジタルメディア本部長になっていた田仲拓二からエンジニアの雨森拓児《あまもりたくじ》にそう声がかかったのは、二〇〇七年七月のことだった。

雨森は朝日新聞に一九八九年に入社をしている。雨森が入社した時にはすでに朝日新聞は組版をコンピュータ化していた。活字を組んでいた工員がコンピュータ化によっていらなくなる。当初のエンジニアの仕事は、合理化のためにあった。

それがインターネットが入ってくる九〇年代以降になるとアサヒコムが立ち上がり収入をえるための仕事に変わってくる。

今度は、読売、日経と共にインターネット事業をやるのだと言う。そこにエンジニアとして参加をしてほしいという要請だった。

事業は事業組合形式でやる。朝日、日経、読売ともに一年一億ずつだしあい事業を行なう。その事務所は日経におくという。

田仲拓二は、新しくできるインターネット事業組合の理事になる。理事長は日経の長田公平、読売からの理事は、社長室長に昇進した山口寿一。雨森は執行役員として参加することになった。雨森は二〇〇七年一一月にできた日経・朝日・読売インターネット事業組合のある日本経済新聞の一一階のオフィスに通うことになった。

それまでしのぎをけずっていた違う社の人間と一緒に働くことは楽しかった。特に読売の理事の山口は雨森の印象に残っている。

山口は、エンジニアリングに関しても疑問があれば、とことん聞いて理解しようとした。これまで、新聞社では編集畑の人間は、技術のことなどブラックボックスでかまわないと関心も持たなかった。それを山口は、疑問があれば、すぐに雨森の携帯に電話をしてきて聞いた。

他に参加をしている読売の社員とは明らかに違う目の覚めるような質問をする。

「将来の社長候補だから」と他の読売社員は真顔で言った。

「他社の人にはいいけど、うちの社員にとってはカミソリのような怖い存在」とも読売の社員は雨森に言ったから、仕事に対しては厳しいのだろう。

読売新聞の中でデジタルを見るメディア戦略局のデジタル部門に配属されてくる人間は、だいたい編集の部署で行き止まりになったり、使えないとして出された人間が多かった。デジタルをやりたくて読売に入ってきたわけではない。記者になりたくて読売新聞社に入ったが、四〇代、五〇代になり行き場がなくなってメディア局にまわされた人間も多かった。

だいたい局長自体が、一年か二年でころころかわっていく。しかも、社としては、メディア局の中で、地方の日本テレビ系列の民放についての政策「ネットワーク政策」を見る部署を重視していた。局長は局長を終えると地方の民放の社長に出るケースが多かった。

そうすると五年、一〇年と継続してデジタルの政策を行なう人間が日経のようにはいない、ということになる。

山口は、二〇〇二年からのライントピックス訴訟にかかわったこともあって、プラットフォームの新聞社におよぼす影響について熟知する。社長室という社全般の政策を司るスペードのエースのような部署に入ってからは、読売の中で唯一と言っていいくらい、デジタルについても長く見てきた人間ということになる。

二〇〇五年に社長室にいた山口の発案で始まった読売社内のブレストの会議が、今、三社の連合という形で花開こうとしていた。

読売の社内でもメディア戦略局の人間を中心にこのインターネット事業組合へのアイデア出しが行なわれていた。が、山口の切れ味に比べると数段おとる。

例えば、経済部からメディア戦略局に流されてきた、山口より年次が上の社員は、「三社インターネット共同事業のアイデア」という文書を社内で出しているが、それを読むと、あまりたいしたことは書いていない。

〈読売は、「自前主義」が強すぎて、何をするにも、自社でやろうとする。読売、というより、これは、新聞記者の習性かもしれない。これまでも、本社の各種の企画のネーミングは、ほとんどすべてが、社内公募であったり、役員の発案であったりということで決まってきた〉

ようは、この五〇代の社員は、自分が以前メディア局でおこなった事業で外部の会社にネーミングを頼んで成功したので、こんども外部の会社にネーミングを頼めと言っているのである。自分が携わったサービスについて述べ以下のような文章が続く。

〈しかし、コンテンツは、読売の社員で考えた。それはそれで大事なことではあるが、できあがったものは、「素人が素人なりに一生懸命考えたもの」というものであった。ここは一番、「プロがプロとして、本気で考えたもの」がほしい。

我々は新聞記者としてはプロであり、プロとしての誇りを持っているが、サイト作りでは、決して、プロではないのだ〉

まわりくどい表現で何を言おうとしているのかよくわからない。すでに新聞記者ではないにもかかわらず、そうなれない悔しさを滲ませながら、結局は、外になげろ、ということを言っているように読める。

実はウエブで成功をするためには、いったん新聞記者であるという意識は捨てなければならなかった。しかし、この三社のサイトは、あくまで新聞記者の意識を前提におきながら、それを世の中が読むべきだ、読むのが当然だ、という考えでつくったことが大きな失敗の原因となってくるのである。

まるで政府の審議会のメンバーのようだ

三社のスタッフの話し合いの中で、サイトの方向は、三社の記事を比べることができるサイトへと収斂されていった。

「三社共同企画案」という内部文書によれば、そのサイトの仮称は「くらべる新聞」と名付けられていた。

その企画案は、冒頭にこう書く。

〈ネットの世界において、メガ・ポータルがニュース配信で大きな影響力を持ちつつある現状を打破するため、真のニュース発信者である新聞社が力を合わせ、ネットメディアとしても新聞社の影響力を飛躍的に高めることを目指す〉

その意気やよし。

最初は社説の比較を読者ができないかということで、二〇〇七年一〇月三〇日までの一一日分の朝日、読売、日経の三社の社説をすべて比較し、同じテーマになっているものが何本あるかを数えたりした。

社説を比べるだけではサイトは埋まらないことから、一面トップ、社会面トップなどの比較が検討された。

ウエブサイトのデザインは、朝日、日経、読売の三社のニュースがたてにならび、それぞれを横で見ると比較できるようにしていた。

しかし肝心の記事は、このインターネット事業組合のページでは見出し程度に留め、リンクを張って各社のページに行って見るようになっていた。

新聞案内人というナビゲーターがコラムを書くようにし、この案内人として、以下の人物が選ばれた。

○伊藤元重（東京大学大学院経済学研究科教授）
○安井至（前国際連合大学副学長、東京大学名誉教授）
○チャールズ・レイク（在日米国商工会議所会長）
○小林陽太郎（富士ゼロックス相談役最高顧問）
○白石真澄（関西大学政策創造学部教授）
○吉永みち子（ノンフィクション作家）
○増田明美（スポーツジャーナリスト）
○水木楊（作家、元日本経済新聞論説主幹）
○野村彰男（早稲田大学大学院公共経営研究科客員教授、元朝日新聞論説副主幹）
○西島雄造（ジャーナリスト、元読売新聞芸能部長）

準備は万端整ったと新聞社の人間は思った。

しかし、そもそも、ウエブを使う人たちが、社説の比較に興味があるだろうか？　一面の記事の比較に興味があるだろうか？

新聞案内人に選ばれた人々は、まるで政府の審議会のメンバーのようだ。ウエブで活躍するブロガーは一人も入っていない。ちくまの新書『ウェブ進化論』のベストセラーで、活字とともに、ウエブでも大きな影響を持った梅田望夫の名前もない。

そう、このサイトは、紙の新聞をつくるようにして、つくられたのである。紙の新聞をつくるようにして、ウエブにのせれば、人々は見てくれるはず、見なくてはいけない、そうした意識でつくられたこのサイトは、ネーミングだけは、くだんの五〇代の読売社員が提案したように外の会社がネーミングを担当し「あらたにす」と名付けられた。

そして二〇〇八年一月末のサイトオープンが決められたが、肝心の大きな宿題は残ったままだった。

読売はヤフーを抜けられるのだろうか？

ヤフーをやめたいのだが……

インターネット事業組合の理事長を引き受けた日経の長田公平は、山口に最初に話を聞いた時にこう山口に言っている。

「ただ、読売がヤフーに出すのをやめないかぎり、このビジネスは成功しませんよ」

組合が二〇〇七年一一月に発足してからも、理事会のたびに日経の長田と朝日の田仲は山口に「ヤフーはやめられないんですか」と問いただしていた。

長田公平は産業部で、電機や自動車を担当した経験から、メーカーは流通を握らないとだめだということが骨身に沁みてわかっていた。家電メーカーは、かつて全国のパパママ家電ストアを系列化して、価格をある程度コントロールし流通を握っていた。それが、量販店にとってかわられるようになると、メーカーと小売りの立場が逆転して日本の白物家電は崩壊した。自動車メーカーがあくまでも、小売りの系列化を崩さずに国内の市場を維持したのとは対照的だ。その話をして、ニュースの流通の部分を「ヤフーになげちゃうなんてそんな馬鹿なことはないでしょう」と山口に迫った。

朝日の田仲拓二も山口に理事会の度に聞いている。

「山口さん、ヤフーはどうなってるんだ？　ヤフーからは社長の井上という人がうちの秋山に会いたいと何度か言いに来ている。なんとか朝日のコンテンツがほしい、と。これをずっと断ってきたんです。それは、読売がヤフーをやめるという話だったから、私も我慢してきたんです」

長田や田仲の度重なる詰問に対して山口は、苦しそうにこう答えていた。

「いや、やめたいんだけど、うちのデジタル部門が内部から反発があって……。これは社長の内山が言えば収まるので、もうちょっと時間が欲しい」

PVはふるわず

二〇〇八年一月三一日から始まった「あらたにす」の月間PV数は三〇〇万PV〜六〇〇万PV前後と振るわなかった。サイトの評判はブロガーからは散々だった。

ヤフー・ジャパンの幹部だった影山工も、一度そのサイトを見にいって、「ああ、これなら大丈夫だ」と安心したという。

朝日、日経、読売の各紙で、「あらたにす」のスタートについて囲みの記事にし、それぞれのサイトにも、踏めば「あらたにす」に行くことのできるバナーをはったりもしたが、ＰＶ数は改善しなかった。

電通がこの「あらたにす」のための広告を集めることになっていたが、しかし「あらたにす」はそもそも、リンクサイトで、実際の記事は「ヨミウリ・オンライン」や「アサヒコム」「ＮＩＫＫＥＩ ＮＥＴ」で読むようになっていたから、サイトの滞在時間が圧倒的に短いという欠点があった。だから広告も集まらなかった。

田仲は朝日新聞社の五月二五日の人事で、朝日新聞を退社、朝日放送の取締役になることになった。インターネット事業組合の理事もひかなければならない。五月三〇日午後の理事会が最後になった。この理事会が終ったあと、山口が言った言葉のメモが田仲の手帳に残っている。

〈終了後、Ｙのヤフー関係への懸念を念押し。Ｙ・山口氏は「宿題は忘れない」と一言〉

二〇〇八年五月末の段階でも、山口はあきらめていなかったのだ。

「宿題は忘れない」

山口個人は、ヤフーであれグーグルであれ、プラットフォームへのニュース提供については警戒感を持っていた。このサイトを理想の形にするためにも、検討段階から読売のヤフーへの配信を止めたいと思っていた。

が、山口は全社を掌握しているわけではなく、社内の様々な事情が山口に不利な方向に動きつつあった。

強いメディア戦略局長が現れる

読売新聞社内でも、六月の人事があった。この人事は「あらたにす」の行方にも大きな影響を持つことになってくる。

この人事で、メディア戦略局長が望月規夫から大久保好男に替わったのだ。それまでのメディア戦略局長は誰が座ってもかわりない、人事のための待機ポストのようなものだった。しかし、大久保は違った。二〇〇三年に政治部長、二〇〇五年に編集局次長をつとめた大久保は、編集センスとともに外に開いた人間だった。

大久保が紙面をつくっていた時代の政治面は、公明党を軸にした政局の追い方や連載など、はっきりとそれまでの時代と違っており、出版社の編集者を唸らせた。月刊文藝春秋の編集部が、政治コラム「赤坂太郎」を書いてくれないかと頼んだこともある。

メディア戦略局長になってからは、それまで傍流の意識のつよかった同局の社員たちを「一〇年一割三〇〇億」というスローガンをつくって励ました。二〇〇七年度の読売新聞東京本社の売上が、三一六五億円。その一割三〇〇億円の売上をメディア戦略局であげよう、という狼煙《のろし》だった。

当時ヤフーでニュースの責任者だった川邊健太郎（後にヤフー株式会社代表取締役社長）が覚えている読売新聞のメディア戦略局長は大久保しかいない。それまでの局長は、まったく思い出せない、特徴のない官僚だった。大久保とは、初めて話ができる、と思った。

大久保は、当時、メディア戦略局内で、年末に迫った契約更改の交渉をこんなふうにはっぱをかけている。

「二股かけてるってことはこんな有利なことはないんだ。うちはやめたっていいんだ」

社長室長の山口がカミソリのような人物だとすれば、メディア戦略局長の大久保はナタのような人物だった。二〇〇五年からこの「あらたにす」に関わっていたある社員は、「あきらかに山口さんが押されていた」と私に証言している。

そして肝心の社長の内山が日和っていたのである。

「孫がかけこんできた」

日経の杉田亮毅と朝日の秋山耿太郎、読売の内山斉はケミストリーがよくあった。そのころ、各社の秘書役の勧めには、三人が飲んだそのあとのカラオケにつきあうということがあった。杉田はカラオケの帝王と呼んでもいいくらいうまく、長崎出身の杉田のおはこは「長崎は今日も雨だった」。秋山は石川さゆりの曲を好んだ。青森支局にいたことのある秋山は「津軽海峡冬景色」。実直な北海道出身の内山は、直立不動で軍歌を歌った。

そんな三人だったからざっくばらんに色々なことが話し合われた。

その三人の会合で、ある日、内山がこんな話をした。

ソフトバンクの孫正義が内山のもとに駆け込んできて、ヤフーから離脱するのをやめてくれと頼んだというのだ。

内山によれば、「『ヤフーの情報料を五〇億でも一〇〇億でもあげるから、ヤフーへの提供をやめるだなんて、そんな馬鹿なことはやめてください』と孫が直々に頼んできた」と、いうのだ。

「『あんたんところから、そんなにもらうわけにはいかない』と言って四五億円にとめておいたわ」

杉田は、内山のその話を聞いて、これは読売はヤフーをやめられないな、と覚悟した。

もともとが、杉田はそもそも、「あらたにす」がどうなろうとかまわなかったのだ。沖縄の現地印刷のバーターとしてOKをした話だ。日経の本丸は、すでに徳田、新実が研究を始めている有料デジタル版にある。

ヤフーからの収入が「二〇億だったものが四五億円になった」かどうかはさておき、大久保メディア戦略局長時代の二〇〇八年末の契約更改で、ヤフーから読売への情報提供料が倍になったことは間違いない。

それは、この本の取材で、当時ヤフー側で交渉を担っていた宮坂学と川邊健太郎の二人が確認した。

二人ともに、孫と内山の間にそうした話があったかどうかは知らないが、結果としては、この年の契約更改で読売側への支払いは倍になったと私に証言している。

この二〇〇八年の契約更改からは、それまでの定額の提供料から一PVあたりの従量制の料金体系と定額の組み合わせにかわった。

読売への従量制の料金は一PVあたり〇・二一円といった額になった。これは、毎日や産経の倍のレートで、地方紙と比べると一〇倍のレートにもなった。

破格の好待遇だった。

ヤフーはさらに、通信社のように早く記事を送ってくる読売がトラフィックバックの関連記事をリアルタイムで載せていけるように、ヤフーが出資したニュース・ウオッチという会社を紹介した。この会社の技術を使えば、リアルタイムで送られる記事に対しても関連記事のリンクを自動生成することができた。

このようにして、読売の記事をヤフーがのせても、「トラフィックバック」でユーザーを「ヨミウリ・オンライン」に返すことが可能になったのだ。

こうしてヤフーは読売との関係を磐石なものにし、山口が望んだ読売のヤフー離脱は夢と消えたのである。

「あらたにす」終る

「あらたにす」の試みは、わずか四年強で幕を閉じることになった。

二〇一二年三月一日「あらたにす」のサイトのアドレスに行こうとすると「あらたに

すサイトは終了しました」という表示が現れるようになった。

インターネット事業組合も解散となった。

エンジニアとして参加した朝日新聞の雨森拓児は、今も懐かしく日本経済新聞の旧社屋、新社屋に通った日々を思い出す。

新社屋の部屋は北側だったが、天井の高いひろびろとした部屋だった。窓からは建設途中の東京スカイツリーが、日々伸びていくのが見えた。

その日経のオフィスで、それまでだったらば、絶対に会わないような競争他社の人々と一緒に仕事をしたのだった。そのことの意義は大きかったと今も思っている。

理事だった田仲は、二〇一三年六月に朝日放送での役員の任期も終え定年後の静かな生活を送るようになった。

田仲が定年して五年たった二〇一八年春、田仲のもとを慶應ＳＦＣの学生が訪ねてきた。聞けば「あらたにす」のことを聞きたいのだと言う。一度は断ったが、会ってみることにした。

気がすすまない面会だったが、話をしだすと止まらなかった。新聞社の役割について。インターネットが出現した中での苦悩について。そしてその中での「あらたにす」の挑戦について。歴史の中では評判が悪いことはわかっている。しかし、あの時新聞社は、それまで敵味方でいがみ合ってきたにもかかわらず、団結し、自分たちが、朝に夜に必死の思いで集めてきている情報を、プラットフォーマーではなく、自分たちの手で送りだそうとしたのだ。

その田仲の話を聞いた学生は後にこんな感想を残している。

〈私は田仲さんにインタビューしたとき、あらたにすは別に「失敗」したわけではないと、彼が感じていたことに少し驚いた。しかし同時に、うなずけるような気もした。PV数は伸びなかったが、新聞社本来のよさ、プライドをもって挑戦した「あらたにす」の試みは賢明であり、やらなければならなかったことなのだと思う〉

そして、山口は二〇一九年、「あらたにす」について私にこう振り返っている。

プラットフォーマーに依存しないニュースサイトを築くには二〇〇八年は遅かったのかもしれないし、新聞社の協業という形態では、たとえ早く始めても目標には近づくことはできなかったかもしれない。新聞社の技術力、企業風土では、プラットフォーマーに対抗するのはそもそも困難だったのかもしれない、と。

主要参考文献・証言者・取材協力者

奥村倫弘、宮坂学、川邊健太郎、中島恵祐、田仲拓二、雨森拓児、山口寿一、内山斉、杉田亮毅、秋山耿太郎、小川一、孫正義

『情報メディア白書　2006』電通総研編　ダイヤモンド社　二〇〇五年一二月

他に読売新聞社内の文書、朝日新聞社内報、記者会見資料、インターネット事業組合の内部資料などを参考にした。匿名を条件に協力してくれた証言者もいる。

内山斉と孫正義の会談については両者にその事実を確認している。内山は、「(孫正義と) 会ったことは覚えているが、詳細は思い出せない」。孫正義は、広報を通じて、内山とヤフーの件で会ったことは認めたうえで、「金額の話までしたか覚えていない」と返答してきた。

第一一章　アンワイアード

インターネットは有線につながないと見ることができなかった。それを移動中でも見ることができるようになる技術が開発されようとしていた。村井純は大きな変化を予測する。

一九九〇年に慶應湘南藤沢キャンパスが開校した時に、村井純がまず学校の設計で苦労をしたのが、学生がもってくるパソコンをつなげる電源と回線をそれぞれの机にはりめぐらせることだった。

パソコンはワイアード（Wired）、つまり回線につないで初めて通信ができるものだった。電話回線をつかったダイヤルアップ接続だと、送ることのできる情報量はしれていた。それが、二〇〇〇年代の初めにブロードバンドの導入で大容量のデータを有線で送ることができるようになる。

しかし、無線では、そうした技術革新はまだ起こっていなかった。

第一世代の携帯電話はアナログ通信。音声を運ぶことしかできなかった。これが一九九〇年代の第二世代になるとデジタルになって、簡単な文字も運ぶことができるようになる。しかし、カラー写真などのデータ量の大きいものは無理、基本は音声の通信手段だ。二〇〇〇年代に入ると第三世代の移動体通信が登場する。これによって静止画を、携帯電話でも送ることができるようになる。

これを利用したのがインターネットを小さく簡単に規格化することで携帯電話の小さな画面でも見られるようにしたｉ－ｍｏｄｅだ。

だが、ニュースのような大量の文字を写真とともに見せるようなものは、まだ難しかった。動画は到底不可能。パソコンの有線のブロードバンドを利用すれば、そうした新聞社のサイトを見ることはできたが、これはワイアード、つながった状態でなくてはならない。

インターネットがウィンドウズ95で一気に普及してからも、二〇〇〇年代半ばまで新聞の部数がそれほどおちていないのは、インターネットでは移動しながら読むことができなかったことが大きい。紙の新聞であれば、もっていけば通勤途中でも読むことができる。

村井純は、この第三世代全盛の二〇〇〇年代前半、きたるべき第四世代の移動体通信が社会に大きな変化をおこすであろうことを予測していた。

有線の軛を解き放つ

その本は二〇〇五年四月一一日に日本でインプレスという専門出版社からひっそりと

発売された。

監訳者に大きく「村井純」の名前。

タイトルには「アンワイアード」とあった。

Unwired。つながれなくともよい。インターネットは有線から解放される。そういう意味をタイトルにこめた。副題は「果てしなきインターネットの未来―4Gへのシナリオ」とつけられていた。

この本は、アレックス・ライトマンという村井の友人が二〇〇二年に出した本をベースに、村井があみなおしたものだった。前書きと第4章、第5章は、村井が書き下ろしていた。

ライトマンが二〇〇二年に書いた段階では、第四世代移動体通信は、まだ構想段階で、開発には着手されておらず、そのための技術開発に着手すべきだと書いてあった。

この本が出される二〇〇五年は、開発が具体化していた段階だ。

村井はその第四世代の特徴を当時のスライドでこのように説明していた。

「デバイスおよびネットワークは今後…あらゆる場所でＩＰにより認識される。家・会社・車など、あらゆる場所でインターネット接続が可能になる」

つまり第四世代は「移動を意識しない利用環境」を用意することになる、とその本質を予測した。

〈現在、このワイヤーを意識しないコミュニケーションをサポートする「技術」と「社

会的な準備」の両方がすでに整ったということができる〉

セマンティックスとシンタックスのでんで言えば、セマンティックスは、「移動を意識しないモバイルインターネットの時代がくる」。そしてシンタックスは、「産業のあらゆる分野で大きな変化を促すだろう」ということだった。

有線の軛《くびき》から解き放たれ、移動中も自由にインターネットを使うことのできる時代がやってくる。

村井はそう予測した。

その予測は、そのために開発されたデバイス、スマートフォンによって的中する。

最初の iPhone が日本で発売される

「やったよ。iPhone とったよ、凄い武器になるよー」

孫正義が、ソフトバンク社内で、その喜びをこう叫んで現したのが、二〇〇八年六月五日。

七月一一日には、日本で初めてのスマートフォンがソフトバンクから発売される。

人々はその美しいデザイン、広い画面で見ることのできるインターネット。様々なソフトウエアをダウンロードして画面上に表示できる「アプリ」という機能に魅せられていく。

二〇一〇年には、第四世代移動体通信技術が実際に実現し、あっという間に、日本独

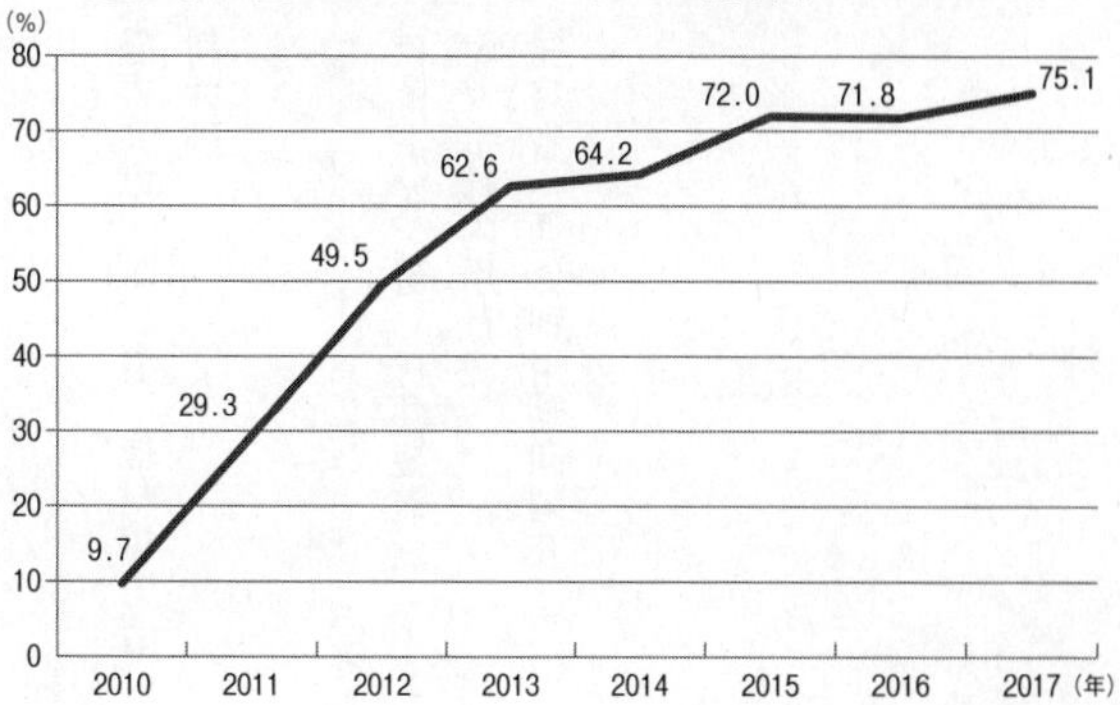

自の発達をとげたガラケーを駆逐し、スマホは人々の間に普及していった。

何しろ、画像や動画を、移動する電車の中でも、ストレスなく見ることができるのだ。二〇一〇年には九・七パーセントだったスマホの普及率は、二年で約五〇パーセント、総世帯の半分が持つようになり、二〇一七年には七五パーセントに達した。

何にせよ、通勤途上でも、メールやニュースをチェックできる。通勤電車の中で、新聞を広げる人の姿が減っていき、車両の中では、全員がスマホの画面を見ているという光景があたりまえのものになっていく。

それは、同時に紙の新聞への弔鐘をつげる風景でもあったのである。

主要参考文献・証言者・取材協力者

村井純

『アンワイアード　果てしなきインターネットの未来―4Gへのシナリオ』アレックス・ライトマン著　村井純監訳　インプレス　二〇〇五年四月
ヤフー社内用社史
総務省「通信利用動向調査」

第一二章　イノベーションのジレンマを破る

「大企業は、技術革新によって生まれた新市場に出て行こうとしない」。ハーバード大の教授がとなえた「イノベーターのジレンマ」に読売は囚われ、日経はそれを破ろうとした。

杉田亮毅は渡邉恒雄より一〇歳以上年下だったが、一九七一年にワシントン支局で重なったことが縁で以来渡邉を兄貴分として家族ぐるみのつきあいをすることになった。

杉田が社長だった時代の二〇〇〇年代半ばのことである。

とある拍子に、渡邉にこう言ったことがあった。

「読売も電子有料版やったらどうですか？」

渡邉はまったく興味がないというふうに手を振りながらこう返したという。

「ＩＴか。あれは日経と朝日にまかせるよ。日経と朝日がうまくいったら、あっという間においつくよ」

「でも渡邉さん人材の育成というのは時間かかるんですよ」

「いやあ、わが社の人材は優秀だからそんなこと簡単だよ」

渡邉のネット観というのは、一貫している。
渡邉の社内の発言から拾ってみよう。
「携帯電話とかインターネットでいろいろ情報が発信されていて新聞を上回る媒体力を持つという説がありますが、携帯やネットで発信されている、あるいは受信されている情報は国を正しい方に動かすことにはほとんど役立ちません」（二〇〇八年一月七日読売新聞グループ本社　東京本社の賀詞交換会で）
「私は、新聞も本も読まず、ネットの世界にのみ没入している若者は、将来日本を支える指導力、知性、生産力、倫理観等を身につけることが出来ず、国民の文化や民度の劣化を招くものと心配しています」（二〇一〇年四月一日　東京本社入社式）
「電子メディアはこれからも発展していくでしょうが、あの中で体系的で理論的な、将来を見据えた主張が出てくるわけがありません。ブログやツイッターは、すべて断片的な、瞬間的なものであって、ある面で危険性をはらむものです」（二〇一二年四月二日東京本社入社式）
「映像やネットだけで、人間の知性は磨かれるものではない。日本人の民度を下げたくなければ、活字文化のシンボルである新聞文化を絶対に守っていかなければならん」（二〇一八年四月二日　東京本社入社式）
ネットは、新聞の崇高な国家的使命を汚す敵として常に、渡邉のスピーチの中に現れた。
渡邉が信頼をしているのは、あくまで紙《かみ》の新聞であり、それを支える専売店によるネットワークである。

「戸別配達制度を基に築かれた読売新聞の全国ネットワークは世界最強のものであり、このネットワークが崩壊することはありえません。そんなことはないが、例えば日本中の新聞が全部つぶれても、読売新聞は生き残ります」（二〇〇九年四月一日　入社式）

務台が築きあげた専売店によるネットワークは、二〇一四年四月の数字を見ても、全国に三九〇〇の店があった。これに他の新聞も扱う合売店などをいれるとその数は七二五八店。全国津々浦々に広がる読売の専売店の数は、朝日や毎日に比べても圧倒的に多い。

これは紙の新聞市場が拡大している時には、最強の武器となった。

が、紙の新聞市場が縮小していく時にはどうだろうか？

イノベーターのジレンマ

イノベーションによって市場を制覇した大企業が、そのイノベーションゆえに新しい市場に出て行けないこと。このことを、ディスク・ドライブ業界の企業の興亡を調査していくなかで、見つけていったのが、ハーバード・ビジネス・スクールのクレイトン・クリステンセンだ。

クリステンセンは、一九七〇年代から九〇年代のディスク・ドライブ・メーカーの変遷をたどっていくうちに面白いことに気がつく。

ディスク・ドライブは最初に14インチのドライブがメインフレームのコンピュータ向

けに開発される。ところが、ここで成功を収めた企業は、８インチのドライブの開発と市場展開に出遅れる。コンピュータはメインフレーム型の大型コンピュータからミニコン市場に移ろうとしていたが、そこに出て行こうとはしなかった。結局新規企業がこの分野に参入し、14インチで成功を収めた企業は、消えていく。それと同じことが、パソコンが現れるにしたがって勃興した５・２５インチでも起きた。既存の市場で成功を収めた企業は、新しい市場に出て行こうとはせずに、市場自体がパソコンに移っていくに従い、淘汰されていった。さらにラップトップとして持ち運べるコンピュータが登場した時も同じだった。これに対応する３・５インチのドライブ技術を開発し参入していったのは新規企業で、既存市場で成功した企業は新しい市場に出て行くのが遅れた。

それぞれの規格サイズで技術開発をしたイノベーターたちは、市場を変えるような破壊的なイノベーションが起きて新しい市場が勃興しようとする時に、その新市場に出て行かないのだ。

これをクリステンセンは「イノベーターのジレンマ」と名付けた。

クリステンセンは、ディスク・ドライブ業界だけではない、破壊的な技術革新が起きて市場そのものがかわっていく時に、対応できなかった企業の例は他でも見つけることができるとした。

例えばメインフレーム型の大型コンピュータに対する破壊的技術であったミニ・コンピュータを開発し、その市場をつくったＤＥＣ《デック》という会社は、パソコンという次の破壊的技術が出てきた時に、四度市場に進出しようとして失敗した。

その原因は、社内で資源配分決定をする人が、まだ未成熟のパソコン市場では、利益率が低く資本を投下することをためらったためだった。


読売新聞で起こっていることは、まさにこの「イノベーターのジレンマ」だった。

専売店の全国ネットワークというイノベーションは、紙の新聞の市場が拡大していっている時にはよかった。が、その紙がスマートフォンという移動できるインターネットによって置き換わろうとしている時に、この「イノベーション」が逆にデジタルの市場に出て行くことの足かせとなったのである。

専売店にとってデジタル有料版は、まったく関与できない商品だ。しかも、仮にデジタル有料版だけの購読が可能になれば、紙の購読をやめて、デジタル有料版に移る読者も確実にいるだろう。そうなれば、ただでさえ無料のニュースがウエブ上で氾濫しているなか、さらに新聞販売店が扱う紙の部数が減ってしまうだろう。

しかもやっかいなのは、このデジタルの市場で、成功をしている日本の新聞社がなかったことだった。クリステンセンの研究でも、破壊的技術革新によって生まれた市場は当初のうち、どのように売上をあげていったらいいかがわからない、だから既存の大企業は、あえてその市場に出て行こうとしないことがわかっていた。

〈単一の組織で、主流市場の競争力を保ちながら破壊的技術を的確に追求することは不可能であるという結論は、意欲的な経営者にとってやっかいだ〉(『イノベーションのジレンマ』)

このゼロの市場にあえて挑もうとしていたのが、日本経済新聞だったのである。

テレビで電子新聞を読む?

徳田潔と新実傑によって始められたデジタル有料版のための部署は、しかし最初のうちは雲を摑むようにして進んでいた。

六人の部署に決まった仕事はなく、途方にくれた。夜は毎晩のように、メディアとは何か、新聞とは何かという青臭い居酒屋談義をくりかえした。

この部署が始まった二〇〇六年当時、まだスマートフォンは生まれていない。未来の新聞の姿として予想されていたのは、eペーパーなるものだった。eペーパーは新聞のように薄く柔らかいもので、それが電子媒体として活字を表示するとして当時さかんに研究されていた。

このeペーパーを主軸としたものに未来の新聞はなっていくのだろうか。

あるいは、これは杉田のこだわりがあってテレビに新聞が届くということを考えていた時期が長くあった。

当時は、薄型テレビが出始めたころだった。杉田のイメージは茶の間で家族がテレビを見るように、テレビで電子新聞を読むというものだった。

徳田は、むしろ人々が情報を摂取する方法はパーソナライズ化すると思ったが、社長の考えなので、最初の二年間はテレビに電子新聞を届けるということをずいぶんと研究した。

二〇〇八年の北京オリンピックの時に、電子新聞を会場の画面に映《うつ》すということをやろうと考えたが、中国側に断られてしまった。そのかわりに東京駅と梅田駅で、薄型テレビに新聞を映して人々にみてもらうという実験もやっていた。

しかし、テレビの持っているCPUには限界があり、ハイパーリンクでとぶというネット本来の機能がなかなか搭載しづらかった。また、細かな活字を表現するにもテレビの画面では限界があった。しかし、杉田のイメージは、eペーパーが実現すれば、やがてそこに活字は行くようになるだろう、その過渡期の段階としてはテレビというハードが広く届くという意味では魅力的だということだった。

徳田は、テレビでの電子新聞は難しいと考え、何とかPCとガラケーの方向に持っていこうとした。しかし、二〇〇九年当時のパソコンのCPUですら、活字を瞬時に大きくしたりといったことは難しかった。

臨時取締役会を開く

杉田は、自分の経営者としての役目は、デジタル有料版の時代を築くことと心に決めていた。

当初は、新聞協会でも社内でも、「ペーパー・ウィズ・IT（Paper with IT）」という標語をよく口にした。インターネットを利用して紙を発展させる。この時は、まだ紙が最初にある。しかし、徳田らの部署を新設した二〇〇六年三月三一日の全部長会議ではこのように発言をする。

「『新聞力』強化のために『ペーパー・ウィズ・IT』に取り組んでもらっていますが、それに加え、紙で読みたい人にはペーパーで、デジタル媒体で読みたい人にはデジタルで届ける『ペーパー・アンド・IT』の考え方が必要になる局面を視野におくべきです」

ネットを紙の付属物としてとらえるのでなく、初めて並列の存在として押し出したのである。

これが翌年になると、さらに踏み込む。

「新聞がデジタル革命で生き残るには、電子新聞への取り組みを強化しなければなりません。私は〇八年以降、いつでも市場に投入できるよう研究・開発を進めてほしいと言っており、準備加速への人材配置を重視しました」（三月一日の異動申告会で）

このように、前のめりの発言になっていったのは、前年に部署を作ったはいいが、社内の有料デジタル版に対する抵抗の声は大変なものがあったからだった。

当時インターネットで記事を有料で読ませていたのは、世界の新聞で、ウォール・ストリート・ジャーナル一紙のみ。フィナンシャル・タイムズもまだ始めていない。ニューヨーク・タイムズも無料で走っていた。朝日、読売、毎日も無料だった。日経だけがやっても、ということで社内世論は反対が多かったのだ。

二〇〇七年三月から四月にかけて、杉田は社内で大議論をさせる。

無料か有料か。

当時は二〇人ほどの大きな取締役会だったが、臨時取締役会を開き、二時間この問題について議論をした。

まず、「NIKKEI NET」の行く末を心配する声があがった。日経の無料のサイト「NIKKEI NET」は当時で五〇億円近い売上があった。それをわざわざ有料化でフイにするのか？

「縮小しますよ」との声があがった。

「縮小戦略をとる社長の判断は間違っています」

というのが当時の編集局や電子メディア局の大半の意見だった。

「情報の有料化はリスクがある。ネットの情報はほとんどタダという時代に記事を有料で売るというのは無理がある」

ＱＵＩＣＫや日経テレコンの例があるではないか、と言うと、あれは、企業が契約でとっている。しかし、今度の相手は、一般の消費者だ。それを有料でやるのには無理があると返された。

「紙の部数が減ってしまう。それはどうするんだ？」という声もあった。

杉田はそうした意見が出尽くしたところでこう話す。

「無料でこのまま行くとしたら、ヤフーやグーグルなど報道機関でないところとの競争になる」

そしてこう問いかけた。「そこに勝てるのか？」

「株の情報も流すのもいいだろう。あるいはサイトで株の売買ができるようにするのもいいだろう。そこに日経のニュースを流して、ヤフーやグーグルとどっちが多いんだ、という話になる」

「そういうことをうちの社員にやらせるべきなのか？」

無料サイトで成功をしている「ＮＩＫＫＥＩ ＮＥＴ」を捨ててでも、有料版に移行すべし。

それが取締役会の結論となった。

次の社長人事

杉田はその結論を取締役会でえたうえで、次の社長人事に着手する。

当時、社内の下馬評では、本命は平田保雄、対抗は斎藤史郎とみられていた。どちらも経済部長・編集局長という社内の最重要ポストを経験してきている。△では、編集局長はやっていないが、産業部長を務めた鎌田真一がいた。

ところが、杉田の心は別にあった。

杉田は、次の社長には、有料電子版を実際にローンチし、社の中枢にすえて成功させる男をつけたいと考えていた。

となると、平田や斎藤や鎌田ではない。三人ともに、紙の新聞の人間だ。彼らが社長になればやっぱり紙の新聞を第一に考えてしまうだろう。

杉田は社内の誰もがまさかと思う人物を意中の人物としていた。

喜多恒雄である。

まさか、と思うのは理由がある。喜多は一応経済部の出身であったが、経済部長も編集局長も経験していない。九五年から九八年までは整理部長だった。その後は編集局で平田が編集局長だった時代に、編集局次長や編集局総務のポジションにあった。新聞をいちど出されて、二〇〇二年から二〇〇三年まで出版局長をやったあと、二〇〇三年から二〇〇五年までは大阪本社の副代表の職にあった。

しかも大阪にいた時代は「軽い心筋梗塞があるということで、ほとんど無役にひとしい状態で、宝塚に通って宝塚の専門家になって東京に帰ってきた」と、杉田は言う。

社長室長として戻ってきたが、社内の誰もがノーマークだった。整理部長や出版局長、まして大阪本社の代表にもなれず、副代表となれば、傍流の役員と見るのが当然だった。

しかも、ひとづきあいが悪い。杉田は外の人間と交流するのが大好きで、実力社長だった鶴田卓彦に「〇〇に会うが、一緒にくるか?」と言われれば、一も二もなくついていった。しかし、杉田が喜多を外の人間との会合に誘ってもほとんどついてこなかった。それでも、喜多しかいない、と杉田が思った理由は、有料電子版をやるのなら、この男しかいないと思ったからだった。

パソコンを使いこなしている。何よりも紙の新聞も相対的にみていくことができる冷たさが喜多にはあると思った。

紙の新聞に思い入れがある経営者には、この有料電子版という新規事業をすることは不可能だと杉田は考えていた。

これはたんなる新規事業ではない、紙の定期刊行物というゆっくりと衰退に向かう市場からインターネットという爆発的に拡大する市場に、報道の場を移していく、まだ日本では誰もやっていない難事業なのだ。

副社長の新井淳一と有料電子版の議論をしている際に、誰が次代でこの有料電子版をできるかという話になった。

「平田は紙を棄てられない。斎藤もそうだ。鎌田は中途半端だな。しかし棄てきれないだろう」

喜多については実はＱＵＩＣＫにほしい、という要請がＱＵＩＣＫ側から杉田のもとに来ていた。これを保留にして、翌年鎌田を出すことに杉田は決める。

「問題はあるけど喜多しかいないだろうね」

電子新聞ができる男

臨時取締役会で有料か無料かの大議論をした同じ二〇〇七年の春、杉田は喜多を自分の部屋に呼ぶ。

通常、内示は、社長人事でも三カ月前だ。自分が鶴田に言われた時はそうだった。しかし、喜多の場合は、一年前にしておいたほうがよいだろう。杉田は五年で社長を退くことを決めていた。それまでの例で言えば六年といったところだろうが、新社屋の部屋割りは新社長の手でやったほうがよいだろう。何よりも有料電子版のローンチは新社長の手でするのだ。そのために、くるとは思っていない喜多には準備をさせておく必要がある。

案の定、喜多は驚愕した。

「えっ、私にできるかな」

「できるできないじゃないよ。やるんだよ」

これは「電子新聞」をやるための人事だということもそこで申し渡した。

「もうこれから紙から電子へと第二の柱を確立しなくてはいけない。おれよりお前のほうがパソコンをやっているし、おれは頭の中でのデジタルなんだよ。だからこれから先は君がデジタルの具体的なやりかたをやってくれ。陣頭指揮をとってやってやってくれ」

こうして、その年の七月には、徳田の部署とは別に社横断的な組織として電子新聞開発本部という組織がたちあがり、社長の杉田が本部長、当時専務だった喜多が副本部長に就任する。

これは二〇〇八年三月末に喜多が社長になるための前準備でもあった。

ウォール・ストリート・ジャーナルのクロヴィッツを呼ぶ

二〇〇七年の一一月、日経デジタルメディアの社長をしていた長田公平は杉田の要請をうけてウォール・ストリート・ジャーナルの発行人のゴードン・クロヴィッツにメールを書いた。

この時、世界で、有料のデジタル版を発行していたのは、ウォール・ストリート・ジャーナルしかなかった。しかもウォール・ストリート・ジャーナルは一九九六年から有料デジタル版をインターネット上で展開しており、二〇〇七年一一月には、契約者数は一〇〇万を越えていた。

ゴードン・クロヴィッツは二〇〇〇年代を通してこの有料のウォール・ストリート・ジャーナル・ドットコムの責任者だったのだ。

長田はデジタルの責任者だったので、ニューヨークでクロヴィッツに、「NIKKEI NET」は月間のユニークユーザーが八〇〇万人いること。売上は五〇億円になっていることを話したことがある。そのことを聞くとクロヴィッツはこう言ったのだった。

「長田さん、それはすごい。すぐにでも有料版を始めるべきだ。そのうち五パーセントが有料版にかわるとしても、四〇万の契約者数になる」

杉田亮毅は、唯一の先行例、ウォール・ストリート・ジャーナルに学ぼうとした。

長田に命じて、クロヴィッツを東京に招聘し、ジャーナルがいかに有料電子版を生み、運営してきているか日経の社員に講義をさせようとしたのだ。

主要参考文献・証言者・取材協力者

杉田亮毅、徳田潔、長田公平

読売新聞社報
「太陽樹」日本経済新聞社内報
『イノベーションのジレンマ　技術革新が巨大企業を滅ぼすとき』クレイトン・クリステンセン著　玉田俊平太監修、伊豆原弓訳　二〇〇一年七月　翔泳社

喜多恒雄には書面で取材を申し込んだが、広報を通じて断ってきた。

第一三章　日経電子版創刊

「もうひとつの日経をつくる」。有料電子版の開発の責任者だった徳田潔はそれぐらいの難事業だと覚悟していた。いかにイノベーションのジレンマを破り、ゼロの市場にでていったか。

ウォール・ストリート・ジャーナルはある意味間に合わなかった、とゴードン・クロヴィッツは考えている。

友人である日本経済新聞社の長田公平から、「先人としての教えを請いたい。東京にきて幹部を相手にセミナーをやってくれないか」という社長の杉田亮毅からの招待をもらった二〇〇七年一一月、すでにウォール・ストリート・ジャーナルはルパート・マードックの手におちることが決まっていた。

一二月末までに買収のすべての手続きが終わり、ウォール・ストリート・ジャーナルを発行するダウ・ジョーンズ社はマードックが率いるニューズ・コープのものになる。日経でのセミナーのために、クロヴィッツは二〇〇八年一月一一日、成田行の機上の人となった。この時すでに、クロヴィッツはジャーナルの発行人ではない。

ダウ・ジョーンズは、マードックの手におち、自分はその買収の手続きが終った時点で社を去ったのだ。

成田へ向かう飛行機のなか、クロヴィッツは、ジャーナルがたどることになったあわただしい二〇〇〇年代の歴史を反芻していた。

ジャーナルは最も早くデジタル化の波に対応したが、それでも間に合わなかったのだ。

ウォール・ストリート・ジャーナルのレッスン

二〇〇〇年の初めにウォール・ストリート・ジャーナルの発行人をしていたピーター・カーンが読者からこんな手紙をもらったのを、クロヴィッツは良く覚えている。

〈毎朝、庭に配達されるジャーナルをうちの犬がくわえてもってきてくれるが、月曜日は広告が入りすぎで、犬がくわえきれない〉

が、この状況が一気に変わったのだった。

アメリカの新聞の収入の約八割は広告収入が占めていた。他の一般紙は、その地域のクラシファイド・アドと言われる、求人情報や、不動産情報などの小口の広告がその広告の多くを占めていたが、ジャーナルは、金融機関やＩＴ関連などのナショナル・スポンサーが広告を出していた。金融機関やＩＴ関連の企業は、インターネットの興隆にともない、新聞への出稿をもっとも早くとりやめた業種であった。

二〇〇二年ごろから、ビジネス系の雑誌のドル箱だった金融機関やＩＴ関連企業の広告がいっせいにネットに逃げ始めた。ビジネス・ウィーク、フォーチュン、フォーブスといった雑誌の広告が、極端なカーブを描いて減り始め、ジャーナルも例外ではなかった。

かつて何千万ドルもジャーナルに広告費を落としていたIBMが、ジャーナルを含むすべての紙のメディアに対して一〇〇〇万ドル以下の広告費しか予算をくまなくなった。ビジネス雑誌の広告ページは二〇〇一年から二〇〇五年にかけて一万ページも減った。こうした広告の激しい落ち込みで、ジャーナルを擁するダウ・ジョーンズ社の経営状態も急激に悪くなった。二〇〇三年と二〇〇四年は赤字だった。

こうした状態で株価は下落、ダウ・ジョーンズ社の株を持つバンクロフト一族の不満は高まった。ダウ・ジョーンズ社は、チャールズ・ダウとエドワード・ジョーンズの二人が、一八八二年にニューヨーク証券取引所周辺に紙に書いたニュースを配り始めたのがそもそもの始まりだった。一九〇二年にジャーナリストのクレランス・バロンが買収、バロンの死後は、バロンの一族であるバンクロフト家が、会社の株の六四パーセントを所有していた。株を二種類にわけ、議決権の弱い株を配当を高くして上場し資金を集め、議決権の強い株を一族が所有することで、ジャーナルの伝統と編集権を守ってきたのだった。

が、一族が第二世代、第三世代、第四世代と増えるにしたがって、この伝統と編集権を守る一族のしきたりは、怪しくなっていった。ジャーナリズムと縁遠い、第三世代、第四世代にとって何よりもの不満は自分たちの資産が株価が下落することでどんどん目減りすることだった。ダウ・ジョーンズのCEOは、記者出身のピーター・カーンが長く務めたが、ジャーナリズムを重んずるあまりに、会社の経営を低空飛行させているという批判が一族の間に出てきた。

それが、エリザベス・ゴスであり、フォーチュン誌が、このゴスをニュースソースにして、ダウ・ジョーンズ社をめぐるバンクロフト家の内紛を記事にしたりした。

このバンクロフト家の内紛をマードックは衝き、三五ドル周辺で低迷する株価に、六〇ドルの高額で株を買い取るオファーをすることでダウ・ジョーンズ社を手にいれたのである。

クロヴィッツが責任者となった有料デジタル版は、九八年には採算分岐点を越え、二〇〇七年には一〇〇万人を越える契約者をえるようになって、紙の落ち込みをカバーし、二〇〇六年、二〇〇七年にダウ・ジョーンズ社は黒転をするのだが、しかし時すでに遅し。一族はばらばらになり、マードックによる市場価格の二倍の株買収のオファーに応じていったのだった。

似た二つの会社

ジャーナルが、一九九六年、つまりインターネットの草創期にすでに有料版でニュースを出していた大きな理由のひとつに、ダウ・ジョーンズ社が、金融のプロ向けに、金融情報を有料で配信していたことがあるということはすでに以前の章で述べた。一九九〇年にはテレレートという相場報道会社を買収、このターミナルを通じた金融情報を金融機関に売っていた。

クロヴィッツ自身も、一九九六年にはダウ・ジョーンズ社の香港にいてこのテレレートのターミナルを売る仕事をしていた。

その点、ダウ・ジョーンズ社は日本経済新聞社とよく似ていたのである。日本経済新聞社も、東京証券取引所が、電算化され株価情報が電子化されるにしたがってできたQUICKという株価速報の会社をドル箱として持っていた。

ダウ・ジョーンズ社は金融や経済を専門とする通信社部門を擁して、このテレレートのターミナルに流し、高額の契約料を金融機関から得ていたのである。

複雑な現代社会の見通しを与え、人々の生活をよくするような情報であれば、人はお金を払って読む、ということが社のDNAの中にあったのだ、とクロヴィッツは考えている。

が、それでも、無料こそが正しいというインターネット文化が全盛の中で有料版をやることは大変だった。

九〇年代の後半には、パーティーでしばしば「Information wants to be free」の決めゼリフを浴びせられ、こう言われた。

「有料版が成功するわけはない」

「二〇〇〇年までに、有料版の試みは大惨事になる」

しかし、インターネットバブルが崩壊し、広告費が削られるようになった二〇〇〇年代に入ると逆にジャーナルの有料モデルは見直されるようになる。

それでも人々はまだ誤解していた。多くの新聞人はまだ、紙《かみ》の新聞の記事をウエブにうつしかえることでお金を得ることができるか、という間違った問いを発していたのだ。

クロヴィッツが「紙の人々（print folks）」と呼ぶウォール・ストリート・ジャーナルの紙の新聞をつくっている人たちも、またデジタルのことを誤解していた。

紙の編集部は、ウォール・ストリート・ジャーナルの購読者には全員、デジタル版のアクセスを認めるべきだという提案をくりかえししていた。そうすれば、紙の部数の逓減をデジタル版があることでくい止められる、という趣旨だった。

クロヴィッツにとっては、とんでもない提案だった。ウォール・ストリート・ジャーナルのデジタル版は、紙の記事の他に様々な付加価値をつけて、デジタル版ならではの意味を持たせるようにしていた。例えばダウ・ジョーンズ社は、通信社機能を持ちその専門の記者が一〇〇〇人の規模でいた。その記者たちが送ってくる記事を積極的にアップするようにした。紙のジャーナルの記事はデジタル版のほんの一部を占めるにすぎない。

デジタル版ならではの価値をつけること、これがデジタル版を成功させる秘訣だと、クロヴィッツは考えていたのだ。紙のものをそのままウエブに載せるだけでは、読者は契約をやめてしまう。

このクロヴィッツの教えに倣って後の日経電子版では、紙の新聞が一日朝夕刊で約三〇〇本の記事を出しているのに加えて電子版の独自記事を一日六〇〇本、日経BP社やテレビ東京、FTのコンテンツなどもいれて出すようになるのだが、それは後の話だ。

デジタルは紙のおまけではない

二〇〇〇年代の初めまでは、紙の編集局の人々との緊張関係は常にあった。デジタル版と紙の編集部の両方がそろう会議。机のうえにトースターがなぜか置いてあった。議論が進むうちに、紙の編集部の人間がそのトースターに気がつき、「おいなんでこんなところにトースターが置いてあるんだ?」と聞く。

「これは私が持ってきた」とクロヴィッツ。

トースターは、当時、銀行に新規口座を開くと必ずついてくる景品の右代表だった。クロヴィッツは紙の編集部の面々にこう言った。

「あなたたちは、私たちのサービスをこのトースターと同じになれ、と言っているんだ。デジタル版は紙のおまけではない。それ自体、紙にはない様々な付加価値をつけて私たちは読者に提供しているんだ」

デジタル部門を率いてきたクロヴィッツが二〇〇五年に、紙のウォール・ストリート・ジャーナルの発行人も兼ねることになり、この論争はようやく終止符をうつ。デジタルと紙はそれぞれに違う価値を持っている。デジタル版のみの購読者がいてもよい。

このようにして、ウォール・ストリート・ジャーナルの有料デジタル版は一〇〇万を越える契約者数を二〇〇七年までに持つことになるのだが、その年の春に、バンクロフト家は、マードックのオファーを受け、ダウ・ジョーンズを売り渡すことを決めてしまったのだった。

紙の新聞をウエブに置き換えるだけではない、有料デジタル版は独自コンテンツを豊富にシームレスに提供しなければならない、そのことは日経のセミナーでも必ず言うことにしよう。

クロヴィッツの乗った飛行機は、二〇〇八年一月一二日、成田に到着した。日経がとったロイヤルパークホテルで荷物をあずけたクロヴィッツは、その日から二日半にわたる日経の幹部たちを前にしたセミナーで、その秘術のかぎりを披露することになった。日経では、編集のみならず、販売、広告など社内の各部署の幹部八〇人ほどが旧社屋のセミナールームに集まった。

読売でトースターを置いた人間はいなかった

ところで、クロヴィッツが披露したトースターの逸話は、二〇一九年になって読売で繰り返されることになる。しかし、この時に読売の社内でトースターを会議室に置いた人間はいなかった。読売新聞は、それまでもデジタル版のみの販売は、紙に悪影響があるとして、全国紙の中では唯一行なってこなかった。が、それでも、「読売プレミアム」

という有料デジタル版は、紙の読者には、月々たった一五七円といえども追加料金をとって提供することにしていた。

それを二〇一九年二月一日からは、紙の読者にはすべてデジタル版をただで見せることにした。その年の一月一日から、読売新聞は、朝夕刊セットの料金で四〇三七円(税込み)から四四〇〇円(税込み)に値上げすることを決めていた。その値上げにあたって、「新聞とデジタルが手を組んだ」という大宣伝をし、紙の読者には新しいデジタル版「読売新聞オンライン」にアクセスできるようIDとパスワードを販売店から紙の封筒で配ったのである。

紙の読者全員に、特典としてデジタル版を読ませる、それによって値上げの読者減を少しでもくい止める、その読売の政策を私から聞いたクロヴィッツは「なんてことだ。紙にこだわっていて、利益をあげるのは非常に難しいのに」とうめいたものだった。クロヴィッツにとっては、ウォール・ストリート・ジャーナルが二〇年近く前に通り抜けた関門そのものだったのである。

未来は紙にはない

日経の話を続けよう。

クロヴィッツのもとには、事前に事務局が幹部たちから集めた質問があらかじめ送られてきていた。その中で目をひいたのは「有料デジタル版を始めることで紙の部数が減らないだろうか？」という質問だった。

二〇〇八年当時、新聞社が一番心配していたのがこの「カニバリズム」の問題だった。仮に有料デジタル版の部数が増えても、それが紙の読者が移行しているだけだったらば、売上もあがらず、販売店は損害をこうむり、いいことはないではないか、という心配だ。

それに対してクロヴィッツはこう答えている。

「紙の部数は有料デジタル版を始めようが、始めなかろうが、減っていく。このことだけは動かせない事実だ。とするならば、他社のデジタル版に食われるよりも、自社のデジタル版に食われたほうがいいではないか。未来は紙にはない。デジタルは今後もっと利益を生むようになる」

その上でこう付け加えた。

「デジタル版には紙にはない独自のコンテンツをいれて、デジタル版でなければならない価値を持たせること、それが最も重要」

二日半にわたるセミナーは、編集、価格政策から、販売政策、広告のとりかたなど多岐にわたった。

・どのように、紙の紙面とデジタルの記事をわけていくか？

・記者を紙、デジタルそれぞれに抱えるべきか、それとも一人の記者が両方をやるべきか？

・動画は重要か？　デジタル版のいいところは顧客のデータがとれることだ。そのデータをどう使うか?
・紙の新聞の〆切は一日一回。デジタル版は二四時間いつでもが〆切か?
・紙とデジタルを統合した経営とは? どんな機会があり、どんな挑戦が必要か?
・広告、営業、開発、編集各部門間横断の組織をつくる必要性。
・紙・デジタルを合わせることで広告のチャンスはどこまで広がるか?

そして、「どのような要素からデジタル版の価格を決めていけばよいか?」

社員たちは熱心にクロヴィッツの話を聞き、先人ウォール・ストリート・ジャーナルの教訓から吸収しようとした。

セミナーが終わる前日、杉田はクロヴィッツとロイヤルパークホテルの日本食レストラン源氏《げんじ》香《こう》で夕食をとっている。

このクロヴィッツを呼んで全社のセミナーを開いたのが、杉田にとって社長としての最後の仕事になる。

この年の四月、喜多恒雄が社長になり、杉田は会長となった。

二つの重要な人事

二〇〇九年四月は、日本経済新聞社がデジタル有料版シフトにいよいよ舵を切った時となった。喜多が本部長になっていた電子新聞開発本部が発展的に解消し、デジタル編成局が新設される。この編成局で、デジタルのコンテンツを編んでいくことになる。その局長には二〇〇六年三月以来電子新聞の開発にとりくんできた徳田潔《きよし》が就任した。デジタル関連で言えば他にふたつ重要な人事があった。日経BP社から渡辺洋之《ひろゆき》をこのデジタル編成局の局次長でもってきたのがひとつめ。

渡辺は、早稲田大学理工学部を出て日本経済新聞に採用された。日本経済新聞に採用されたが、新入社員の時から日経BP社（後の日経BP社）に配属になり以降ずっと日経BP社に在籍した。日経パソコンの編集長を務めたのち、日経BPの中にあるデジタルメディアの統合を行い功績をあげた。このまま日経BPで定年を迎えるのかなと思っていた時に、日経本体にめしあげられ、有料電子版の創刊に投入されたのである。

この渡辺の人事は喜多の人事と見られている。

そしてもうひとつの人事は、入社以来ずっと販売局で紙の新聞を売ることに命をかけてきた男を、電子新聞を売ることに投入したことだった。

一九八〇年入社の塚田雅彦である。早稲田大学商学部を卒業し、記者職を希望して日経をうけたが、販売に配属され、以後二九年間販売一筋の男だ。

販売一筋の男

日本経済新聞が、なぜ、クリステンセンの言うイノベーターのジレンマに陥らず、市場ゼロの有料電子版を創刊できたのか? その理由のひとつに専売店の数の少なさをあげる関係者は多い。

読売新聞の専売店は全国に約三九〇〇あったが、日経は、約一五〇しかなかった。一五〇の多くは首都圏と大阪で、福岡に一〇、他の県は県庁所在地にひとつかふたつあるだけだ。あとは、すべて他の系統の販売店に紙をあずけて売ってもらってきたのが日本経済新聞だった。

なぜ、そうしたことができたのかと言えば、経済紙だということで、競争関係にないと他紙から見られていたからだった。

塚田は入社すると長野県の担当にさせられる。長野県で一年の半分を生活をする。長野には、日経の専売店はひとつもない。だから、地域のナンバーワンのディーラーと取引をするという手前勝手な方針で店を選んでいった。朝日、毎日、読売、信濃毎日、県の南のほうになると中日新聞が入ってきている。

新聞を配るのと集金は、それぞれの系列の販売店がやってくれる。だが、その販売店に新聞を午前二時半といった時間に卸すのは、自分の役目だった。信濃毎日新聞の販売店以外は独自のトラックで運びこまなければならなかった。

当時、日経というのは+アルファで読まれる新聞と言われた。二紙とる余裕のある人が日経をとる。かりに一紙になるとしても、信濃毎日新聞はやめない、そういう自信があったから、信濃毎日は、トラックの輸送もやってくれたし、輪転機の時間貸しもやってくれた。

信濃毎日新聞の印刷所が日経の現地印刷を始め、ナイターの結果が日経の朝刊にも入るようになったのは、一九八三年のことである。

専売店をもっていないで、気楽だろう。人の褌《ふんどし》で相撲を取りやがってと他社には言われた。系統本社から言えばそうなのかもしれないが、自分たちは系統本社と仕事をしているわけではない、個人事業主と仕事をしているんだ、という意識を塚田はつねにもつようにしていた。

郡部にいけば、日経の部数が二部とか三部とかいう販売店もあった。新聞を配っているにもかかわらず、金を払わないところもあった。「ここまでくれば払ってやるよ」と言うので、雪の中、数時間かけて行った。むこうの虫の居所がわるいと、金を投げ捨てられることもあった。

「拾ってくれ」

硬貨で土間にぶちまけられた新聞代をはいつくばって拾った。数えてみると、一〇円足りないことがあった。

「一〇円足りません」

「いや確かに投げたよ」

日本経済新聞は、他社系列の販売店に配ってもらっている。だからはいつくばるようにして、他社の土俵で仕事をしていった。

いろいろな系列の販売店と仕事をするから、各社の特色が良く見えた。塚田が中でも感心したのは読売の販売の強さだった。

まず、販売の地位が段違いに高いと感じた。

務台が内山の提言をいれて、読売の長野での現地印刷を始める前のことだ。翌日の予報で関越自動車道が雪であやうい日に、たまたま塚田は、読売の長野担当の販売局員が、長野の支局長と一緒に、本社と交渉しているのにたちあったことがあった。そこでは、長野担当の販売局員のほうが編集の長野支局長よりも、威張っていたのだった。それで本社の制作に、トラックが夕方六時から七時に東京を出るよう交渉していたのだった。

また、時代がくだって二〇〇〇年代に入ってからのこと。東京だと六系統の新聞販売店網がある。高層化した団地で朝三時半からその六系統が運動会をやっていた。それはさすがに無駄だということで、一棟ごとに、分担をわけて配ろうという動きがあった。そうした時でも、読売は、他社に自分のところの読者が誰かがわかってしまうと言って、参加しなかった。それどころか読売はそういう団地で配りながら、どこの家にどこの新聞が入っているかをチェックして、それでセールスをかけていっていたのである。

専売店を担当に持つ

長野での仕事が、他系列の販売店といかに上手くやっていくかだとすれば、東京の仕事は専売店を持たされたので、まったく違った。転職したようだと思った。

一九八六年のことである。当時の日経は今ほど部数がないので、販売店の経営自体が厳しい時代だった。販売店は、購読収入の粗利と、折り込み広告の収入でなりたっているが、日経指定の折り込みなどない時代。スーパーは他の一般紙に行ってしまう。

収入源は販売収入だけ、それが広告料収入をバネにしてバブル期にのしあがった本社とはちがうところだった。しかもいい人材を集めないといけない。営業にもならない。社会保険をいれるところから説得してリクルートしていった。若い力が必要なので、高校まわりをして、はたらきながら大学や専門学校にいくという育英奨学生の勧誘を販売店主みずからがやる。それを塚田は手伝った。

販売店主が私財をなげうって専売店を始めるというだけの部数の規模が、スタートした時の日経にはなかった。だから、他系列とは違って、専売店と言っても、土地も建物も日経が用意した。土地を探して、店主をつれてきて、日経の専売店はスタートしている。

日経の販売店が高いビルになっているのは、個室完備になっているからだった。そうでないと人が集まらなかった。練馬の販売店だと、三〇人の個室が必要。それと店主の居住空間と、共用の風呂シャワー、自転車やバイクを外においておくと苦情がでる。だからこの車庫が必要。一階は紙分け場。

起床が二時から三時。新聞がこの間に到着する。それから紙分け。配る順番に紙を整理する。日経だと、本紙だけでなく、日経産業新聞や日経ＭＪなどの専門紙もある。それを配りやすいように整理していく。出発が紙到着から一時間。練馬あたりだと六時をすぎてしまうと苦情が入るから、それまでに配り終わるようにする。七時から朝飯。それから仮眠をとってもらう。そして一一時には再出勤。で、その間は当番をおいて、配られなかったりしたところからの電話や折り込み広告の申し込みを受ける。

午後二時から三時の間に夕刊がつく。夕刊には折り込み広告をいれる必要がないので、すぐに配達に出る。事業所だと一七時がデッドライン。それ以降だと「いらない」となってしまう。

月末になると夜は、集金があった。

そうした厳しい販売店の生活を時に塚田は一緒にして、専売店の店主と苦楽をともにした。

販売局で部長をやり局次長をやり、拡張団の系列化の話を他社とつめていた矢先のことだった。塚田は、新設されたデジタル編成局によばれたのだった。

ここで、初めて塚田は、徳田から有料デジタル版を刊行することを聞かされるのである。まったく聞いていなかったから、ただ驚いた。

有料デジタル版の刊行に関わることは、これら専売店の店主たちとの関係を考えると、塚田にとっては、なんとも苦しいことでもあった。

有料デジタル版は販売店にとっては脅威でしかなかったのだ。

徳田潔が外される

デジタル編成局ができてわずか三カ月後に、もうひとつ社内を揺るがす人事が行なわれる。二〇〇六年三月にデジタル編集本部ができて以来、社内でずっと電子新聞の責任者をしてきた徳田潔を局長から外し、野村裕知《ひろとも》をかわりにデジタル編成局長としたのである。

この人事は喜多が主導した、と杉田亮毅は証言している。喜多は取材に応じていない。

この人事が発令された日のことは、坪田知己がよく覚えている。二〇〇五年に、杉田亮毅に、有料電子版プロジェクトの責任者として徳田を推薦した坪田である。

坪田が、ブラブラしていて夕方くらいに社にあがったらば、社内の空気がおかしかった。どうしたんだ、と聞くと「真っ青な顔をして徳田さんが帰った」とデジタル編成局の人間が答えた、という。

局長から担当補佐として形の上では昇進していたが、このポストに実権はなかった。主に電子版の大口顧客向けの話にとりくもうとしたが、仕事らしい仕事をする前にこのポストからも出されることになる。

電子版の価格のことで喜多と対立したとか、様々な話が流れたが、徳田自身は、私の取材にこのように答えている。

「私がくびになったのは、販売局や広告局を敵にまわしてしまったからなんです。やはり立ち上げの時のリーダーはきちがいみたいにしてやらなくちゃならない。『ふざけるな、このやろー』的な言葉づかいでしたから。それで喜多さんに三回ぐらい警告をうけていた」

徳田は、電通の人間と話をしていた時に、この有料電子版の立ち上げは「もうひとつの日経をつくるようなものだ」と言われて、ふにおちたことがある。編集だけではない。まさに新聞社の広告や販売のやりかたを根本から変えるのだ。軋轢《あつれき》が当然生ずる。「ＮＩＫＫＥＩ ＮＥＴ」を閉じることになり、五〇億円の売上が飛んでしまうわけだから、広告からは当然反発がある。

徳田の人事は、徳田が言うような理由だけではないだろう。その後徳田の後を引き継いだ野村裕知が、喜多の下で有料電子版のローンチをやり、後にフィナンシャル・タイムズを買収した際に統合の責任者を命じられることを考えると、喜多の野村に対する信頼が厚かったということもある。いずれにせよ、徳田は杉田時代の人事なのだ。そうした非情さが喜多にはあった。

価格決め

複数のコンサル会社が、有料電子版の価格調査をうけおっていた。ネットでいくらまでだったらば月極めの購読料を払いますかといった調査をすると、どの社も月五〇〇円から八〇〇円といった数字を出してきた。

ウォール・ストリート・ジャーナルの当時の有料電子版の価格が、年間で九九ドル。当時の円ドルレート（二〇〇九年七月）で換算すると、一カ月八〇〇円近くの勘定になる。

しかし、八〇〇円といった値段では、紙の月極め購読料金（朝夕刊セット）が当時で、月四三八三円だったので、まず政治的におりあえなかった。

これでは、専売店はおろか、紙の新聞を預けている他社系列の店が、日経を配ってくれなくなる。

また、これでは、電子版単体ですぐに黒字を出すのはきつい。更迭されることになる徳田は、二九〇〇円以上であればいいと考えていた。

この価格決定には、デジタル編成局長の徳田も徳田の後を引き継ぐ野村裕知もかかわっていない。

代表取締役社長の喜多恒雄と、取締役として有料電子版を担務していた岡田直敏《なおとし》の専権事項として決められた。

喜多は、二〇〇九年九月一一日の全社部長会で「(価格については)、販売店に理解をしてもらえることを前提に作業を進めたい」と語り、さらに一〇月二日に行なわれた全国支局長会議ではこのように踏み込んだ。

「電子新聞の料金が紙の値段と大きく乖離すると、紙から電子新聞へのシフトが起きる恐れがある。我々が第一に大切にするのは紙の新聞であり、シフトが起こらない形を考えている」

その結果決められた価格は次のようなものだった。

電子版を単体で購読する場合　四〇〇〇円

紙の新聞の宅配をうけながら電子版を購読する場合　宅配の購読料プラス一〇〇〇円

後者は宅配と電子版の両方をとることからWプランと名付けられた。

Wプランは、プラス五〇〇円の案も出たが、それでは電子版が紙のおまけとなってしまう。電子版には独自の価値を持たせるべきだ、という二〇〇九年一月のゴードン・クロヴィッツの講習の知見をいれて、プラス一〇〇〇円となった。

しかし、この価格が発表された時、社外のみならず、社内でも「大丈夫か」という声があちこちで起こった。

当時はまだネットはタダで読むのがあたり前の時代である。そんな時に月に四〇〇〇円も払う読者などいるわけがない、ということだった。

当のクロヴィッツですら、その価格を知った時に、思わず日経の幹部に宛ててメールを書いている。ジャーナルですら、年九九ドルなのだ。年間五二七ドルも払う読者はいるだろうか？

日経BPから移ってきた局次長の渡辺洋之は、「年間五〇〇ドルもとっているのは海外ではポルノサイトしかない」と海外の友人から言われている。

渡辺は、そもそも、印刷、紙、配送費がいらなくなることの説明がつかないのではないか、と不安になった。

結果的には、この四〇〇〇円という価格があったからこそ、デジタル有料版独自の価値を生み出すという方向に全社がまとまって、後の経営的な成功につながっていくことになる。

しかし、この時点では、誰も成功するかどうかわからなかった。

販売店を説得する

販売店に配慮し電子版単体の価格を四〇〇〇円としたが、最大の関門は、紙を配る販売店をどう納得させられるかということになった。

その仕事を一手に引き受けることになったのが、販売局から移ってきた塚田雅彦だった。

会社は販売局をふたつにわけ、第一販売局を紙の販売店の担当とし、第二販売局を電子版を売る部局とした。第二販売局の局長に塚田はなったのである。

単体の電子版が出ると、紙の読者がそちらに移ってしまうという「カニバリズム」の問題もさることながら、最大の問題は、これまで販売店が独自に管理していた名簿が電子版の刊行によって日経本体に移っていってしまうということだった。

それはこういうことだ。

読売の販売店が、二〇〇〇年代に東京の高層団地・マンションの共同配送を拒んだ最大の理由は名簿を一部でも他系列の販売店に見られてしまうということがあったのを思い出してほしい。販売店の価値というのは、その地域の読者について記されている名簿なのである。男性か女性か、どんな家族構成なのか、一軒家かアパートか。契約者の名前のみならず、そうしたことを記した名簿を持つ販売店も多かった。

電子版オンリーになれば、それは販売店にとって一部分の収入減。が、購読者がWプランを選んでも、クレジットカード決済しか日経はうけつけなかったから、販売店の名簿からはその購読者は消えることになる。

販売店の名簿は、それを担保にして融資が受けられるほどの価値があった。また、販売店を店主が他に売ろうとする時に、その店の値段を決めるのは、名簿だった。

デジタル有料版への移行というのは、名簿が販売店から日本経済新聞本社へ移行することと同義だったのである。

新聞販売店に説明したのは第一販売局員だった。しかし、第二販売局長だった塚田も三五年も現場をやっていたから、販売店主が直接塚田宛に社におしかけてきた。そうなれば会わないわけにはいかない。

「デジタルの販売をやったらば、紙の読者が減るだろう。しかもWプランも、現金での集金はうけつけないとなれば、名簿は本社のものになってしまうだろう」

「裏切り者をだせ」という販売店主もいた。「おまえはかつて一緒に新聞を売っていた仲間じゃないか。それを、デジタルにのりかえるとは裏切り者じゃないか」

そう声涙ともにくだるように訴える店主もいた。

紙からデジタルにのりかえた場合、賠償金を支払えという販売店も出てきた。

「読売に移ったならば、それは、こちらの責任だ。しかし、日経のデジタルに移ったらば、これは営業妨害だ」

これについては弁護士にあらかじめ相談してあった。弁護士は競合商品を出していけない、ということはない、損害賠償を本社がする必要はない、というアドバイスをしていた。塚田が販売店に言ったのは、Wプランでも紙を売ったのと同じ利幅を戻すということだった。

Wプランを読者がとった場合、紙の分は四三八三円をいったん店に戻した。それから販売店に対して請求書をだして原価分を払ってもらうという取引にした。

しかも、このWプランは、販売店が集金をする必要がない、だから便利でしょう。と説明した。

また、新聞というのは、月極めだが、それまでは途中で読者が購読をやめると、残りの日数を日割りにして読者に戻していた。が、それは全額販売店が泣いていた。しかし、

Wプランの場合は、クレジットカードで月一回、一日でもいれたらば引き落とすようになっていたから、もう販売店が泣く必要がない、だから得でしょう。

それでも、最後まで抵抗した販売店はあった。

「読者リストをもっていたら、本社が他のところに専売権をもっていこうとすればできてしまうではないか」

「そんなことはしない」

「じゃあ一筆かけ」

販売店の権利は、購読部数に定価をかけた額でとりひきがされる。その名簿を販売店がもっていないとなると、その売買自体が成り立たなくなり、財産価値を棄損される、経営権を侵害されるという意識だった。

専売店だけではない。読売系の販売店がもう日経を扱わなくなるのではないか、といった噂も流れたりした。

こうした販売店の不平や不満をひとつひとつつぶしながら塚田は電子版発売の二〇一〇年三月二三日を迎えるのである。

増える日経電子版購読者

市況としては最悪の時期に、日経電子版はスタートしたことになる。二〇〇八年九月一五日にリーマン・ブラザーズが経営破綻したことに端を発した世界経済危機で、広告収入は世界の新聞社で一気に落ち込んだ。ニューヨーク・タイムズでは、二〇〇八年には一九億ドルだった売り上げが、二〇〇九年に一気に一五億八〇〇〇万ドルまで下がって資金ショートしかかった。株価も五ドルまで下がった。倒産の危機に瀕して、メキシコの大富豪、カルロス・スリムから高利の金の融資をタイムズ株のオプションを担保にうけ急場をしのいだ。

日経も二〇〇九年一二月期の決算で、三七億円の赤字を出していた。

そうした中での電子版の発売だったのである。

喜多はハッピを着て、有楽町で電子版のキャンペーンに自ら参加、日経本紙でも連日電子版の自社広告をうった。

二〇一〇年二月二四日の記者会見は日経社内で行なわれた。

当時、「あらたにす」のプロジェクトで日経社内で仕事をしていた朝日新聞のエンジニア雨森拓児は、この会見に参加し、くるべきものがきた、と感じていた。

「あらたにす」は「NIKKEI NET」の無料の記事にとばすことが前提のサイトだったが、有料版が始まったことで、とばす先の記事がなくなっていく。それは読売が主導で始まったこのプロジェクトの終わりを意味するだろう。

実際「あらたにす」が二〇一二年二月にポータルサイトとしての寿命を終えたことはすでに書いた。

四〇〇〇円で成功するわけはない。ポルノサイトにしかそんなお金は払わないと散々に言われた日経電子版は、しかし、二〇一〇年三月二三日に創刊されると徐々に契約者数を増やしていった。

PCだけではない、スマートフォン用のアプリも投入すると、二〇一〇年だけで四万七四五四人の契約者数になった。

二〇一〇年という年に日経電子版が創刊されたのは、ちょうど移動体通信の技術が第三世代から第四世代へと移りかわった時と重なっていた。

スマートフォンにもチャートや動画を送れるようになったのである。日経電子版は、アイフォンのアプリを投入し、スマートフォンへの対応を急速にしていった。

日経電子版の購読者数は、二〇一一年は一〇万六七八八人、二〇一三年には二五万人を超える。二〇一七年には五〇万人、そして二〇一九年六月には七二万の有料読者を得るようにまでなるのである。

この間、日経は紙の部数を二〇〇九年の三〇五万部から二〇一九年の二三四万部まで減らしたが、日経電子版の七二万部で相殺され、日本の新聞社で唯一日経のみが、二〇〇九年以降も売上を維持している会社となった。

同じ一〇年間で、あくまでも紙にこだわった読売新聞と比較するとその意味はよくわかる。

読売新聞は、二〇〇九年一月には、一〇〇三万部あった紙の部数を二〇一九年二月には八一二万部まで減らし、この間二〇〇七年度には基幹六社で四七六三億円あった売上が、二〇一七年度には三六五〇億円まで縮小した。一〇年間で一一一三億円、四分の一近い売上が蒸発したことになる。

その読売新聞では、「あらたにす」を仕掛けた山口寿一が、二〇一〇年代に渡邉恒雄の後を固めることになる。しかし、その前に、ANYをまとめた内山斉の退場と、ある地方部出身記者の反乱という出来事を我々は見なければならない。

主要参考文献・証言者・取材協力者

Gordon Crovitz、長田公平、杉田亮毅、徳田潔、塚田雅彦、坪田知己、野村裕知、雨森拓児

『ウォール・ストリート・ジャーナル　陥落の内幕』サラ・エリソン著　土方奈美訳　牧野洋解説　プレジデント社　二〇一一年五月

'Information wants to be expensive' by Gordon Crovitz, WSJ.COM, Feb 23, 2009.

日本経済新聞社内報「太陽樹」

第一四章　内山斉退場

渡邉恒雄が自著で後継者の「本命」と太鼓判を押した内山斉に退場の日がやってくる。ANYの協調路線が、ドンの拡大路線とあいいれなかったのか？　新しい世代の登場。

読売新聞で渡邉恒雄の後継者と目された人間は何人もいた。が、どの候補者もやがて外されて脱落していく。

例えば江川卓の巨人軍入団を可能にした空白の一日を考えたことで頭角を現した政治部出身の三山秀昭《みやまひであき》（一九六九年入社）。秘書部長、政治部長などを務め、「渡邉恒雄の息子」とまで言われた人物だったが、二〇〇三年に巨人軍球団代表についてから、様々なトラブルに遭遇した。巨人軍のスカウトが明大野球部に所属していた一場靖弘に栄養費名目で二〇〇万円を渡していたことが発覚し、渡邉恒雄から球団代表を解任させられた。以降は、地方のテレビ局を転々として社長レースからは外れた。

あるいは、社会部出身の滝鼻卓雄（一九六三年入社）。東京本社の代表取締役社長をつとめ、二〇〇四年には読売巨人軍のオーナー、二〇〇七年には東京本社の代表取締役会長までいったが、脱落した。

しかし、こうした候補者の中でも、内山斉（一九五七年入社）は本命中の本命と見られていた。地方部の出身だが、販売をよくわかり、なによりも読売の務台・渡邉と続いてきた拡張路線を現場で支えた男だったからだ。二〇〇二年にグループ本社取締役統括、二〇〇四年にはグループ本社代表取締役社長に就任する。

渡邉恒雄は、日本経済新聞社長だった杉田亮毅の勧めをうけて、二〇〇六年一二月一日から三一日まで日本経済新聞紙上で「私の履歴書」を連載するが、それが『君命も受けざる所あり』という本になって出版をされたのは、二〇〇七年一一月のことだ。

この本には、本紙の連載にはなかった「後継者」という項がわざわざ加筆されていた。ここで、内山の入社以来の来歴と、地方分散印刷を務台社長以下役員に提案した件を詳述し、そのうえで渡邉はこう書いていた。

〈内山君にはこうした先見の明があり社長室長、労務担当、制作局長などの要職を歴任させたが、すべて完璧な成果を上げた。彼は上司にゴマもすらずはっきり物を申すが、特に私に対しては、政治部時代の恩義があると称して、きわめて誠実かつ具体的に私の知らない社内行政の各種の問題について直言してくれた。

私が読売新聞を五会社を傘下に置く持ち株会社とすることに踏み切ったとき、彼を東京本社の代表取締役社長に抜擢し、さらに持ち株会社である読売新聞グループ本社の代表取締役社長に就けたのは、人情ではなく多面的で精緻な判断能力を正確に評価したか

らだ。いまでは社内の誰もが、私の後継者の本命が内山君であることを認めているだろう〉

こう満天下に渡邉恒雄が書いてくれたのだから、誰もが内山が後継者になると考えた。

そうした後ろ楯があって、ANYの工作も内山は進められたわけだ。

二〇〇九年六月には日本新聞協会の会長にも選出されることになる。

「内山社長が面罵された」

それが怪しくなってきたことがわかるのは、二〇一〇年一〇月「FACTA」という会員制情報誌に、

〈読売「ナベツネ後継」に異変　八四歳のドンに、七五歳の「本命」内山社長が面罵された〉

という記事が掲載されてからだ。

この記事では、二〇一〇年六月の人事で、東京本社の取締役副社長で技術・制作担当の桜井孝一郎が退任し技術顧問になったことにまず触れて、「内山の右腕の唐突な退陣」と書いた。

桜井は、内山と同じ地方部出身で、制作局長、副社長と昇進していったが、Y3という社内の新しい業務システムの導入を推進していた。記事ではこのY3についてこう書く。

〈桜井は東京本社の業務系システムの責任者として、ほとんど独断専行で総額一〇〇億円以上を投じたが、現場から「欠陥だらけで使い物にならないシステム」と酷評を浴びた。しかも、コンサルティング会社に数十億円といわれる法外なコンサル料を支払う契約になっていたから、それを知った渡邉会長が激怒し、関係者によれば「桜井を即刻クビにしろ！」と叫んだという〉

内山本人が渡邉から面罵されたのは、六月中旬の東京ドームの特別観覧室に地方紙の社長たちを招いて開いた懇親会の席上だった、と記事は続けていた。

記事では、内山が地方部出身、北海道出身であることから、地方部出身者、北海道出身者が優遇されているとも書いて、

〈渡邉自身も「あいつに任せておくと、役員が地方部ばかりになる」とこぼしたことがある〉

ただ記事は終盤に、ある幹部OBと匿名のソースをひきこんな風に内山を救ってもいた。

〈「口の悪いナベツネさんから何十年も『てめえ、このやろう』と怒鳴られていたのだから、内山さんもそう簡単に辞めはしないでしょう。ナベツネさんも内山一派の専横は許さんと一の子分にお灸を据えただけではないか」〉

この「FACTA」という雑誌は日本経済新聞の天才金融記者と言われた阿部重夫が二〇〇六年四月に創刊した雑誌だ。阿部は日経を辞めて「選択」という会員制情報誌の

編集長をへてこの雑誌を設立することになるが、各メディアに広範な人脈を持っている。読売についてもいくつものソースを持っていた。

しかし、そうは言っても会員制の情報誌の記事、記事の終盤で内山を救っていたこともあり、内山にとって深刻な事態になっているかどうかはわからない、というのが業界の見立てだった。事実、内山は、新聞協会会長の二期目に意欲をもやし、副会長の人事も朝日の秋山らと進めていた。

どこまで渡邉の理解を得ていたのか？

日本新聞協会は、新聞各社が部数に応じた拠出金を出して運営する社団法人である。事務局は八〇人程度で、この職員のトップは専務理事だ。

日本民間放送連盟の専務理事が後に読売出身者になってしまうのと違い、新聞協会は、あくまでも各新聞社に中立の組織として運営されてきた。

新聞協会の会長は二年を一期として通常これまで二期四年はやるものと思われていた。新聞協会の中で様々なことを実質的に決める運営委員会というものがあり、その中に会長選考小委員会をつくる。二〇一一年のその年には、毎日新聞社長の朝比奈豊、信濃毎日新聞社長の小坂健介、北海道新聞社長の村田正敏らが委員となっていた。

二月のこの小委員会で、二期目も内山に続投してもらうのがいいということになり、専務理事の鳥居元吉が、読売新聞社に内山を訪ねて小委員会の結論を伝えて依頼をした。

内山は快諾をし、そこで続投がきまったはずだった。あとは、三月一六日に開かれる運営委員会で内定し、理事会に報告、それを理事会が承認するという手続きになる。

その年は、三月一一日に東日本大震災が起こり、この運営委員会も理事会も開くことができなかった。内山の新聞協会会長二期目の承認は、四月二〇日の水曜日に開催される理事会に持ち越された。

ところが、四月一八日の月曜日の夕方のことである。

新聞協会に一本の電話がかかってきた。

「鳥居専務理事に会長からです」

内山から電話なんてめったにないので、変だと鳥居はまず思った。

電話に出てみると内山はこう言ったのだった。

「私も具合が悪いんだが、妻が具合が悪くなったので、読売の社長を辞めることにした、したがって協会長も辞めざるをえなくなった」

内山さんが読売の社長を辞める⁉

鳥居はあわてた。

「あさっての運営委員会、理事会で詳しいことを報告しなくてはいけないから私今から読売に伺います」

そう言ったが、内山はこう返した。

「今から、他の用事があるので出てしまうんだ」

翌々日、内山は東京・内幸町のプレスセンタービルにある新聞協会にやってきた。まず運営委員会がある。

ここで、内山は鳥居に言ったことと同じことを運営委員会に参加する各社の社長に言った。

「新聞協会の会長の二期目はできない、理由は読売の社長をひくからだ」

ここでも自身の体調と妻の病気を理由にした。

新潟日報社長の高橋道映は内山がそう言うのを、衝撃をもって聞いていた。

本当に妻の病気が理由なのか？

それは、そこにいる誰もが思ったことだった。

新潟日報の高橋道映は、地方紙と「協調」をするという内山の政策が、結局渡邉の信任を得られなかったのだ、と思った。

新潟日報の高橋は内山と同じ日大の出身だ。内山はこの日大出身というつてを頼って、高橋に「協調戦略」への協力を要請し、二〇〇九年七月には新潟日報が読売新聞朝刊を一部受託印刷することに基本合意し、一〇年秋から印刷が開始されていた。

第九章の冒頭で詳述したような、読売新聞の新潟「侵略」の経緯を考えれば、読売と手を組むなどということは、到底考えられないというのが、新潟日報社内や新潟日報の販売店の多くの意見だった。それをおさえてこの基本合意にいたったのは、高橋が、内山の「協調」路線を信じたからだった。

が、それが、どこまで渡邉の理解を得たものだったかはわからない、と高橋は考えていた。

朝日の秋山も同じだ。

次期の副会長まで自分で選んでいた内山が、突然「妻の病気が理由で」読売の社長を辞めるということが、秋山には信じられなかった。

内山の次期続投の意志は、「数時間のうちに崩れたのだ」と秋山は私に証言している。しかし、読売の社内で何があったのかは、他社の社長には窺い知れないところだった。

結局、四月の理事会でも、次期新聞協会会長は決められないという異常事態となった。

内山本人の証言

鳥居は、翌月の理事会の相談もあり、読売新聞に電話をしたが、秘書部が、「ずーっと出てません」という返事だった。読売の他の人たちに聞いても「内山さんはずっと社には来ていませんよ」というので、手のうちようがなかった。

六月七日、読売新聞グループ本社で株主総会と役員会が開かれ、内山斉は退任することが決まった。

退任後の肩書は、「顧問」だった。取締役大阪担当の中村仁も退任したが、中村ですら退任後は「大阪本社取締役最高顧問」であることを考えれば、この「顧問」は言ってみるとその後の食い扶持の意味しかなかった。

後に週刊誌三誌がこの内山の退任の理由は、渡邉の拡大路線との対立と報じたが、それに対して読売新聞社は、「本人及び家族の健康問題などで辞任を申し出た」と抗議、記述は「事実無根」とする通知書を送っている。

実際のところはどうだったのだろうか？

私は、内山斉本人と、夫人の和子に、二〇一八年九月二五日に巣鴨の自宅で直接会って聞いている。

なぜ、二〇一一年六月にグループ本社の社長の座をおり、社業から一切手をひく形になったのか、と聞いた時、内山は淡々とこう答えた。

「家内が世界で二三例目の白血病になった。医者から『手術しなければ二年以内に死にます。手術しても成功率は五〇パーセントです』と言われた。手術は七時間半もかかった。こんな難しい手術はしたことがない、と医者も言っていた」

その手術が成功し、和子はその後も生き延びて、今、内山の傍らにいてインタビューを聞いているということだった。

「渡邉さんのほうにも、私のほうから言いました。

『世界で二三例目という病気です。で、出張から帰ってきたら冷たくなっていたなんてのは嫌なんで家内の看病かたがた、会社を辞めたい』と伝えました。

『いやあ、そうか、俺も女房が病気で、君の気持ちはよくわかる。わかった』

後任はなべつねさんが決めることだから……」

しかし、それでは、時系列的に、二〇一一年二月の時点で、新聞協会の専務理事の鳥居元吉が、新聞協会会長の二期目を打診した時に「受けた」こととつじつまがあわないではないか？　二度目のインタビューをした際に改めて聞いた。

二〇一八年一一月一五日の木曜日の昼下がり、家を訪ねると、「あと一五分したら出るところだった。神田の古本屋街を歩くのが趣味」と言いながら、快く再度の取材をうけてくれた時の答え。

「鳥居さんが新聞協会の会長をもう一期やってくれといって頼んできた時には手術をして助かってる」

そう言うので、「それではうけてもよかったではないか」と水を向けるとあわてたように、「いや、（鳥居さんが来たのは妻の）手術の前だった」と訂正した。

その後は、同じ話の繰り返しだった。手術の成功の確率は五〇パーセントだったこと。世界で二三例しかない病気だったこと。

実際には、和子の手術は、二〇一〇年の春、つまり内山が鳥居に新聞協会会長の二期目を打診される約一年前に、順天堂大学病院で行なわれている。

「内山さんが協調路線で行く。渡邉さんは販売第一でやって一〇〇〇万部を達成した。その路線対立が辞任の背景にあったのではないか？」

「それは業界の憶測で、今、家内はピンピンしてますが、あの時は、深刻な状況で、これでアウトかなーと思った」

そう答えたあと、覚悟をきめたようにこのように私に話をしてくれた。

「社長までやった人が悪口を言うわけないですよ。何かあったとしても。それはやっぱり、そういったことはノーコメントですよ。社員で、くびになった人が腹いせに何か書いたり、言ったりするのはともかく、社長までやった人間がそんなことはできないですよ。

常識では考えられないでしょ。

不興をかったも何も僕のほうから家内の病気を理由にして辞めたんですよ」

これ以上内山にこの問題を追及するのは無意味だろう。

内山が辞任をする前、FACTAのくだんの記事が出た後には、様々な噂が社内外をかけめぐった。曰く、内山がフランスのレジオン・ド・ヌール勲章をもらったのが、主筆の癇《かん》に障った。曰く、内山は、北海道出身の新人演歌歌手のCDを北海道の読売新聞の販売店主に買わせ、それが不興をかった（実際に、この演歌歌手走裕介《はしりゆうすけ》の二〇一〇年一〇月一五日の練馬文化センターでのコンサートに城北読売会が協力、一一月一日には、内山が、本社で走と懇談している）。

渡邉自身は、株主総会の一カ月後の読売七日会、東京読売会の合同総会で次のように内山の退任について触れている。

「内山前社長は昨年春、令夫人が大きな手術をして以来、術後が思わしくなく、そのショックで本人もいささか精神不安定になり、特に3・11の地震後の社務にほとんど携わらないという状態になり、私宛に、夫人の看護に専念したいとの辞表が提出されました。

内山君は私の永年の忠誠な部下であり、私には万感こもごも至る思いもありましたが、新聞社として緊急非常の事態の中、その辞表を認めました」

社史に内山は存在せず

二〇〇四年から二〇一一年まで七年の長きにわたってグループ本社の社長を務め、新聞協会の会長を務めたにもかかわらず、内山の存在は、現在の読売にとってなかったこと同然になっている。

二〇一五年三月に、読売新聞は一四〇年史を出す。そこには、索引や本文をいくら探しても内山の名前は一度たりとも出てこない。巻末の歴代首脳の表の中に、ちいさな活字で二度出てくるだけだ。内山がグループ本社の社長になる前の一九九四年に刊行された一二〇年史ですら三箇所にわたって本文に内山斉についての記述があるにもかかわらずだ。

内山の住所を探すのには大変苦労をした。グループ本社の社長をしていた時の一番町の自宅のマンションはすでに取り壊されていた。私が長年のつきあいをしていた読売の元役員に聞いても、「今の役員に聞いたが、それは教えるわけにはいかないんです」と、知ることができなかった。

ようやく捜し当てた自宅に、手紙を送ったあと訪ねると、本人は留守だったが夫人が出てきてこう言った。

「夫はあなたの手紙を読んで涙を流していました」

夫人は、封をあけて私の手紙を読む内山が、急に涙ぐむのを見て「どうしたの。あなた、嫌なことが書いてあったの？」と慌てて聞くと内山はこう言ったそうだ。

「初めて自分のやったことを評価して訪ねてくれる人がいた」

私が出した取材依頼の手紙の中には、新聞協会会長をやっていた内山を今でも慕う、他紙の社長の声があるという一節があった。たった一期の協会長だったが、この時の理事会をやった社長たちの結束はその後も固く、一年に一度一〇月にかならず集まり、社長を離れてからも旧交を温めていた。一〇年もたつようになると、中には体がだんだんと弱っていく人もいた。最後となった二〇一七年には、信濃毎日新聞の小坂が病にふせっていて動けないことから、内山や秋山、そして新潟日報の高橋道映らは、信州でその会を催した。

和子はそうした会のおりには、必ず内山につきそって、出席した。内山が骨折した際には、和子が内山を支えて杖になり、かつての仲間の場所に出ていった。

和子は内山が社長の時代、読売新聞の購読を友人に勧める手紙を書くのが日課だった。

内山斉と和子　2018年

その手紙の数は、三〇〇〇通を超えた。だから、和子は、内山が社長を辞めると聞いた時に、ああもう販売店のつきあいに行かなくてもいい、手紙も書かなくていい、とほっとしたという。

内山は、もう一度人生があっても、やはり新聞記者をやりたいと夫人の前で言った。

地方部は、大きな事件の際には、必ず応援で各地の現場に行った。記者をやっていた時は、何日も家に帰らないことはざらだった。

しかし、それが内山にとっても和子にとっても幸せな時代だった。

内山の退場した二〇一一年上半期のＡＢＣ部数で、読売は九四年以来維持していた一〇〇〇万部台を初めて割り込むことになる。スマホの普及が始まって三年、いよいよ大きな変化が起きようとしていた。

この内山退場の人事は新しい取締役の昇任と同時であった。山口寿一は、ついにグループ本社の取締役に五四歳の若さで昇進する。日本テレビの取締役になっていた大久保好男も同時に読売新聞グループ本社の取締役に昇進した。この二人が、二〇一〇年代以降の読売グループをきりもりしていくことになる。

山口は社長室長・コンプライアンス担当が担務。法務室時代から法務とコンプライアンスを担ってきた山口にとって、大きな試練がこの年の暮れには待ち受けることになる。

世にいう「清武の乱」である。

主要参考文献・証言者・取材協力者

内山斉、内山和子、鳥居元吉、高橋道映、秋山耿太郎

「読売「ナベツネ後継」に異変」FACTA　二〇一〇年一〇月号
「週刊誌三誌に訂正要求」読売新聞　二〇一一年一一月二三日
『読売新聞140年史』読売新聞グループ本社　二〇一五年三月
『読売新聞百二十年史』読売新聞社　一九九四年一一月
読売新聞社報

内山和子は取材を受けるにあたって「夫の言動にかんして読売本社は厳しくチェックしている。顧問であっても一年契約。こういう取材がありましたという報告をしなければならない」と断っている。

第一五章　「清武の乱」異聞

かつて読売には自由闊達に外の人間とつきあい、市井の人々の声を拾う社会部記者の系譜があった。その系譜につながる最後の記者が反乱を起こす。鎮圧の役を担ったのは山口だ。

慶應ＳＦＣの村井純が「アンワイアード」の時代を予告してから六年。スマートフォンの普及率は二九パーセントに達し、新聞の部数は二〇〇九年から急激に落ちだしていた。こうした中、日経は、ゼロの市場に出て行く形で有料の日経電子版を創刊し、二〇一一年には、契約数が一〇万人を越えていた。

ヤフーはスマホでの対応が遅れていたが二〇一二年六月に創業時以来の社長井上雅博が退任し、宮坂学が社長になる。「スマホ・ファースト」の掛け声のもと、パソコンでの優位がもたらしたイノベーションのジレンマを、必死に巻き返そうとしていた。

技術革新によるそうした変化の時代に、読売新聞は、まったくそれとは関係のない社内の内紛から生じたトラブルに何年にもわたり、精力をそそがなければならなかったのは大きな不幸だった。

日本経済新聞社長だった杉田亮毅は早い時期から渡邉恒雄が「山口が次の社長だ」というのを聞いていた。

読売の後継者の問題を考える時に、年齢の問題を考えるとわかりやすい。渡邉も務台と同様九〇歳をすぎても、社の実権を握っていた。滝鼻にしても、そして内山にしても、渡邉の存在を脅かさないという点が大事だった。が、それでは次を託するには心もとない。なんといっても山口は若い。渡邉とは約三〇歳の年齢差がある。そして本当に優秀だ。

その山口が、渡邉の次の座を固めたのが、コンプライアンス担当の取締役として、「清武の乱」の後発生した八本にも及ぶ訴訟の全体指揮によるものだったことは、論をまたない。

この「清武の乱」は巨人軍のゼネラル・マネージャーだった清武英利《きよたけひでとし》が、巨人軍の来季のヘッドコーチ人事に、読売新聞グループ本社主筆の渡邉恒雄が不当に介入した、と告発したことに端を発する。二〇一一年一一月一一日、文部科学省の記者クラブで独断で記者会見をし、清武は、直前に起こったオリンパスや大王製紙の不祥事をひきあいに出して、渡邉の行為はコンプライアンス上、重大な疑義があると批判した。

何しろ、子会社の役員がドンを狙い撃ちにして、社会部や政治部の記者の集まる文部科学省で、最後はハンカチで涙をぬぐいつつ、「不当な鶴の一声で、愛する巨人軍を、プロ野球を私物化するような行為を許すことはできません」と振り絞るように訴えたのである。

当時は、朝日、毎日、産経などの他紙が翌日から大きく報じ、その週そして翌週発売の週刊誌が全てこの「清武の乱」をとりあげた。

この「清武の乱」は、およそ合計八本の訴訟となって、読売に二〇一六年まで大きな負担となってのしかかった。

この裁判での読売の戦績は、七勝一敗。VS.清武の裁判六本には全勝した。一敗は、清武が機密資料を流出させたと読売側が指摘した週刊文春の「原監督一億円」報道の名誉棄損訴訟だけだ。

これらの裁判全ての総指揮をグループ本社のコンプライアンス担当の取締役となった山口がとったのだった。

山口の読売入社が一九七九年、清武は一九七五年。その年次差は四年だが、年齢は清武が七歳上。

最後の社会部記者

今はもうほとんどの人が忘れてしまったが、読売には社会部の自由闊達、ユニークな発想の記者の系譜があった。造船疑獄のスクープを抜きまくり、売春汚職の誤報（一九五七年）で名誉棄損で逮捕される立松和博。売血の実態を探った黄色い血キャンペーン（一九六四年）をやり、後に独立して、『不当逮捕』『誘拐』などのノンフィクションの名作を書くことになる本田靖春。大阪読売で、「戦争」の連載やコラム「窓」などで反戦平和、市井の人々の息吹をすくい上げようとした黒田清。

清武はこの系譜につながる最後の社会部記者だったかもしれない。採用は、地方記者枠だった。当時の新聞社は、全国採用と地方採用にわかれており、地方採用の場合、定年まで地方の支局での勤務ということになっていた。ところが、清武は、最初の青森の支局で、青森の原子力船むつの受入れなどのスクープを抜きまくり、東京社会部に引き上げられる。警視庁捜査2、4課を担当、ここでも特ダネをいくつも書く。

清武は、読売社外のメディアの人間とも積極的につきあった。中でも肝胆相照らす仲となったのが、鈴木隆一だった。立花隆の田中角栄研究の取材班の一人であり、新潮社「FOCUS」編集部に移ってからは、事件担当のデスクになっていた。後に出版社WACを起こし、「清武の乱」の際には重要な役割を果たすことになる。

国税庁にも深く食い込み数々のスクープを抜いた。中でも、野村・日興・大和・山一の四大証券が特定の取引先の運用について損失を補塡していたことを明らかにした「四大証券損失補塡問題」の一年がかりの報道は、その名を大きく轟かせた。

清武はこうした報道を、チームを組織して、次々に繰り出すことから「清武軍団」と他社の記者から恐れられるようになる。

清武がユニークなのは、新聞で特ダネを出していくだけではなく、連載にし、そしてそれを本にまとめることまでも射程にいれながらの活動をしていた点だ。

第一勧銀の会長や新井将敬代議士の自殺にまでおよんだ金融スキャンダルについて書いた『会長はなぜ自殺したか 金融腐敗=呪縛の検証』、山一証券の破綻にいたる道筋を描いた『会社がなぜ消滅したか 山一証券役員たちの背信』などを「読売新聞社会部」名で新潮社から出版した。読売新聞にいながら、広く出版社の人間ともつきあった。

清武に抜かれる

バブル経済崩壊後、日本の経済システムを清算していく過程でおきた様々な金融事件で「清武班」は抜きに抜きまくった。

他社の社会部からするとこの「清武班」の動きはつねに注目の的だった。

朝日新聞の社会部記者だった南島信也は、今もあのバブル崩壊後の九〇年代後半の事件取材の日々をある苦さをもって思い出す。「清武軍団」にしてやられたという記憶だ。

当時、朝日や読売の社会部は、続発する経済事件を追うために、日比谷のプレスセンタービルの八階にともに前線基地を設けていた。司法記者クラブや警視庁の記者クラブではとうてい手狭で、追いきれないほどの事件を、別部屋を設けて追っていたのだった。

朝日新聞に中日新聞から中途入社、新卒時は富士銀行の行員だった南島は、この取材班にいれられ、第五章にも登場する伝説の司法記者、村山治の下について、事件をおいかけていた。

九七年一二月二一日は日曜日である。この日曜日の夜のことを南島は忘れられない。世の中はクリスマス、日曜日に働いているのは、自分たち金融取材班くらいのものだ。深夜一二時すぎに仕事を終え、プレスセンターの一階のタバコ部屋によって一服してから出ようと思った。そこで、南島は、清武の姿をみかけたのだった。

日曜日のこの時間に清武がいる！

ということは、何か明日出すということだ。その最終確認のためにここに残っているのだ。そう恐怖に似た感情で出ようとする清武の姿を追った。

実際、この日は、読売との早版の交換がなかった。何か独自ダネをうってくる時には、通常おこなう読売との早版の交換がなくなる。

朝五時すぎ、読売の朝刊が手に入る。ドンと一面で抜かれていた。

「日興証券が新井議員に利益供与　一任勘定で4000万円　証取法違反の疑い」

の大見出しに続いてこうリードにある。

証券業界大手の「日興証券」が、自民党の新井将敬衆院議員（49）（東京四区）に対し、株などの違法な一任勘定取引で、今年二月までの約一年半に約四千万円に上る利益を提供していたことが二十一日、関係者の証言で明らかになった。一連の取引は、新井議員の知人名義の口座で行われていたが、同証券関係者は、読売新聞社に対し、この口座は同議員の借名口座で、同証券の自己売買益をこの口座に付け替えるなどの手法を繰り返していたことを認めた。東京地検特捜部もこうした事実を把握、証券取引法（利益追加、損失補てんの禁止など）に触れる疑いもあると見て、同証券関係者らの事情聴取を進めている模様だ。四大証券の利益供与事件に絡み、政治家への利益提供が浮上したのは初めて。

他紙は騒然となった。南島もすぐ後追いの取材を始める。だが、年末にさしかかっているということで、まず人がつかまらない。そうこうするうちに御用納めがきて正月になる。ますます人がつかまらず、朝日はろくな続報がうてない。

読売は、次から次へと確実な続報をうつ。それから新井将敬の自殺までの二カ月のことは、南島にとってはあまりにも辛く、霞がかかったようになってうまく思い出せない。夜回りや朝駆けをして成果なく帰る、その忸怩《じくじ》たる思いしか蘇ってこない。

新井将敬は逮捕許諾請求を審査した二月一八日夜の衆院議運委の弁明で、繰り返し潔白を強調した。その後の記者会見でも、「私の最後の言葉にウソはない」と涙声で訴えていた。

その翌日、宿泊先のホテルパシフィック東京の二三階の客室で首をつって自死を選んだのだった。検察の捜査はそれをもって終結した。南島は、新井の死に衝撃をうける一方で、正直ほっとしていた。これで少なくともこの事件については「清武班」の後を追わなくともよい。

この新井将敬の日興証券からの利益供与を読売で追ったのは、清武英利の他に、ライントピックス訴訟時に法務部で山口寿一の下にいた加藤隆則が検察担当、そして後に朝日新聞に移ることになる市田隆。読売は読売で朝日の村山の動きを警戒し、休日はプレスセンターに入る際に名前を書き込まなければならないために、その名簿を読売はチェックし、村山が来ているかどうかを確かめていた。

これだけの特ダネを抜いてきた記者だから、将来は東京本社の社会部長と清武本人も考えたろう。が、しかし、辞令は名古屋の社会部長だった。二〇〇一年一月一日付け。東京本社の社会部長にならなかったのは、その行動が派手すぎるため、組織を重んずる歴代の社会部長から疎まれたため、という人もいる。

名古屋の社会部の空気は、清武の着任で一新される。清武の指導は厳しい。東京の優秀な加藤や市田のような部下ならばこなせる話も、それまでぬるま湯につかってきたような記者たちにとっては、「パワハラ」としか思えない注文に思える。怒られて卒倒する記者もいた。何人も辞めたため、管理職としての能力を疑問視する人間もいたが、しかし、一九九八年入社の岩永直子のように、清武が上司にくることで開眼した記者もいた。

清武は、着任が決まった時から温めていた企画があった。トヨタだ。

トヨタの「養成工一期生」の名簿を入手することで、取材は始まる。が、広報は通さない。取材班に名簿をわりふり、金曜日の夜から取材をかけさせる。自らも名簿の取材先を回る。土曜日、日曜日。広報があいていない中、様々な話があがってくる。そこを出発点とするのである。トヨタの広報が後から、「コンテを見せてくれ」と言ってくるが、そんなものはないし、見せられないよ、とつっぱねる。

このようにして広報を通さない、生き生きとした市井のトヨタマンが綴る歴史は、「トヨタ伝――日本人は何を創ってきたか」として一年以上続いた連載となり、後には新潮社で単行本になる。

また、黒田清が発案したコラム「窓」を彷彿とさせる「幸せの新聞」というページも企画する。「この新聞に悲しいニュースは一行もありません」という口上が題字の下にのるこの企画は毎週土曜日掲載、好評を博した。

娘の病気をきっかけに、医療の仕事を始めてカテーテルの業界トップになった人の話や、店が全焼したことをきっかけに無煙ロースターを開発した焼肉店の話など、珠玉の短編がならんだ連載だった。そうした自らのアイデアを次々に形にしていく清武に、新聞記者はこんなに自由に発想しやりたいことを形にしていけるのか、と岩永直子は、目が覚めるような思いがした。

フィリピンに左遷されたトヨタの奥田碩が戻ってトップに上り詰めるまでの話を書くだけのために、岩永はフィリピン出張を清武に認めてもらったりした。

岩永は、どうしてもマスコミに入りたくて各社をうけたが落ち、就職浪人をして、まだ採用が別建てだった中部読売新聞社にすべりこんだ。が、地方記者としてその活動が限定されていることに鬱屈した思いを抱えていた。

その曇り空が、清武の登場でぱっと光がさしこんだようなそんな解放感にかられた。

岩永は後に、このように書いている。

「地方都市の記者として閉塞感を抱いていた私は、一人の指導者の登場で世界がぐんぐん広がっていくような希望を感じた」

その後、岩永は東京にあがることになり、ヨミドクターの編集長をつとめることになる。そこで、清武と同様の試練に直面することになるが、それはまた後の話、また後で語ることにしよう。

セ・リーグ三連覇

清武はその後、東京本社編集委員に戻り、二〇〇四年には運動部長。運動部長を数カ月やったところで、二〇〇四年八月から読売巨人軍球団代表兼編成本部長となった。ちょうど一場事件が起こり、球団代表だった三山秀昭が解任され、オーナーだった渡邉恒雄も引責辞任した後を、かつての上司だった元社会部長の桃井恒和とともに巨人軍をみるということになった。

清武は、それまでのような金にあかせたトレードや補強ではなく、ファームから選手を育てていき刈り取るという育成制度を始め、実績をあげた。二〇〇九年まで巨人はセ・リーグ三連覇をなし遂げる。清武はスター代表として、メディアに登場するようになっていた。渡邉恒雄のいる読売グループでは、渡邉以外の人間が目立つことを極端に嫌うが、清武はかまわず、朝日新聞のAERAの「現代の肖像」に登場したり、自分が主人公のドラマの企画にかかわったり（名高達男が清武役をやるそのドラマは実際に放送される）派手に活動していた。

そうした中、二〇一一年暮れの事件が起こったというわけだ。

清武が実際に戦った相手

清武はすべての裁判が終った後の二〇一八年に名古屋社会部長時代の部下でバズフィード（BuzzFeed）に移籍した岩永直子のインタビューに答えて「決起」した理由をこう述べている。

「やらざるを得ないと思ったからやったまでで、ここでちゃんと言うべきことを言わないと一生後悔すると思ったし、役員としての責を果たせないと思った。それに、会社としてもだめだと思った。それまで新聞記者として、『不正やおかしなことがあったらちゃんと指摘しろ。告発して戦え』と偉そうに書いてきたわけだ。自分がそういう立場に置かれた時、自分が長年言い続けてきたことを問われているんじゃないかと思いましたよ」（バズフィード　二〇一八年一月三日）

むろん、主観的にはそうした面もあっただろう。

しかし、裁判というのは、双方が様々な証拠を出し合って裁判官がその理非を検証し、ある判断をしていく過程である。八つの裁判で出てきた数々の証拠を虚心坦懐に読むと、違う面も見えてくる。

コーチの人事を岡崎郁《かおる》ヘッドコーチにしようとしてその了承を渡邉恒雄にもらっていたにもかかわらず、反故にされた、それがGMとして選手やコーチの身を預かっている清武としては、納得できない、というのが清武が記者会見までして訴えた渡邉の「コンプライアンス違反」ということだった。

が、冷静になって考えてみれば、渡邉は読売巨人軍の親会社である読売新聞グループ本社の代表取締役会長兼主筆である。人事に介入するのは当然、というのが、当初からの専門家の見方だった。逆に、清武のほうが、まだ選考過程だった江川卓の話を公にしてしまうことで、取締役としての守秘義務違反に問われないかと、ことが公になった直後から企業法務が専門の弁護士の牛島信はコメントしている。

これまでにもサラリーマンとして飲み込んできた場面は清武にだっていくらでもあっただろう。

にもかかわらず、なぜ、清武は記者会見を強行したのか？

清武は、自分がこれまで記者としてテーマを決め、それをわかりやすくドラマチックな形で読者に提示するように、この「清武の乱」もテーマを決めた。そのテーマは巨大組織の独裁者の横暴、それに立ち向かう正義の元記者というテーマである。記者会見をした二〇一一年一一月一一日の一年後に出版される魚住昭との対談本『Yの悲劇』の帯にある「会社の首領に叛き、信念を貫いた男」というアングルだ。

が、清武が実際に戦ったのは、渡邉恒雄ではなかった。何手も先の盤面を読むチェスプレイヤーのように法律を駆使して、その「清武劇場」の化粧を剝いで、その抜き身を見せた山口寿一だったのである。

アントンピラ命令

シンガポールに両親とともに住む裕美（仮名）の自宅の呼び鈴が押されたのは、二〇一二年一〇月三一日一一時二〇分のことである。

裕美は、清武英利と二〇一一年一月、まだ清武が巨人軍のGMをやっていた時代に婚約していた。清武とは、裕美がまだシンガポール国立大学にいた一九歳の時に、読売新聞の連載記事「海から吹く風・アジア人間交差点」で日本の大学に不適応をおこし、シンガポールで学びなおす裕美をとりあげたことに始まっている。この清武のシンガポールの取材では、複数の人物をとりあげたが、その際、取材のアシスタントもした。二〇〇〇年のことである。

以来、裕美は清武の創造的な仕事ぶりを尊敬し、取材の手伝いなどをおりにふれてしてきた。婚約した年の暮れに、清武は記者会見し、渡邉恒雄と対峙する形になり、巨人軍の取締役からも解任され、読売側とは合計六本の訴訟を戦っていたが、そのことには深入りをしないよう、シンガポールで両親と一緒の静かな生活をしていた。清武が、裕美との新居をシンガポールで探すといって訪れたのは、裕美のマンションの呼び鈴が押される三カ月ほど前の八月九日から一九日までの間だった。

その呼び鈴が押されて、最初裕美の母親が応対した。

「高等裁判所で下された決定にしたがって邸内を捜索しなければならない」

とロンと名乗ったその男が言うのを聞いて裕美の母親は驚愕した。

シンガポール高等裁判所の監督弁護士ジャスティン・チャン・イェー・ロン（Justin Chan Yew Loong）と名乗るその男性は、読売新聞社の代理人である弁護士ら数人をともなっていた。

母親はいったんは断るが、ロン弁護士は、監督弁護士として高等裁判所に任命された中立的な立場であることを強調し、邸内捜索の理由を裕美本人に説明をしなければならない、と主張した。

読売側の代理人は外され、ロン弁護士と通訳のみが邸内に入った。

リビングルームで裕美は座って、この弁護士の話を聞くことになる。

弁護士は、英語の命令及び召還令状を裕美に示した。時計は一一時五〇分を示していた。

その説明は以下のようなことだった。

1、裕美に対して訴訟が起こされていること。

2、原告は読売新聞東京本社であること。

3、原告（読売）の申立ては、読売が保有する秘密情報が、彼女の手にあるということ。しかし、法廷はまだその申立てを認めているわけではないこと。

4、原告（読売）は、敷地内を捜索する申立てに成功したこと。

5、自分は原告（読売）とは関係のない第三者であること。立ち会うことを原告側の弁護士らが法廷に申立ててはいるが、自分の役目は、法廷のくだした決定どおりの捜索を原告の弁護士らがすることを確認することであること。

6、アントンピラ命令によって裕美は、この訴訟とこの命令について裕美の弁護士となる予定の者以外誰にも話してはいけないこと。

山口ら読売グループ側の追及は凄まじかった。読売側はこの時までに、清武の業務用パソコンのデータを確認し、清武が裕美に対して、運動部のメモを送付していたことを把握していた。メモは長嶋茂雄に関するものであり、読売側は、この運動部のメモを使って清武と裕美が、著書の出版をもくろんでいるとし、メモは読売新聞が著作権を持つ読売新聞の財産であるから、これを差止めなければならない、としてシンガポール高等裁判所に前日に訴え出ていたのであった。

ここで読売側が申し立てたのは「アントンピラ命令」なるものだった。これは、民事といえども、その証拠が保全されないことによって著しく損害を被ることを原告側が証明できれば、強制的に家宅捜索までできるという制度である。これが即日認められたのだった。読売側は、この長嶋茂雄のメモ持ち出しに関して、東京地裁でも提訴する。

読売は、それまでにも清武が解任をされた日に、二五箱分のダンボールを旧知の鈴木隆一が代表取締役社長を務めるＷＡＣ出版に送っていることを把握、この中に読売新聞の機密資料があるとして、差し押さえ・返還の仮処分申請をして認められていた。双方の弁護士たちあいのもとに、読売側が仮処分対象物件のリストをつくったうえでおこなったＷＡＣの事務所での捜索で「新戦力獲得費用一覧（発生時）と題する資料」「二〇〇四年七月一五日付『野間口貴彦様』と題する書簡」や取締役会資料が発見されていた。

さらに読売は、清武の渡航歴を関係機関に照会していた。その結果、二〇一二年八月九日から一九日までシンガポールに渡航していることを把握し、アントンピラ命令の申し立てをしたのである。

しかし、裕美にとってはこうした事情はまったくわからない。突然、シンガポール高等裁判所の弁護士がやってきて、家の中を捜索したいという、しかもこの命令が出たこと自体誰にも話してはいけない、というのだ。清武に相談することもできない。

そのシンガポール高等裁判所に指名された監督弁護士は、読売側の弁護士や捜索チームは外で待っていることを告げたうえで、裕美には二時間の時間があると言った。

自分の弁護士に連絡し、もし、この命令に抗するようであれば、この二時間の間に行なうことができると告げられた。その二時間の間は、読売側の人間は邸内に入らせないことができる。

裕美の母親が、弁護士を探したいと申し出た。

一二時になったところで、母親が裕美の携帯を高等裁判所のロン弁護士に渡した。母親が探してきたウェイ弁護士にロン弁護士が説明をする。

令状をこのウェイ弁護士宛てに、母親が送信をした。

期限の二時間が迫っていた。

午後一時二〇分。ロン弁護士は「期限の時刻が迫っています」と告げる。

裕美と両親は、自分たちの弁護士がこの捜索に立ち会うことが必要だと主張した。そのころに、母親が依頼した弁護士事務所から弁護士が到着した。

こうしてアントンピラ命令による裕美邸の捜索は始まったのである。

外で待機していた読売側の Diyanathan 弁護士、Kristine Koh 弁護士、久保光太郎弁護士が、ピーター・ムーアというコンピュータ・フォレンジック調査の専門家とともに邸内に入った。

コンピュータ・フォレンジック調査とは、インターネットの閲覧履歴やメールデータ、写真データなど、詳細な解析調査を行なうことをさす。ムーアは Deloitte and Touche

Financial Advisory Services シンガポール事務所のフォレンジック部門責任者で、読売側に雇われていた。

読売グループの社員二名も現地にいたが、この二名は裕美によって入室を拒まれた。

全員が自己紹介をし、そしてそれぞれの役割について語ったあと、読売側の弁護士が、邸内にあるパソコン全てのハードディスクのコピーをとることを主張した。裕美の弁護士であるタンが「それだと捜索令状にある以外の文書の流出の危険がある」と主張。

それに対しては、いったんはやはり全てのハードディスクをコピーすることにして、コピーしたものを裕美の側の弁護士と、高等裁判所のロン弁護士も共有し、読売と読売側の弁護士には関係する電子ファイルまたはデータのみを開示することで合意された。

このようにして、裕美の邸内にある三台のパソコンのハードディスク・ドライブすべてとアイフォンに内蔵されているデータまでもがコピーされることになった。一台のパソコンは裕美の寝室、他の二台は両親の部屋にあった。

裕美のヤフーメールのメアドとそのパスワードも開示を要求され、裕美はやむなく従った。こうしてサーバ上にあったメールもすべてコピーされたのである。

データが膨大であるために、コピーはその日のうちには終らず、協議の上、複製装置を現場に残し夜通し「稼働」させることで合意。捜索チームのメンバーは装置回収のために翌日戻ってくることになった。

その日全てのメンバーが去ったのは午後七時、メールのアカウントからメールも全てダウンロードされていったのだった。

翌日ムーアが複製装置を回収していった。

清武自身のメモから

結果的に言うと、このシンガポールでの二日間の捜索で、コピーされたハードディスクの中から、清武が八月にシンガポールに来た際に、コピーしていったファイルの数々が発見され、それを読売側は、東京で係争中の裁判に存分に使うことで、訴訟を制したのである。

例えば読売側は、清武の記者会見は取締役としての使命にかられてやったというようなものではなく、原監督との確執によるものと主張していた。ようは、岡崎をヘッドコーチにしようとした清武に対して、原が渡邉に直訴、江川案を通したことで、清武が激怒した、という筋書きだった。なぜ、激怒したかと言えば、編成権をめぐって両者の間がぬきさしならないものになっていたからだ、ということを主張した。

読売側がこのシンガポールでのアントンピラ命令で入手したデータには、音声ファイルや清武自身のメモなど多彩なデータがあった。

陳述書や証人尋問は、あとからいかようにも準備ができる。しかし、自分の備忘録としてつけていたメモや、録音は、そのまま当時の清武が何を考えていたかがわかるということになる。

たとえばこんな清武自身のメモだ。

会見直後の上司であった球団オーナーの桃井とのやりとりをこう記す。

〈昨日（2011年11月12日）桃井は、私と監督がしっくりいかないことを『お前が悪いんじゃないか』という主旨のことを言ったので、

「そもそもオーナーのあなたが××をとってくれとか、そんなわがままを僕が否定したのに、わざわざ話を聞いてやったり、会長に持っていくのも自由だとか言ったりするからですよ。『GMの仕事に関することはGMの指示を聞け』と言えばうまくおさまるのに、受け入れてやるからGMが意味のないことになるんです。GMがだめならオーナー、オーナーがだめなら会長、という甘えになるんですよ」

すると苦い顔をして、僕には「そうだな」と言った。

「（中略）監督が『僕には一軍についての人事権がある』と昨年言ったとき、『とんでもないことだ』とメールでよこしたのは桃井社長自身ではないか。

まったく信念のない男だ」

僕が厳しく言うと、いつの間にか自分が巨人に追いやられた話ばかりする。

「お前は読売新聞の身分のままここに来たが、俺は向こうを辞めさせられてここに来た。同期に比べて給料も低い……」とかなんとか。「つらい思いはお前だけではないんだ」と。

ばかばかしい。聞いてられぬ。

それでこの日は、「とにかく俺は12月末まで仕事をしてさしあげる。それが俺の性格だから。で、来月以降、一月から辞めてもいい」。「退団功労金はどうなるのか」と聞くと、「根拠のない金はだせないよ」と言う。「他の関連会社はどうだろう」とも言う。いる気もないので、そういう話しになるのだ〉

裁判やマスコミの取材に清武は、原監督との仲は良好だったと主張していたが、実際にはそうではなかった、ということがはっきりとわかる。

桃井は、自らの陳述書で二〇一一年九月二五日に原監督からもらった「来季にむけて」というメールの文面を明らかにしている。

「申し訳ありません。失礼を承知の上で単刀直入にお聞きします。清武代表に対し信頼されてますでしょうか？ 来季、本当にお任せするのでしょうか？ 申し訳ありません。お聞かせください。無論、秘密厳守。指示には従います。しかし、そうであるなら原点から話し合いが必要と考えます。」

このメールがコーチをめぐる人事案の争いの一カ月前のことである。

「内部資料を流出させたと認められる」

読売側はくつがえされたコーチ人事案に不満の清武が記者会見をするという情報をキャッチして慌てて清武と連絡をとろうとする。

清武は一一月九日に渡邉とグループ本社の会長室で会う。その会談の去りぎわに清武は渡邉にこう言われる。

「一、二年後に君を社長にする。今後、君の定年は六八歳まで延びる可能性もある。すべてのことを受け入れて、専務、球団代表、オーナー代行として仕事を続けてくれ」

ここまで言われても、自分が決めた人事を変えられることは渡邉といえども清武にとっては許せなかったのだ。それが原のさしがねであるとわかっていればなおさら。それで一一月一一日の記者会見を強行するのである。

記者会見の日の朝、渡邉が清武に電話をしてきた。清武が返電をする形で交わした最後の会話で渡邉はこう清武に申し渡している。

「できればね、会見やめろよ。やめなきゃ破局的な解決しかなくなるから。俺はそれはちっとも望まない」

「君にとって非常に不利だよな、読売新聞との全面戦争になるんだから」

この発言を清武は録音をしていたが、読売はその音声ファイルをアントンピラ命令で手にいれたデータの中に見つけ、電話の前後にこう言う清武の音声が入っていたことを把握した。

「どうせオレはクビになるんだから。はい、どうぞ、いきましょう」

「とれたでしょう、どうだ！」

このことを、二〇一四年六月五日の公判で明らかにするとともに、同日の夕刊の紙面でも報道するのである。

さらに清武が記者会見を開いた時、最後にハンカチで涙をぬぐった様はテレビでなんども流されたが、これについても清武が裕美に電話をし、裕美が残したメモが証拠として口頭弁論で明らかにされる。

「ニュース見た？　ファンのみなさんのところで泣いた。うまいだろ？」

このことも読売は紙面で見出しにまでして報道した（二〇一四年六月六日付）。

だが、なんといっても清武にとって痛かったのは、裕美とのメールのやりとりが読売側によって把握されてしまったことだ。

清武は、渡邉恒雄ら読売側が、自分が朝日や文春に機密資料を流出させた、と公表しているのは名誉棄損である、と読売側を訴えていた。

自分はユダではない。

ところが、朝日新聞や週刊文春との関係を立証するメールが、アントンピラ命令によって押さえられてしまったのである。

たとえば、朝日は契約金についての報道を三月一五日に始めるが、この五日前の二〇一二年三月一〇日の裕美に対するメールをシンガポールでの捜索で読売側は入手した。

〈朝日からは《ママ》イヤーを借り、江東区役所へ。一時間かけて電子証明書をもらう。これももっていたのに僕の操作が下手でロックがかかっていたらしい。これで1時間かかる。その後、ワックへ走り、弁護士事務所に差し入れを運ぶ。その後、朝日のアジトで打ち合わせ。〉

朝日から、ハイヤーを気軽に借りるような関係やアジトと称していることが、清武が資料提供者である何よりもの証拠だとした。

週刊文春についても週刊文春が読売側に質問状を送る二〇一二年六月一八日の一二日前に、清武が文藝春秋で打ち合わせをしていると、入手したメールを証拠にして読売側は主張した。これも清武が裕美に送ったメールだ。

〈きょうは、午前中家にいて、仕事、午後4時から文春本社に行きます。だから夕方まではいるということかな〉

こうしたことや、清武がシンガポールで裕美のＰＣにコピーをした「清武ＵＳＢ２０１２Ａｕｇ」というフォルダに巨人軍の機密書類のコピーが入っていたことも、読売側は証拠として提出している。朝日は、野間口貴彦の契約金が球界申し合わせを大幅に超過していたと報じていたが、この清武のフォルダには、「10野間口出来高.doc」や「11野間口出来高.doc」というファイル名のワードファイルが入っておりその中に、「出来高報酬に関する約定」と題して「株式会社読売巨人軍（以下「球団」という）と野間口貴彦選手（以下「選手」）は、二〇一〇年の選手契約を締結するに当たり、下記の通り出来高払いを設定する。…（中略）…２００９年12月8日　甲：[redacted]　乙：[redacted]」と記載されている文書が入っていた。この野間口貴彦の契約金の問題は、朝日が初報でとりあげた根幹部分だった。

こうした証拠が、東京での裁判で提出され、判決では、裁判所の認定として、清武が内部資料を流出させたとされたのだった。

〈原告（清武）が本件朝日新聞各記事に関する被告巨人軍の内部資料を流出させたと認められる〉

週刊文春についても、

〈原監督問題に関する被告巨人軍の内部資料を流出させたのは原告（清武）であると認められる〉

そのため、清武が提起した名誉棄損の訴訟については、読売側が公表した「清武が内部資料を流出させている」ことは真実だから、名誉棄損は成立せず、損害賠償も謝罪広告も認められない、として清武の請求は棄却されたのである。

FACTA無署名原稿の筆者は

内山斉の退場を予告する記事を書いたFACTAは、今回も読売の内部事情を詳らかにする鋭い記事をたてつづけにだしていた。中でも、二〇一二年七月号に登場した「読売新聞に『小皇帝』登場　渡邉主筆の懐刀・山口寿一氏が経営戦略本部長に栄進。『清武叩き』のお手柄で次期社長の本命に浮上か」の記事は、初めて山口にフォーカスをあてたものだった。

〈山口氏は清武英利・読売巨人軍前専務取締役球団代表（61）を徹底的に叩く「清武シフト」の司令塔である。清武前球団代表が昨年一一月、渡邉主筆の「巨人軍私物化」を記者会見で告発して以来、読売グループが紙面と組織を挙げて前代表を追い詰めていることは周知の事実〉

〈それにしても、かつての社会部の同僚たちに清武前代表を攻撃させる読売の手法は「常軌を逸している」と批判を浴びている。清武前代表の携帯電話の通話記録やパソコン、宅配便の送り状などを調べて公表し、一方では、関係者の行動確認のためのチームを組織したと報じられている〉

〈本来、巨人軍の異常な契約金問題を追及したのに、資料流出問題と巧みにすり替えられた朝日新聞の反撃に加え、訴訟を乱発して追い詰めるやり方が、出版・雑誌業界から猛反発を受けている。読売の記者の間からも「あの記事は社内報で報ずるような内容だった。恥ずかしい」という声が上がっているのを、渡邉主筆はご存知だろうか〉

この記事が出た約四カ月後、読売新聞社会部の記者が、名刺をきってＦＡＣＴＡの持ち株会社の代表者のもとにやってきて、株主のこと、代表になっている理由などをあれこれ尋ねたということがあった。ＦＡＣＴＡの編集責任者だった阿部重夫は即座に、ブログ「最後から二番目の真実」にこの記者の名刺を晒したうえでこう書いた。

〈これって圧力？　どうみても、通常の取材とは考えられませんね。

社会部の○○××記者である（ブログでは実名）。かわいそうに。恥ずかしいだろうなあ。小生は満腔の同情を覚えます。
せっかく新聞記者になって、しかも読売のヒノキ舞台の社会部に所属して、まともな取材でなく、主筆のために嗅ぎまわる犬稼業とは。〉
これによってピタリと読売側からの調査は止んだと阿部は言う。

読売が、先の無署名記事の筆者が清武だと、把握したのは、阿部がこのブログを書いた後のことだった、と山口は私の取材に答えている。
読売がアントンピラ命令で入手したシンガポールの清武のコピーデータの中に、FACTAの読売についての無署名記事三本の元原稿とみられるものがあったのだ。
「『渡邉読売帝国』にハチの一刺し」（平成二四年五月号）
「読売が不毛な『出版妨害訴訟』」（平成二四年六月号）
「読売新聞に『小皇帝』登場」（平成二四年七月号）
最後の原稿の末尾にはこのような形でコメントが書き込まれていた。
〈以上です。上記はあくまでメモです。いずれは書かなければなりませんが、現段階では、清武さんとの訴訟沙汰で手柄をあげた山口氏が社長をしのぐような大権力を握り始めたことを指摘し、ナベツネの黒衣が「小皇帝」として表舞台に現れたことを……揶揄する程度でよろしいかと思います〉

読売はこれらアントンピラ命令で入手した資料を、清武がさも客観的立場を装って、無署名原稿で読売を攻撃していた証拠として裁判に提出した。清武は裁判の中で、これらの無署名記事を自分が書いたと認めることになる。

いずれにせよ、清武自身も実際に清武が戦っていたのは、山口であることを知ったうえでＦＡＣＴＡの記事を書いていたのである。

自分のことならまだ耐えられる

このようにして、山口は、清武との訴訟に勝利を収める。

清武の社用携帯電話の通話履歴、相手先の電話番号をＫＤＤＩに提出を求め入手、朝日新聞に移って契約金問題の取材班にいたかつての清武班市田隆といかに頻繁にやりとりをしたかも読売側は立証する。社内でも、清武軍団と言われた部下たちのみならず、かつて名古屋の社会部で部下として仕えた岩永直子にまでも事情聴取は及んだ。かつての清武班として仕えた元部下の何人かが、会社側にたった陳述書をだした。

こうした山口の「徹底性」は、裁判にとっては有利に働いたが、社内を萎縮させるのに充分だった。読売では社から支給された携帯を私用で使う人間はいなくなった。

新聞記者は紙面に載せるための記事を取材するために調査をするのであって、取材目的以外の調査をさせるのはおかしい、という批判も週刊誌上でされた。山口は、私の取材にこの批判は事実に反していたため、当時書面で厳重に抗議した、と答えている。実際その著者は単行本に収録する際、当該箇所を削除している。

アントンピラ命令によって、家を事情もわからないうちに捜索された裕美とその家族のうけたダメージは計り知れなかった。

裕美は裁判所に陳述書を出しているがそのことをこう訴えている。

〈(前略)

夫がシンガポールの私の自宅にやってきた3ケ月後の平成24年10月31〜11月1日の2日間にかけて、突然、シンガポールの私の自宅に読売新聞代理人弁護士の方々が踏み込んできて、寝室を含む家中を網羅的に探索され、私用パソコン内のデータを取り上げられ、プライベート用Eメールアドレスのパスワードまで開示させられ、さらには私自身が被告となって現地で裁判を提起されるという事態に陥りました。

これら一連の流れにより受けた私の精神的なダメージは著しく、ショックのあまり、その後何ケ月にもわたって後遺症に悩まされました。今思い出しても、本当に苦しい時期でした。また、私自身の権利を守るために現地の弁護士に対応を依頼しました。

(中略)

読売新聞社から提示された和解条件には、指示されたデータ等を私が消去・廃棄することの他に、読売グループが、私の自宅中を強制捜索して手に入れた資料を日本における夫と読売グループとの間の裁判手続で利用できるようにするために、〈公表制限の対象から解放することに承諾するという条項が盛り込まれていました。

（中略）

私の肉体的精神的な消耗は激しく、また経済的にも、それ以上裁判を続けることは困難でした。また、夫からも、君は読売グループとの紛争には何の関係もないのだから、早く楽になってほしいと言ってもらいました。

（中略）

私には読売新聞社の著作権等を侵害するおそれは一切ないにもかかわらず、シンガポールの弁護士費用が法外に高く一般私人ではとても支払継続が困難であることを利用して、先方にとって有利な条件を飲ませて和解を締結させようという読売グループの狙いに乗ることに対しては非常に悔しい気持ちもありましたが、もう限界でした。

（中略）

また、シンガポールにおけるアントンピラ命令では、裁判の内容を第三者に口外してはならないという条件がついており、違反した場合には法廷侮辱罪により実刑の可能性まであるとのことでしたから（乙64の1、乙64の2の「警告（f）」参照）、夫にすら相談することができず、心細い日々を送っていました〉

実際、裕美がアントンピラ命令の防御などすでに支払った弁護士費用だけで、四五五万円、とてもではないが、訴訟となれば個人がまかなえる金額ではなかった。

清武自身も、二〇一八年の岩永のインタビューにこう答えている。

「自分のことならまだ耐えられる。当時はフィアンセだった自分の妻ら家族にも影響が及んだのが一番苦しかった」

ちなみに裁判の帰趨を決するアントンピラ命令が認められた理屈はこうだ。

清武が業務用パソコンから裕美に送った運動部の長嶋のメモを使って、二人が出版を企画している。これは読売側の権利を侵害する。だから証拠保全の必要がある。

この読売の主張自体が、そもそもでっちあげだった、と清武はアントンピラ命令によって得られた証拠が提出された自身の裁判でうったえた。

実際、この長嶋メモ持ち出しについて、読売が複製権侵害を訴えた裁判では、地裁でも控訴審判決でも、そもそも長嶋のメモを裕美に送ったことで、読売側に複製権侵害による損害が起こったことはないと判断され、確定している。この判決では、清武に原稿の破棄と弁護士費用の支払いだけが命じられた。

「被告（清武）の本件各送信原稿についての複製権侵害の不法行為については、裕美に対し複製物が送信されたにとどまり、送信時点から4年が経過した口頭弁論終結時点においても、本件各送信原稿について更なる複製等による拡散等がされたものと認めるべき証拠もなく、その他原告（読売）の主張する機密情報漏洩等に基づく損害ないしその他無形の損害が発生したとする証拠は何ら存在せず、原告に無形損害が発生したこと自体が証拠上認められないものであるから、原告の主張はその前提を欠き、採用することができない」
（二〇一五年二月二七日　東京地裁判決）

二〇一六年まで続いた他の主要な裁判で、清武は全敗した。清武が内部資料を流出させたとされた朝日新聞の巨人軍の契約金報道も最高裁では、朝日の報道の一部に誤りを認め、三三〇万円の損害賠償がかせられた。
読売側に一矢《いっし》報いることになったのは、週刊文春の原監督一億円恐喝報道だけだった。

主要参考文献・証言者・取材協力者

南島信也、岩永直子、阿部重夫

「２０１２年10月30日の侵入調査命令の執行に関する監督弁護士　Justin Chan Yew Loong の報告」　シンガポール高等裁判所
Suresh　Divyanathan 宣誓供述書
「『志があれば負けはない』　久しぶりに再会した恩師が教えてくれたこと」　岩永直子

BuzzFeed　二〇一八年二月三日
「ペンは人を傷つけるという覚悟があるか？　元・読売の清武さんが語る記者論と組織論」岩永直子　BuzzFeed　二〇一八年二月五日
「海から吹く風・アジア人間交差点（3）」清武英利　読売新聞　二〇〇〇年八月一二日
「現代の肖像」　小北清人　ＡＥＲＡ　二〇一〇年一〇月一八日号
『黒田清　記者魂は死なず』有須和也　河出書房新社　二〇〇五年一二月
『会社がなぜ消滅したか　山一証券役員たちの背信』読売新聞社会部　新潮社　一九九九年一〇月
『豊田市トヨタ町一番地』　読売新聞特別取材班　新潮社　二〇〇三年四月
『会長はなぜ自殺したか　金融腐敗＝呪縛の検証』読売新聞社会部　新潮社　一九九八年九月
『会長はなぜ自殺したか　金融腐敗＝呪縛の検証』読売社会部清武班　七つ森書館　二〇一二年六月
『新聞が衰退するとき』黒田清　文藝春秋　一九八七年八月
『メディアの破壊者　読売新聞』清武英利、佐高信　七つ森書館　二〇一二年一〇月
『巨魁』清武英利　ＷＡＣ　二〇一二年三月
『Ｙの悲劇　独裁者が支配する巨大新聞社に未来はあるか』清武英利　魚住昭　講談社　二〇一二年一一月

週刊新潮　二〇一一年一一月二四日号
週刊朝日　二〇一一年一一月二五日号
朝日新聞　二〇一二年三月一五日、一六日

他に読売新聞で匿名で協力してくれた人がいることを記す。

清武と読売グループの裁判について、山口寿一は、裁判の資料収集のために社会部の記者を使ったことはない、と答えた以外は次のように応えている。
「すでに終結した事件であり、申し上げることはありません。
ただし、ご質問に『読売の社業にも大きな影響が出たと思います』とありますが、訴訟を行ったことによる影響はなかったと思います」

清武英利は、書面による取材申し込みに対して、「私は書き手なので、あなたが取材しつつあることを含め、自分で書くということです」と断ってきた。

清武裕美には、書面で直接取材を申し込んだが、清武弁護団の一人であった弁護士の大井倫太郎が「現在も裁判のことを思い出すだけで裕美さんはぶるぶると震えてしまう。そっとしておいてください」とやはり断ってきた。

第一六章　論難する相手を間違っている

無敵の読売グループ法務部に一矢むくいたのが週刊文春編集部の西崎伸彦を書き手とする取材班だった。西崎は、長い裁判闘争の中で、読売は論難する相手を間違えている、と考える。

清武が朝日や週刊文春に巨人軍の機密書類を流出させていることを立証する裁判と、朝日・週刊文春の報道を名誉棄損に問う裁判の両方に勝つことは、もともと無理な注文だった。

両者はその目的が互いに矛盾する。機密資料をメディアの側が入手しているのであれば、その報道は、真実性が高くなり、名誉棄損は成立しないということになる。

もともと、読売グループの法務部は、というより山口は、勝てない裁判はやらない、ということで業界から認識されていた。それを、わざわざ提訴したのは、清武が週刊文春の報道にからんでいると読売側がふんでいるからだ、と週刊文春の特派記者だった西崎伸彦は考えている。

「原一億円報道」の書き手となった西崎は、穏やかな男である。暴力団のからんだこの報道を潜行取材し、ものした週刊誌記者というと、どんなに一癖も二癖もあるような男かと思うが、拍子抜けするくらい、常識人で、静かな男だ。派手に自分を売り込んだり、フレームアップはしない。しかし、だからこそ、取材は確実でその筆致も正確かつ週刊誌のつぼを押さえた鋭角的なものになる。

編集プロダクションを振り出しに週刊ポストの記者をやり、週刊文春編集部に移籍してきたのは二〇〇六年のことだ。

週刊文春が変わる

その西崎が、週刊文春の体制がはっきりと変わったと感じたのは、二〇一二年四月に新谷学が編集長になってからのことだ。

それ以前の編集長の時代は、どんなに長くとも継続取材は二週間までしか許されなかった。それで記事を出していく。ところが、新谷が編集長になると、ネタがとれるまで会社にでなくていい、ずんぶんにやれという指示がくるようになったのだった。

そうした潜行取材だけをやる記者は編集部の中に多いわけではないが、少なくとも西崎は長期取材専門の記者になった。編集部が休みの水曜日にしか出社をせずに、他の日は、社外でひとつのネタを粘り強く追った。

それまでも調査報道に類することはやってきたが、これだけ時間と手間をかけるようになったのは、新谷が編集長になってからのことだ。

巨人の原監督が、つきあっていた女性のことで脅されていた、そうしたぼやっとした話は、以前から西崎は聞き込んでいて、その話をおいかけていたが、それが俄かに具体的になり、西崎を中心とした取材班が組まれたのは二〇一二年五月中旬のことである。

週刊文春は、「書き手」が中心になって取材をし、その脇の取材を複数の記者が固めるというスタイルをとる。「書き手」以外の取材記者は「足」と呼ばれる。このチームから取材報告をうけて「書き手」が相談する相手が「デスク」である。

文藝春秋の場合、デスクは社員だが、「書き手」は、西崎のような契約記者の場合も多かった。

取材班のキャップである「書き手」は西崎。「足」には暴力団取材に強い小堀鉄郎、有能な若手社員の村井弦がつくことになった。

この時、西崎は、清武英利と接触したり、資料を直接もらったりしたことはなかった、と西崎は私の取材に答えている。

資料が入手できたにしても、それをそのまま報道できるわけではない。それを活字にして報道するためには、地を這うような取材を積み重ねる必要があった。

この取材の場合、二〇〇六年当時、原が、女性の日記をシュレッダーにかけることとひきかえに一億円を支払った二人の「元暴力団員」と呼ばれる男たちの来歴、そして本当に暴力団員だったのか、を確認する必要がある。

事件を巨人軍が把握することになったのは、実際に原が一億円を支払った三年後に、その日記をそもそも所有していた山本正志（仮名・週刊文春誌上の仮名も同じ）という「元暴力団組長」が、巨人軍に対応を迫ったことがきっかけだった。この「元暴力団組長」の、来歴、どこの組なのか、そして本当に元暴力団組長だったのかも確認する必要がある。

原辰徳が恐喝されて一億円を支払う

話は、一九八八年当時、長男が誕生したばかりの巨人の原辰徳が、『T』という兵庫県芦屋市の巨人の常宿でアルバイトをする女性と「〝深い関係〟になり」、その女性の日記が、彼女と同居していた同僚女性から、山本正志という暴力団組長に渡ってしまったことに端を発する。その日記を、山本の舎弟だった暴力団員、Hが手にいれ、Kという元暴力団員とともに、原を恐喝し、一億円をせしめた、という話だった。

Kが原の携帯電話に突然電話をいれて、Hとともに原に会ったのは、時代がくだった二〇〇六年。広島戦のため熊本入りした原にホテルで面会し、日記のコピーを示しながら「表に出ないように私が解決するので、私に任せなさい。それには金がいる」と迫った。当時原は球団にも言わず、一億円を支払ってしまう。日記はシュレッダーにかけられた（第一の恐喝事件）。

この話が、蒸し返されることになるのは、さらに三年後の二〇〇九年四月に読売巨人軍に最初の日記の所有者である山本正志から電話が入り、その女性の日記を返してほしい、返してくれないなら騒ぎを大きくすると、通告し、山本の八カ月にも及ぶ球団への脅迫事件があったからだった（第二の恐喝事件）。山本は、球団事務所があるビルの近くの路上で、ガスボンベとガソリン缶を持参して、「爆弾を持っている。ここで腹を切ってやる」などと叫んだことから、威力業務妨害の現行犯で逮捕される。この刑事裁判では、原監督の名前はおろか、犯行の動機となった日記のことが話題にされることはなく、マスコミは勘づくことはなかった。

この二〇〇九年の恐喝事件で、当時の球団副代表原沢敦が原に事情聴取し、二〇〇六年当時、原が一億円を支払ってしまったことが球団内部でも共有されるが、そのことは、球団の代表取締役社長だった桃井恒和、球団代表だった清武、副代表だった原沢敦、巨人軍法務部次長でこの案件を担当した岡部匡志などごく一部の幹部のみの秘匿情報となっていた。

それが「清武の乱」後半年で、朝日新聞や週刊文春の知るところになったのだった。

西崎が取材をしていた当初、回る先々で、すでに朝日新聞の足跡があった。だから、朝日に先に報じられてしまうかもしれない、と思ったという。

ところが、朝日はこの時流出していた読売巨人軍の内部資料の中でも、契約金の問題につっこんでいくことになる。

取材は相手が暴力団関係者であることもあり、まず身体の危険があった。さらに、もう一方の相手が読売グループであるため、慎重に慎重を重ねる必要があった。

山口が指揮する読売グループの法務・広報の力は、業界に轟いており、週刊文春も、それまでにいくつもの報道を名誉棄損で提訴され、敗訴していた。

「反社会的勢力という認識はなかった」

西崎たちは、第二の恐喝事件を起こした山本の行方を探し、複数の暴力団関係者に取材をする一方、第一の恐喝事件を起こしたHとKの消息も追う。Hは、二〇〇七年九月に北海道で自動車事故死していたことがわかった。Kと一緒に水産関係の投資ビジネスをしていたことから、村井記者が、小樽、札幌、函館と移動して取材を進める。

六月七日には、小堀記者がKに直接取材をした。

日記を書いていた女性が働いていた旅館『T』への取材も細心の注意を払ったつもりだった。こちらの動きが読売グループ側にぬけないように。が、旅館『T』の元支配人に接触したことで、読売側は週刊文春の取材意図を把握し、手をうってくることになる。

二〇一二年六月一一日は月曜日だ。週刊文春の記事の〆切は火曜日の午前中。この月曜日に、東京地方裁判所から文藝春秋に連絡があり、読売巨人軍が週刊文春の記事広告の差し止めの仮処分申請をしていたことがわかった。その呼びだしだった。

週刊文春側は、まだ記事を掲載する予定はなかった。なかったが、読売側は、「直接の関係者へ取材を行なったあとは、直後に発行される週刊文春に記事を掲載する蓋然性が極めて高い」として、その広告を掲出しないことを求める仮処分を申し立てたのである。

話はかたまっているが、完璧ではない。その段階で機先を制するようにして差し止めを打ってくる読売グループの法務部、山口はあなどれないと西崎は、いまさらながらに思った。広告が差し止められてしまえば、記事を出すことはできなくなってしまう。

この日の申し立ては、その週の木曜日発売の号に記事を掲載する予定はないことを文春側が明言することによって、取り下げられた。

そして翌週。一八日の月曜日の午前一一時一〇分には巨人軍に宛てて質問状を西崎は送っている。その日の夕方には取材に応じるという連絡があった。読売側は同時に、再び、記事広告の差し止めの仮処分を申し立てている。

週刊文春編集部ではどのように取材をするか、デスクを交えた話しあいが行なわれた。方法としてひとつのことにつっこんでいくのがいいのか、それとも総花的にあてていく取材がいいのか。読売グループの法務部というのは他の企業には類をみないかみそりのような組織であるということがわかっていた。挑発をしないほうがいい、ということになる。淡々とあてるべき点をあてていき、話を引き出すという方針でいこうということになった。けして激昂するようなやりとりにしないことも申し合わせた。

西崎は、デスクの中村毅、小堀記者とともに、大手町野村ビルの球団事務所に赴いた。すでに時刻は二一時を回っていた。

読売巨人軍側で対応したのは、社長の桃井恒和、広報部長の鈴木伸彦、そして読売巨人軍の常勤監査役を兼ねていた山口寿一だった。

巨人軍の側は、原が金を支払ったことについては認めた。しかし、原監督も、巨人軍も金を支払ったKやH、第二の恐喝事件を起こした山本が「反社会的勢力」という認識はなかった、と主張。ここが読売側の絶対防衛線となっていた。

取材では冒頭からグループ本社の経営戦略本部長になったばかりの山口が主導した。

文春側は、山口の冒頭の説明が終ったあとで、即座にこう質問する。

「一億円を要求してきたK、Hは善良なる一市民という認識でいらっしゃるということでよろしいですか?」

これに対して山口は、こう答えた。

「恐喝する相手だから善良なる市民ということはありえないですよね。犯罪者ですよね」

「反社会的勢力にはいろいろな定義があると思うが、そういう認識ではない?」

「そうですね。反社会的勢力というのは我々の理解では、警察の情報を基準に判定されているんだと思う」

〇九年四月中旬に山本から電話があった翌朝には、警視庁に届け出を出して、三人の属性については調べた。「その結果三人ともに暴力団、あるいは暴力団の密接交際者、いわゆる暴力団関係者ではなかった」そう山口は主張した。

特に山本については、「山本正志という暴力団員は実在しているが、球団に電話をかけてきたり、球団事務所に押しかけてきたりしていた山本とは別人であった」とも答えていた。

西崎は、内心「えっ、そうくるのか」と思った。苦しいゆえの言い訳なのかもしれないが、正直動揺した。

しかし原が金を支払った経緯や第一の恐喝事件、第二の恐喝事件についてくわしく山口のほうから説明があったことで、記事を書ける、と思った。

球団側は、雑誌発売日前日の六月二〇日（水）にも記者会見を開き「原監督は被害者」「警視庁に聞いたところ三人とも反社会的勢力に属するものではなかった」と強調した。そして週刊文春の記事について「これは事実と異なる。原監督と球団の名誉を棄損するものでありますので損害賠償請求を速やかに起こす方針」とした。

このブリフィングも山口が主導した。

またこのブリフィングでは原監督の二つのメッセージが桃井によって代読された。ひとつは「ファンの皆様へ」で始まるもの。そしていまひとつは「清武さんへ」というメッセージだった。「この段階で清武さんへというメッセージを出されたことに若干奇異に思われるかもしれませんが、今回の週刊文春の報道に清武氏が絡んでいるということは、監督もそう思っているし、私たちもそう思っているということ」と集まった記者たちに桃井は断った。その原のメッセージは以下のとおり。

「清武さんへ。巨人軍の選手、OB、関係者を傷つける報道が相次いでいます。たくさんの暴露が行われ、巨人軍関係者を混乱させ、選手、OBを苦しませています。私は監督という立場で心を痛めてきました。こんなことがなぜ続くのか。清武さんのほかに、いったいだれがいるのか。（以下略）」

清武も渡邉恒雄とのやりとりを録音していたが、球団社長の桃井の側も清武とのやりとりを録音していた。その記録があるために山口は次のように発言している。

「清武氏は昨年一一月に独断の会見をやって解任までの間に、俺は原の弱みを握っているというほかに、原と刺し違える、俺の性格を知っているだろう、徹底的に仕返しするということを言っています」

つまりこの会見は、翌日発売される週刊文春の報道に対する反論の目的と清武に対する警告の二つの目的をもったものだった。

翌日の木曜日週刊文春が発売される。

「暴排キャンペーンのポスターにもなった〝若大将〟に何が……女性スキャンダルで恐喝　巨人軍原監督が元暴力団員に一億円払っていた！」

の大見出し。六ページの特集記事は、すぐにワイドショーのみならず、一般紙もおいかけた。朝日新聞は、週刊文春が報道することを広告等で察知し、これまで取材していたことを同日朝刊の紙面に出した。

雑誌が発売されて大騒ぎになっている木曜日には、西崎は、山本正志が暴力団組長とは別人という山口の回答をつぶすために、山本の実家をわりだしていた。四国にあるその実家がその日われると翌日には、小堀記者が現地に取材に飛んだ。親族に取材をし、たしかに暴力団組長である山本正志と同一人物だということが確認できた。

こうしたひとつひとつの取材が後の裁判で生きてくることになる。

そして六月二八日と三〇日には山本本人と面談での取材ができた。

この間、「えっと思うような」、巨人軍からの回答もあった。

それは六月二五日の巨人軍の広報部長鈴木伸彦からの書面による回答で、西崎らが、恐喝側と原監督側との間で誓約書を交わした事実に触れたのに対し、「恐喝側と原監督側との間で誓約書その他の書面を交わした事実は2005年に限らずまったくありません」と回答してきたのだった。西崎は「誓約書」の写しは持っていなかったが、大枠の話としては固いので大丈夫だと思っていたという。

それでも、雑誌がでる時というのはどの記事もそうだが、高揚感がありながら、でもどこかで枕を高くして眠れないというところがあった。完全をきしたつもりでいるが、どこか思わぬところに穴はないか、という不安だ。

西崎らは、その後も六月二八日発売の七月五日号、七月五日発売の七月一二日号と、この問題の報道を続けた。

読売巨人軍は、名誉棄損による三〇〇〇万円の損害賠償と謝罪広告を求めて、一二月一二日に文藝春秋を提訴した。

論難する相手を見誤っているのではないか

その後、最高裁が巨人軍側の上告を棄却し判決が確定するまで四年かかった裁判で、焦点となったのは、巨人軍が六月二〇日の記者会見で、原も球団も、恐喝してきた三人が「反社会的勢力だという認識はなかった」と主張したことを、週刊文春が二週目の報道で、「読売のウソ」という見出しで報道したことだった。

ここを読売側は「許せない」とした。

西崎は、ここでも粘り強くその後の取材を続け、山口がそもそも二〇〇〇年代前半からプロ野球界の暴力団排除運動を先頭をきってやってきたことを把握し、ある貴重な証人調書の記録を入手する。それは、中日ドラゴンズの私設応援団のメンバーが起こした訴訟で、山口自身が、証人として出廷をした時の記録だった。

ここで山口自身が、原告側の弁護士から反社会的勢力の定義について次のように聞かれていたのだった。

「『暴力、威力と詐欺的手法を駆使して経済的利益を追求する集団又は個人』、これを反社会的勢力と、犯罪対策閣僚会議の幹事会の申し合わせのところで定義付けされていますが、あなたの認識も同じだと聞いてよろしいですか」

山口は「大体そうですね」と答えている。

さらに、「属性要件に着目するとともに、暴力的な要求行為、法的な責任を超えた不当な要求といった行為要件にも注目することが重要である」という指摘についての認識も求められこれについても山口は「大体そうではないかと思います」と答えていた。

つまり、山口がかつて別の裁判で証言したことからすれば、そもそも原に一億円を要求し実際にせしめたKとHは、反社会的勢力であることは自明ではないか、ということだ。暴力団に関係することをちらつかせ、一億円という経済的利益を追求し、実際に要求しているのだから。

また、清武と読売巨人軍や渡邉恒雄との間で争われていた別の裁判で読売側が出した証拠の中に、二〇〇九年四月一四日に一億円恐喝事件について原辰徳に聴取をした際の内容を副代表の原沢から桃井と清武に報告するメールがあった。

そこにはこんな文章があったのだ。

「■さんは姉のところに間借りをしていた。姉の旦那だか彼氏だかが暴力団員だった。引越しか何かの時に姉かこの組員かどっちかが日記をみつけてびっくりして、組員がこれは金になると自分の親分のところに持っていった」

このメールのとおりの原辰徳の認識だったとすれば、当時から、恐喝する側は暴力団と関係していたと認識していたということになる。これを弁護士の今給黎《いまぎれ》泰弘《やすひろ》が地裁で閲覧をして見つけて写し取り報告書とし、文春側は証拠提出したのである。しかも、巨人軍法務部で担当した岡部の証人尋問の際に、隠し玉としてその場でつきつけて、後に証拠として出したのだった。

こうした証拠が積み重なった裁判の結果は、一審、二審ともに、読売巨人軍の完全な敗訴だった。

主文

一、原告の請求をいずれも棄却する。

二、訴訟費用は原告の負担とする。

判決では、三人それぞれの属性、そして読売巨人軍の認識について検討を加えていった。この中で読売巨人軍が三人を反社会的勢力に該当していると認識していると週刊文春側が信じたことについての真実相当性について裁判所は次のように述べている。

「反社会的勢力については、対象者の属性だけではなく、行為面をも考慮して判断されるのが通常であり、被告（文春）もこのような理解をしていたこと、原告（読売巨人軍）がプロ野球球団を運営し、暴力団排除を牽引してきた企業であることから、被告（文春）が、原告（読売巨人軍）の反社会的勢力該当性の判断も、上記のような通常の基準で行われていたと信じたことはやむを得ないというべきである。

なるほど、原告（読売巨人軍）は被告の取材に対し、警察当局から山本及びＨ（判決では実名）について暴力団としての登録がないことや、Ｋ（判決では実名）は約20

年前に暴力団員ではなくなっているとの情報を提供されたと説明しているが、これらの点のみで反社会的勢力該当性を判断することは一般的なものではないことにくわえ、被告（文春）が取材により山本らが反社会的勢力に該当すると判断すべき確度の高い情報を得、かつ本件恐喝事件におけるKの原監督に対する金銭要求の言辞を含め、原告（読売巨人軍）が同様の情報を有していると信じるについて相当の理由を有していたことからすれば、原告（読売巨人軍）の上記説明を受けていたとしてもなお、被告が、一般的な「反社会的勢力」の意味を前提として、原告（読売巨人軍）が山本らがこれに該当するとの認識を有していると信じたことには相当の理由があったというべきである」（傍点筆者）

山口は体をはってプロ野球の暴力団排除にとりくんできた。それを牽引してきた企業であるからこそ、「反社会的勢力」の判断は属性だけでなくその行為で判断してしかるべきだ、そう西崎らが信じたのも無理はない、と裁判所は言っているのである。

西崎は裁判所に証拠提出する陳述書を書く際に弁護士から「最後は自分の思いを書いていい」と言われていた。

西崎には「読売が論難しなくてはいけない相手を見誤っているのではないか」、という思いがあった。

それは選手や監督を守らなくてはならないだろう。しかし、それ以上に大事なのは、反社会的勢力に金を払ったというのならば、そのこと自体に対してしかるべき処置をして、こちらの取材に対応するというのが、言論機関としてはやらなくてはならないことなのではないか。

またこうした取材は、周辺の人に取材をかけると、「俺が文春にやらせたんだ」「とめるから金をだせ」という動きがでる危険性がある。そのことがあるからこそこれまでプロ野球界の暴力団排除運動を担ってきた山口に、まずはそこをわかってほしいという思いもあった。

西崎は自らの長い陳述書の終わりをこうしめている。

「本件の一連の記事は暴力団関係者なども取材対象となっており、取材そのものが危険を伴うものでもありました。記事が発売された後も、何らかの報復行為がある可能性も考慮していました。そうした危険があるにもかかわらず、どうしても報道すべきだとの強い信念を持ち続けたのは、二〇一一年一〇月の全国的な暴力団排除条例の施行以降、暴力団の脅迫的な行為について警察当局も徹底した取り締まりを行なっていることと無縁ではありませんでした。

暴力団を恐れない、暴力団に金を出さないというのは、暴力団対策の鉄則と言って過言ではありません。そうしたなかで、野球ファンの絶大な支持を受ける読売巨人軍の人気監督が暴力団関係者の恐喝に屈して一億円もの多額のお金を支払っていたことは、決して看過できる問題ではありません。

社会的な意義、公益性に照らしても、報道に値すべき事案であることは明らかです。そのことは球界における暴力団追放に積極的に取り組んで来られた読売巨人軍、さらには報道機関である読売新聞であれば、当然理解頂けるものだと思います」

西崎は山口の初期の暴力団排除の運動の取り組みに対して敬意を払っていた。自分が今回、この球界と暴力団が交わるきわどい世界の取材をし、実際に身の危険も感じたからこそ、初期にこの問題に取り組んだ山口に一目おいたのだ。

西崎は、後に、原監督一億円恐喝事件など巨人をめぐる様々なトラブルについて『巨人軍「闇」の深層』という本を書くが、山口のこの初期の活動については敬意を持って丁寧に記している。

主要参考文献・証言者・取材協力者

西崎伸彦、今給黎泰弘

『巨人軍「闇」の深層』西崎伸彦　文春新書　二〇一六年八月

第一七章　ニューヨーク・タイムズの衝撃

二〇〇八年日本を訪れたタイムズの調査報道記者が放った「新聞は死んでいる」の言葉から六年。社内有志の調査「イノベーション・レポート」が世界の新聞社に衝撃を与える。

アメリカの新聞は日本の新聞よりも一〇年早く危機が訪れていた。と、いうのは、米国の新聞は、その収入の約八割が広告収入に依存していたからだった。

アメリカの新聞の場合、全国紙というのはUSAトゥデイ一紙しかなく、後は、基本的に地方紙だったから、広告の多くは、ナショナル・スポンサーではなく地域の不動産広告や求人広告、といったクラシファイド・アド（Classified Ad）と呼ばれるものだった。

このクラシファイド・アドが、インターネットによって大打撃をうけたのだった。ネット上に地域の様々な情報を交換するクレイグリストというサービスが一九九五年に登場し、紙の新聞のクラシファイド・アドの市場を根こそぎ奪っていったのだった。

ここに、二〇〇八年九月からのリーマン・ショックがおいうちをかけた。

二〇〇四年から二〇一八年にかけてアメリカでは、一八〇〇の新聞（日刊、週刊あわせての数字）が姿を消した。一五年間で新聞全体が失った部数は、一億二二〇〇万部から七三〇〇万部なので実に四九〇〇万部。

「Newspaper is dead!」

ニューヨーク・タイムズも例外ではなかった。

単行本の編集者をしていた私は、二〇〇八年一一月に『ＣＩＡ秘録』で全米図書賞を受賞したニューヨーク・タイムズの調査報道記者ティム・ワイナーを、日本に招聘しているが、この時、ワイナーが吐き捨てるようにして言った言葉が忘れられない。

「Newspaper is dead!」

投資銀行リーマン・ブラザーズの破綻から始まった世界的経済危機は、サブプライム・ローンという低所得者も住宅購入ができるローンを小口化、合成した金融商品の暴落に端を発する危機だったので米国で特に深刻だった。

ニューヨーク・タイムズから広告の引き上げが続き、売上は激減した。リーマン・ショック前の二〇〇八年には一九億一六〇〇万ドルあった売上の四分の一が蒸発、二〇〇九年には売上が、一五億八〇〇〇万ドルまで下がってしまう。株価は五ドルといった水準まで下がった。

こうした急激な売上減の中、資金もショートしかかる。一億ドルの負債が返せない状態に陥った。文字通り倒産の危機だった。

普通の金融機関は融資をしてくれず、タイムズはメキシコの大富豪カルロス・スリムに助けをもとめた。スリムはタイムズの株を六・四パーセント取得し、さらに二億五〇〇〇万ドルを緊急融資、その担保としてワラントを獲得した。このワラントは株券に転化できる。

このようにして、タイムズは当面の危機をのりきったのだが、新聞自体の危機は構造的なものだった。紙の定期刊行物に、人々はお金をださなくなっていたのだった。

アメリカでは、アイフォンの発売は、日本より一年早く二〇〇七年六月から始まっており、スマートフォンは日本以上に広がっていた。

こうしたなか、ニューヨーク・タイムズは、ようやく有料デジタル版の開発へ重い腰をあげる。タイムズは、インターネットが始まって以来、長く無料広告モデルで、タイムズの記事をただで外に出しているという過ちを日本の新聞社と同様におかしていた。

このようにして、タイムズで有料電子版が始まったのが、ウォール・ストリート・ジャーナルに遅れること一五年、日本経済新聞に遅れること一年の二〇一一年三月のことだ。

日曜版の一面にとらわれる

が、有料電子版を始めても、ニューヨーク・タイムズはイノベーターのジレンマにとらわれたままだった。

なにしろ、ニューヨーク・タイムズでは、二〇〇七年まで紙とデジタルの部局が別々のビルにあったのだ。

記者や編集者は、朝刊に記事を載せること、特に日曜版の一面に記事を載せることが何よりもの栄誉とされていた。米国の新聞は日曜日にはページが増え、このサンデー版だけとる読者も多かったので、部数が平日の倍以上あるためだ。

午前一〇時の編集会議から、午後四時三〇分の割り付け決定まで、紙の新聞の一面に何をもっていくかで会社は回っていた。ワシントン支局では、どの六本が一面に行ったかを全員に報せる一斉メールがあった。

有料デジタル版のために、優秀なエンジニアを雇ったが、すぐに辞めてしまい、彼、彼女らは、バズフィードやフェイスブックなど新興ネットメディアに転職するか、独立して起業するかしてしまっていた。

こうしたデジタル部門のエンジニアたちの不満は、タイムズが紙中心の組織であり、技術の進歩をうけいれることを拒否しているように感じたことだった。例えば、編集スタッフのランチミーティングに参加したいというエンジニアらのリクエストが拒絶されたこともあった。この後、エンジニアの一人はタイムズを辞めている。

編集局の編集者や記者は、エンジニアを、保守点検の人といった意識でしか見ていなかった。

つまり、会社全体が、紙の新聞を毎日出すためにまわっており、有料デジタル版を始めても、それは別物、端っこの事業という意識しかなかった。

最大の問題は、デジタル部門で働く人々の将来のキャリアパスがないということだった。彼、彼女らは自分たちの技術が過小評価されているか誤解されていると感じていた。人事を決める管理職のレベルには、もともと編集局で紙の新聞をつくってきた人材がほとんどでデジタルのよくわかった人間がいなかった。

これは、日本の新聞社でもまったく同じことだった。

ヤフーの宮坂学が二〇〇〇年代の半ばに、社内のYMN定例会議で、「自分たちが仕事をしているデジタル部門の現場の人たちをその社内で出世させるようにしよう」と繰り返し言っていたのは、裏返せば、結局そうしたデジタル部門の人々と話をまとめても、編集局のよこやりが入ってチャラになるケースが多かったからだ。そもそもデジタル部門の人間は、その場で決めることができず必ず「持ち帰る」と言うのだった。

組織の中でデジタル部門が傍流であるかぎり、それを専門にやる新興企業に太刀打ちはできない。それがニューヨーク・タイムズで起こっていることであり、日経以外の日本の新聞社で起こっていることでもあった。

バズフィードやハフィントンポストといった紙を持たない新興ウエブメディアの勃興を焦りをもって見る社内の人間もいた。が、それは大勢にならず、有料デジタル版の契約者数も伸びず、タイムズ社内には鬱屈とした空気がたまっていた。

こうした中、危機感を持った社内の有志が、二〇一三年に「タイムズの何が間違っているのか」を調査する非公式の調査チームを立ち上げる。

非公式というのは、マストヘッドと呼ばれる発行人や編集局長などが了解した社の公認のものではないという意味だ。

このチームは、総勢一〇名。デザイナーが一人いる以外は、全員が記者出身者だったが、このうちの一人に当時市内版の編集次長のアーサー・グレッグ・サルツバーガーがいたことが重要だった。発行人であるアーサー・オックス・サルツバーガーの息子だ。当時まだ三四歳だったが、父親は数年で引退すると見られておりタイムズ王国を継ぐことが確実視されていた。

「タイムズ・イノベーション・レポート」という九六ページにおよぶ調査レポートは半年間の調査期間で社内外五〇〇人以上を取材して書かれた。

この二〇一四年三月二四日付けの調査レポートは社内かぎりのはずだった。が、それがバズフィードにリークされ公になるのである。

メディア史上の最重要文書

「ニューヨーク・タイムズはジャーナリズムにおいては勝っている。（中略）しかし、そのジャーナリズムを読者に届けるという大事な分野で、競争相手の後塵を拝している」

という言葉で始まる「タイムズ・イノベーション・レポート」をニーマン財団のジョシュア・ベントンは、「メディア史上の最重要文書」と評している。

これは様々な意味で報道に携わる全ての人々にとってショッキングな文書であった。

レポートには、左のような図が大きく掲げられていた。

「まず最初にこのことをはっきりとさせておきたい。編集部門と業務部門は干渉しない、というこれまでの信条は、捨てなくてはならない」

それまで、ニューヨーク・タイムズでは、編集局に広告や営業といったビジネスサイドの人間が立ち入ることはタブーとされていた（物理的にもだ）。これまで編集とビジネスサイドの間には、ファイアーウォールが設けられ、干渉しないことがタイムズの報道の質を保証しているのだとされてきた。この編集とビジネスを隔てる壁を「Church and State」とも表現した。つまり国教分離だ。

政府のベトナム戦争の秘密調査報告書を入手して、一九七一年に報道、合衆国政府から差し止めの仮処分をうけ、最高裁で戦っても報道を続けた（ペンタゴン・ペーパーズ報道）タイムズの名声は、編集局は不可侵ということから来ているとされていた。

ところが、レポートでは、それが間違いだと指摘しているのだ。

レポートでは、紙の新聞を毎朝だすということのために社が回っており、その結果デジタルが軽視され、競争他社に負けつつある状況を具体的に記したうえで、編集局は、ビジネスサイドと協力のうえに、デジタルの読者にいかに届くか様々な方法を考えなく

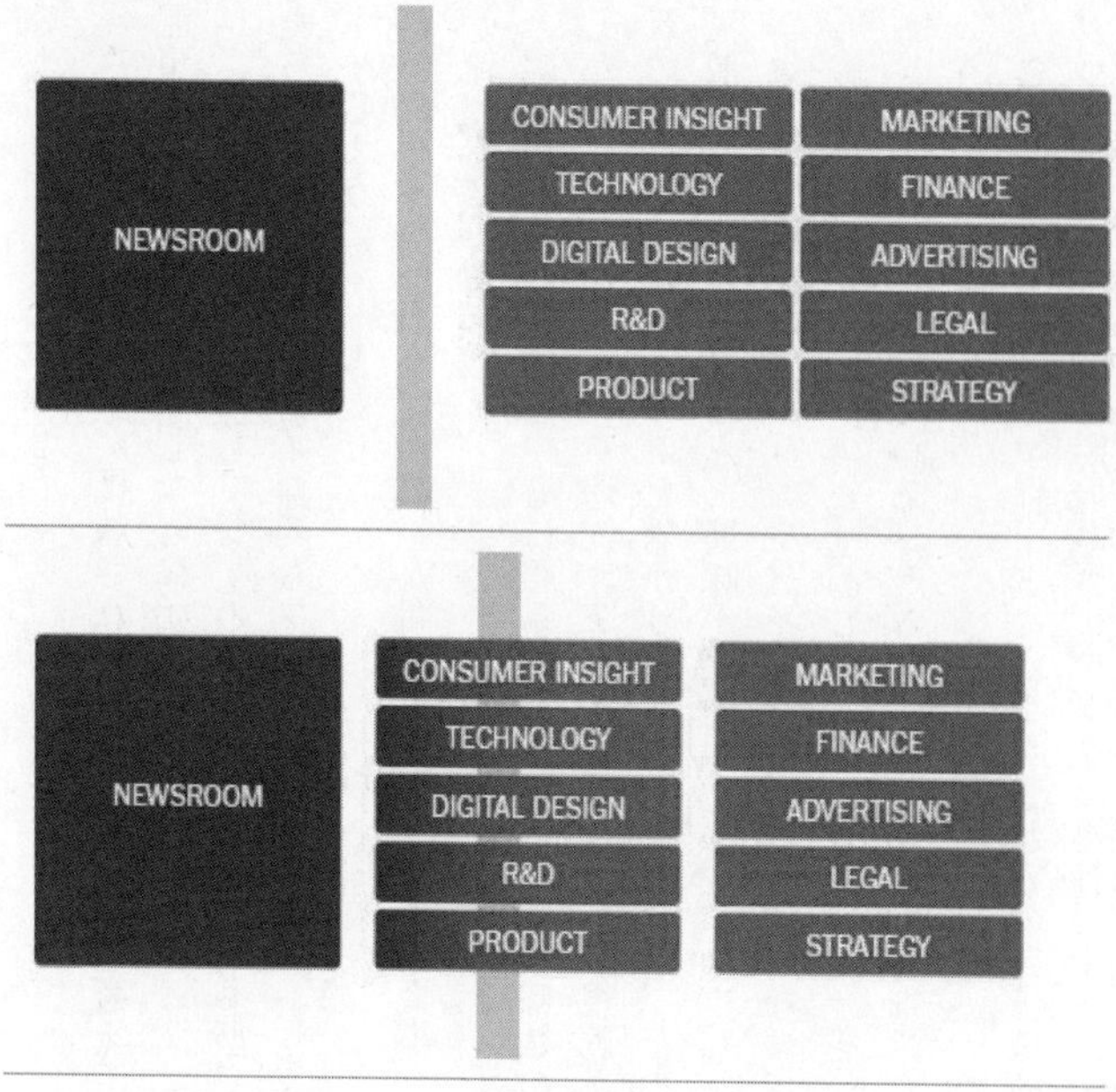
NEWSROOM
CONSUMER INSIGHT
MARKETING
TECHNOLOGY
FINANCE
DIGITAL DESIGN
ADVERTISING
R&D
LEGAL
PRODUCT
STRATEGY
NEWSROOM
CONSUMER INSIGHT
MARKETING
TECHNOLOGY
FINANCE
DIGITAL DESIGN
ADVERTISING
R&D
LEGAL
PRODUCT
STRATEGY

タイムズ・イノベーション・レポートより引用

てはならないとしていた。

「タイムズでは、記事が掲載された時仕事が終ると考える。ハフィントンポストでは、記事がウエブにアップした時に始まると考える」

「ニュースはブラウズして探すのではない、プッシュ型で送られてくるものだと若い人たちは感じている。タイムズもフォローボタンをつくり、興味のあるニュースをフィードするようにすべきだ」

「デジタルをわかっていない人間がデジタル部門の人事をしているために、優秀な人材が流出している」

「編集局が紙の新聞を中心に組み立てられている。部数の多い日曜版に記事を載せることが第一義になっているが、オンラインでは週末は視聴されない。デスクたちはそれぞれのセクションの面のことばかりにしゃかりきだが、その記事をソーシャルメディアで拡散することにはほとんど興味がない」

「コメント欄がアイフォンやアイパッドでは有効になっていない」

厳しい指摘が次々に続くこのレポートの主眼は、「紙の新聞を出していた新聞社」から「紙の新聞も出しているメディア企業」に変わらなければタイムズの未来はない、というものだった。

このレポートがバズフィードにリークされるのとほぼ同時に、女性の編集局長だったジル・アブラムソンは解雇され、デジタルを社の中心にする機構改革が社内で始まるのである。

朝日新聞にも勉強会が立ち上がる

この「イノベーション・レポート」は日本でも、デジタルを重視しなければ未来はないと考えていた一部の新聞人にも衝撃をもって読まれることになる。

朝日新聞ではデジタル編集委員だった藤谷健がバズフィードでこのレポートのことを読んだ。

レポートを読み進むにつれて、いてもたってもいられない気持ちになった。ニューヨーク・タイムズですらもこうなのだ。大変なことがおこっている。

わが社も発想の転換をしないとだめだ。変化の波が足元までひたひた押し寄せてきているのに、みんなはまだ紙にこだわっている。だからネットでの炎上などに過剰反応するし、アレルギーを持っている。

〆切は意味がない。記事は出してからが仕事、そうしたレポートのひとつひとつが心に響いた。

朝日新聞は日本経済新聞に遅れること一年、二〇一一年五月に有料デジタル版を始めていたが、苦戦していた。二〇一二年にソーシャルメディアエディターというポストを作って、SNSの発信を始め、二〇一三年五月には、バンコク特派員だった藤谷が四人いるデジタル編集委員の一人になった。SNSを使って朝日のコンテンツを発信するというのが役目だ。こうした朝日のサイトに来てもらい、有料のデジタル版を契約してもらうというのが最終的な狙いだった。

が、協力を求めても、編集局の記者たちは、紙のことを第一に考えなかなか情報を共有しようとしなかった。

「イノベーション・レポート」で指摘されていた、「この先断崖絶壁のように落ちていく紙の市場にこだわってデジタル対応できていない」状態は、まさに自社のことだった。

藤谷はこの「イノベーション・レポート」を使った社内の勉強会を立ち上げる。有志の勉強会だったが、この勉強会が核になり、後にデジタルと紙の統合編集局をめざす「二〇二〇年の姿」事務局が社内に立ち上がることになる。

実は、この藤谷が「イノベーション・レポート」を読んだ四カ月後の二〇一四年八月五日に、朝日は、これまでの従軍慰安婦報道の誤りを認める検証記事を掲載した。さらに福島第一原発事故の際、作業員が所長の吉田昌郎の命令に反して撤退した、と吉田の調書を入手したとして報じた五月の記事も誤報だったことがわかる。社長が退陣、部数にも大影響が出た深刻な事件となるが、それはまた別の話、別の機会にすることにしよう。

宅配で経営が安定？

読売新聞はどうだったのだろうか。本紙の記事を読むかぎり、ニューヨーク・タイム

ニューヨーク・タイムズ社における広告料収入と購読料収入の推移

（ニューヨーク・タイムズ アニュアルレポートより下山が作成）

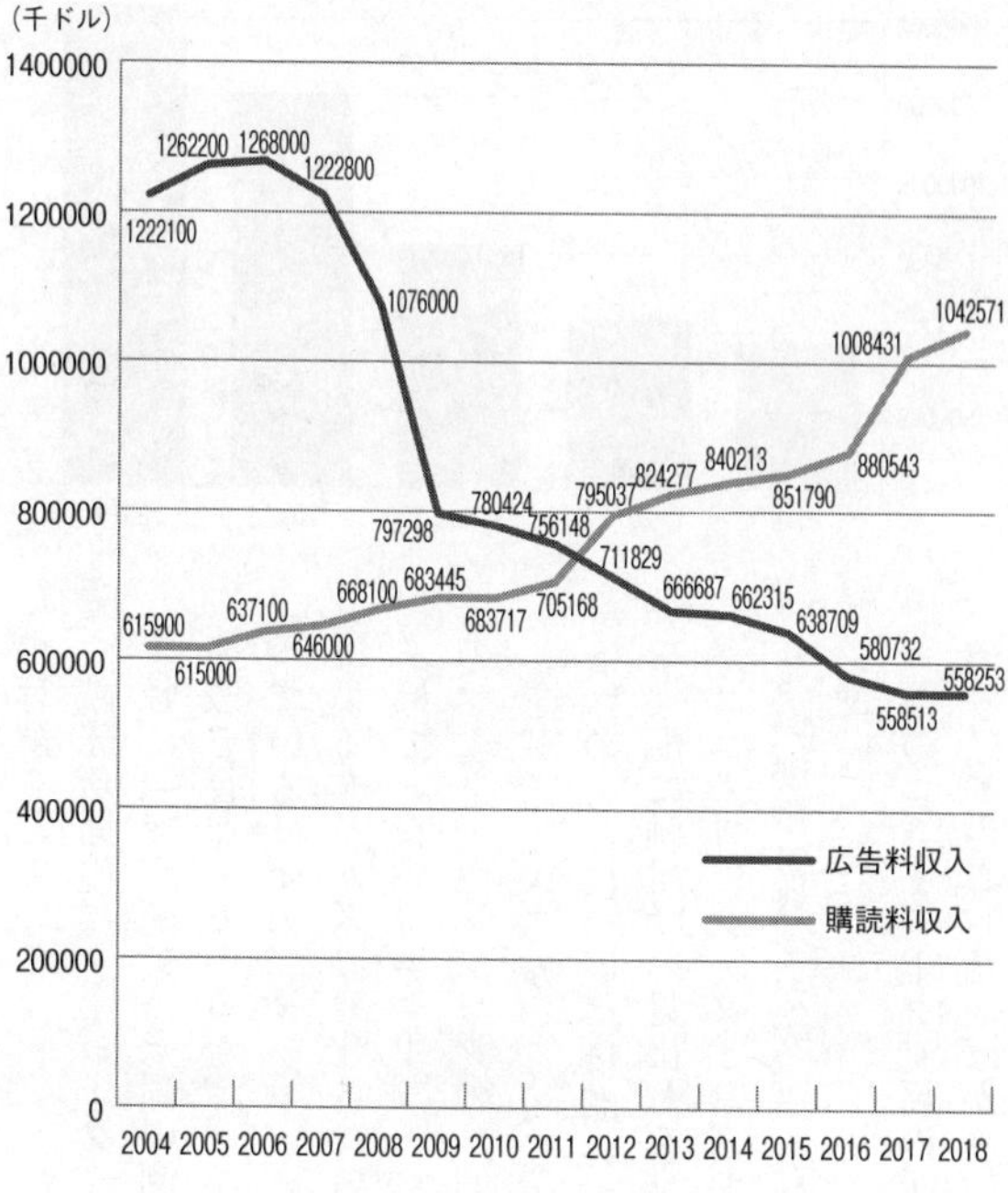

ニューヨーク・タイムズの有料デジタル購読者数の推移

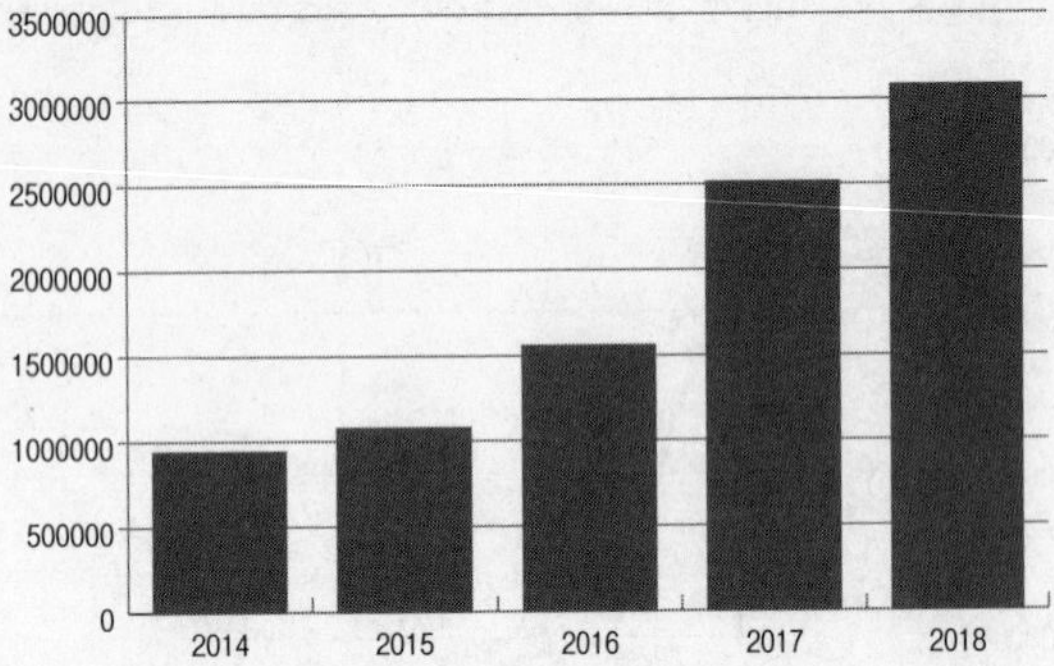

ズについて「イノベーション・レポート」と逆の理解をしている。

読売新聞のニューヨーク支局が、二〇一五年六月に「メディア　米国の潮流」という三回の連載を行なっているが、一年前に出て話題になっているはずの「イノベーション・レポート」によるタイムズの変化についてはまったくとりあげていない。ニューヨーク・タイムズCEOのマーク・トンプソンの一問一答のインタビューを載せているが、「イノベーション・レポート」のことについては聞いておらず、「広告から宅配に軸足」と見出しをうち、むしろ逆に、〝(ニューヨーク・タイムズが)宅配制度を強化し、(中略)経営が安定した〟と強調する記事を書いていた。

このニューヨーク支局の記事をうけて、渡邉恒雄は、得心したとばかりに、七月の読売の販売店の会合でこう発言している。

ニューヨーク・タイムズ社の売上推移（単位千ドル）

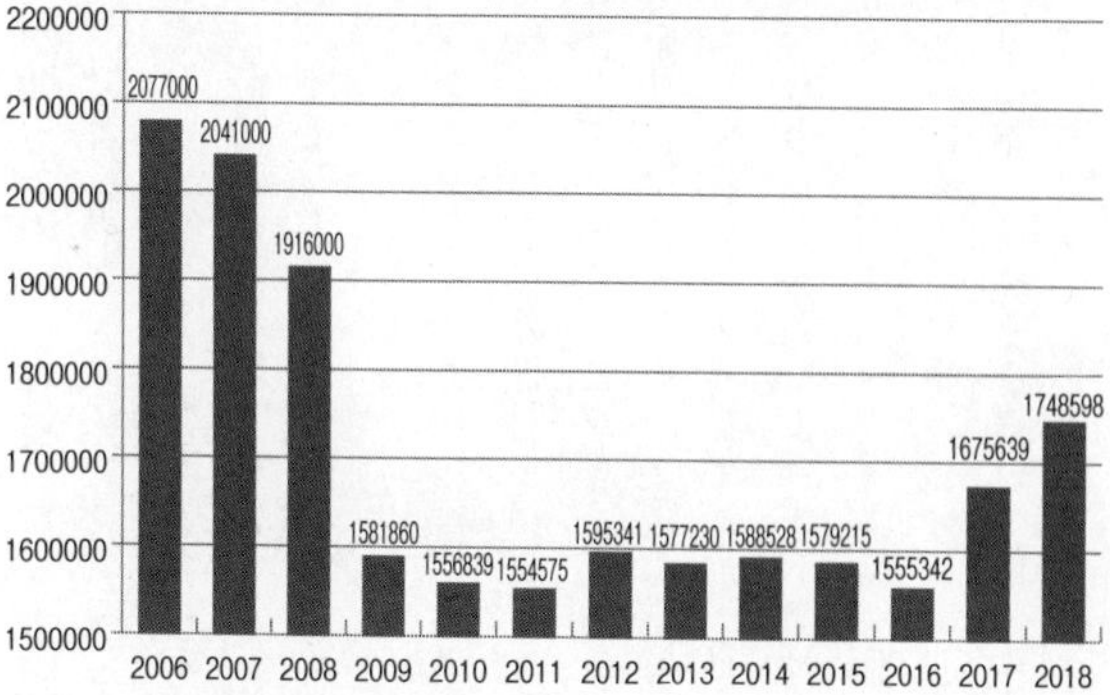

「ほとんど宅配のないアメリカで、新聞社が宅配を強化するなどということは私としては想像もつかないことでありました。結局は日本の新聞社に学び、宅配の強化ということにニューヨーク・タイムズもなったのであろうと思われます」

だが、ニューヨーク・タイムズの経営が安定したのは、宅配制度を強化したからではない。ニューヨーク・タイムズの有料デジタル版は二〇一五年には一〇〇万の契約者数を超え、二〇一六年には一五〇万、二〇一七年には二五〇万、そして二〇一八年には三〇〇万を超えるまでになるのである。この間、紙の新聞の部数は減り続けている。二〇〇九年には一〇〇万部近くあった紙の部数（平日）は、二〇一七年には半分ちかくの五四万部まで減っている。

渡邉はこの販売店の会合で、八割が広告収入だったニューヨーク・タイムズが、宅配制度の強化により、購読料収入が増えて六割を占めるようになった、と言っているが、購読料収入が増えたのは、有料デジタル版の読者が増えたからで、紙の読者が増えたつまり「宅配制度の強化」によるものではない。

319ページのグラフを見ればわかるように、デジタル版の購読者数が増えた二〇一七年以降は、購読料収入の占める割合は、さらに大きくなり、二〇一八年度の比較では、六五パーセントを購読料収入が占めるようになっている。

デジタル版を成功させた日本経済新聞とニューヨーク・タイムズの売上の推移はよく似ている。日本の新聞社では読売や朝日が一〇〇〇億円近い売上をリーマン・ショック後に落としているが、紙の落ち込みをデジタル版の伸長でカバーした日本経済新聞だけは、売上をリーマン・ショック後も維持していることはすでに書いた。

ニューヨーク・タイムズも同じで、「タイムズ・イノベーション・レポート」の後の血の滲むような努力によって、会社全体を、紙の新聞を出していた組織から、デジタル空間でニューヨーク・タイムズの価値をわかってもらい、有料デジタル版を契約してもらう組織に変えた結果、ロサンゼルス・タイムズやシカゴ・トリビューンなどの新聞が身売りに継ぐ身売りを続けている中で、売上を維持するどころか、二〇一七年からは反転してV字回復し、タイムズのジャーナリズムを追求しつづけることが可能になっているのだ。

朝日新聞　日本経済新聞 単体の売上の推移の比較　(単位億円)

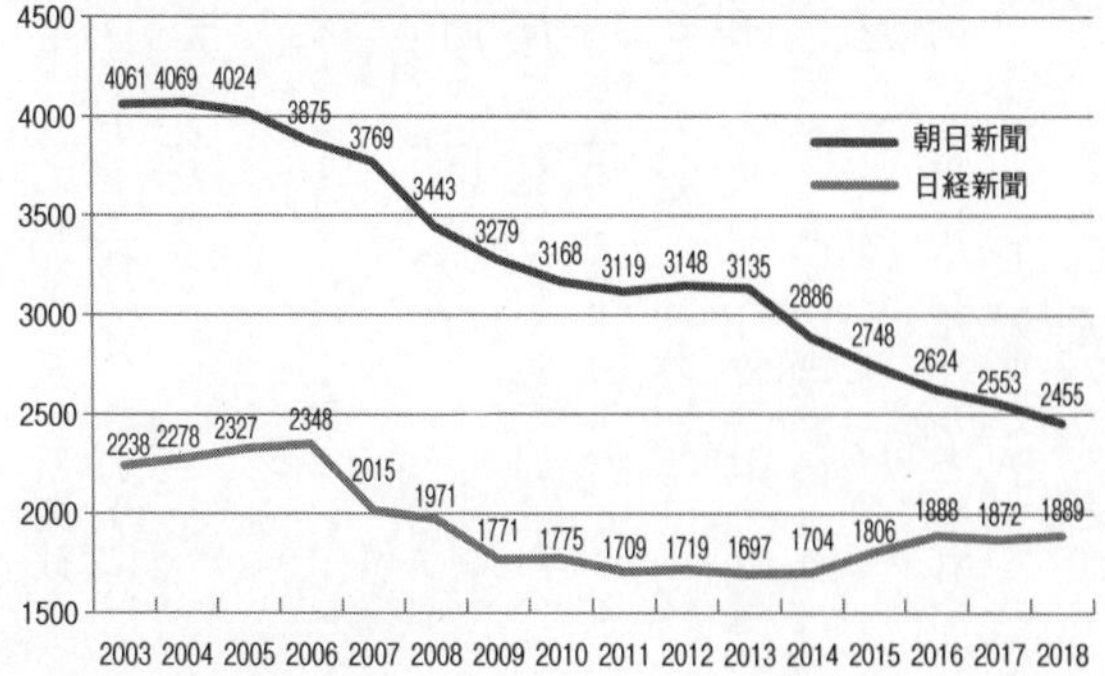

読売新聞社　基幹6社売上の推移 (単位億円)

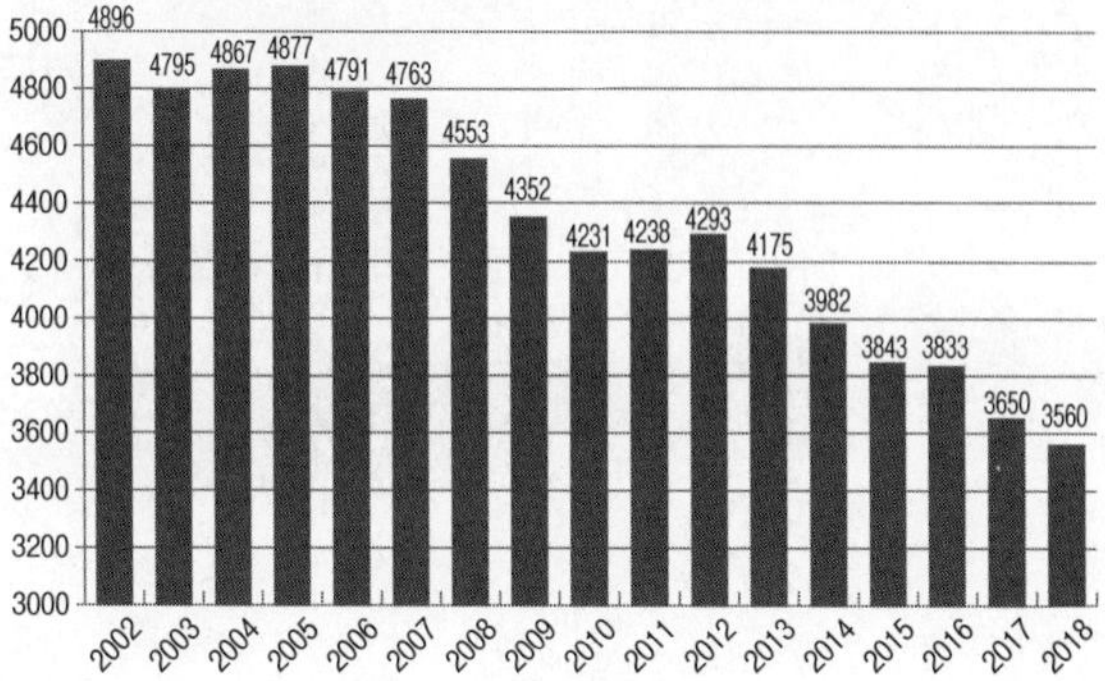

もし、あの二〇一四年に、「イノベーション・レポート」が書いたように、デジタルを中心とした組織に紙の新聞社をつくりかえられなければ、この章の冒頭で記したティム・ワイナーが警告したように、ニューヨーク・タイムズのジャーナリズムはその死を迎えたことだろう。

「タイムズ・イノベーション・レポート」の調査をリードしたアーサー・グレッグ・サルツバーガーは、二〇一六年一〇月、副発行人に指名され、発行人の父親の跡をつぐことが明らかになった。

今度は、発行人や編集局長ら公認の調査が行なわれ、それは二〇一七年一月に公表される。七人のニューヨーク・タイムズの記者が調査したレポート「The Report of 2020 Group」には編集局長のディーン・バケットと編集局次長のジョー・カーンのメモがつけられ、今度はリークされる必要のない公式なものという体裁をとっていた。

そこでタイムズの戦略はよりはっきりと、「我々は、有料購読第一のビジネスの上になりたっている」とされた。

二〇一四年にライバルとされたバズフィードやハフィントンポストには苦境が訪れていた。無料広告モデルでやっていくかぎり、フェイスブックやグーグルに広告をとられ、たちゆかなくなっていくことがはっきりとしてきたためだ。

二〇一四年の時点では、まだ無料広告時代のページヴュー増にこだわっていたタイムズが今度は自信をもってこう書いている。

「ページヴューに囚われるな。購読者数を増やすのが目的だ」

「The Report of 2020 Group」が発表された二〇一七年はトランプ政権が誕生した年でもあった。

ニューヨーク・タイムズとワシントン・ポストは、ともにデジタル有料版を核としながら、ロシアによる大統領選挙干渉などトランプ政権と対峙する激しい報道を展開した。

またタイムズはこの二〇一七年にセクハラに関する三つの重要な調査報道を行なっている。ひとつはフォックスニュースのアンカー、ビル・オライリーのセクハラ（調査期間八カ月）。一三〇〇万ドルが口止めのために女性たちに支払われたことを暴露。オライリーはこれで職を追われた。次がシリコンバレーの複数のベンチャーキャピタリストのセクハラ（一カ月の調査期間）。そして一〇月五日に最初の記事がでたハリウッドの実力派プロデューサー、ハーヴェイ・ワインスタインの三〇年以上にわたるセクハラとそのもみけしの告発だ（二人の女性記者が四カ月かけた）。

どれもかつてのタイムズだったらばやらなかったような攻撃的報道だった。しかも、これらの報道はかつてのような日曜版の一回きりの調査報道ではない。ワインスタインの件でいえば、被害にあった女性がオプエド欄で執筆するなど、様々な角度から繰り返し、この話題をとりあげた。その結果、社会現象となって、MeToo ムーブメントが起きた。SNS等を使って積極的に拡散させ、それをつたってタイムズのホームページに来た読者は、有料版の購読の手続きをするのだった。

こうした話題をよぶ調査報道で読者をひきつけ、いったん有料読者になれば、関連の過去記事のアーカイブで特集を組んだりと、解約せずに、タイムズの有料版が習慣となるよう様々な工夫がこらされた。

その結果、二〇一七年、一年だけで、デジタル版の有料購読者数は、一五〇万から二五〇万へ一〇〇万も増えたのである。

ニューヨーク・タイムズのアニュアルレポートから、社全体に占めるデジタルの収入の割合の推移をおってみると、タイムズが、新聞も出しているメディア企業になりつつあることがよくわかる。

327ページのチャートは、ハーバード大学のニーマンジャーナリズムラボのディレクターであるジョシュア・ベントンが、アニュアルレポートから抜き出したデジタルのシェアの推移だ。「イノベーション・レポート」が書かれた二〇一四年には全社の二七・五パーセントの割合をしめていたデジタルの収入は二〇一八年には約倍の四六・二パーセントになった。

ニューヨーク・タイムズは、デジタル購読者の増加によって増えた収入を、報道に投資している。二〇一八年には一二〇名の編集者・記者を新規採用し、タイムズの報道陣の数は総計で一六〇〇名、タイムズの歴史の中でもっとも多い陣容となった。

ニューヨーク・タイムズ社、収入に占めるデジタルの割合の推移

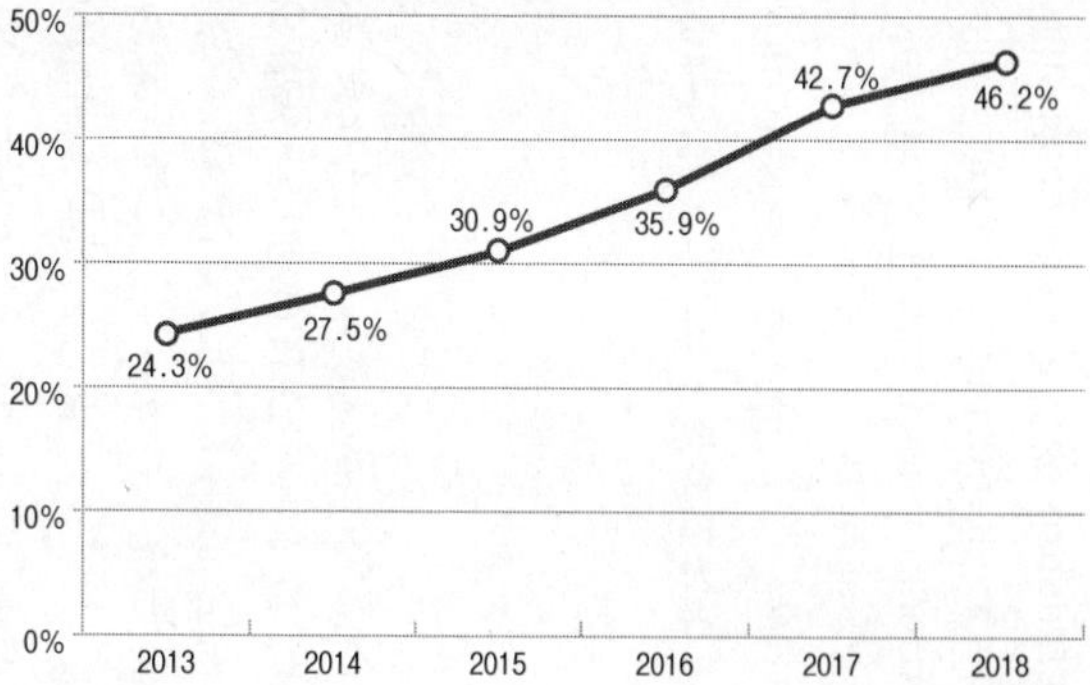

タイムズの記者の働き方は、紙が中心だったかつてとはまったく違う。トランプ政権誕生後の一〇〇日間をタイムズのワシントン支局にカメラをいれてつくった『ニューヨーク・タイムズの一〇〇日間』というドキュメンタリーがあるが、それを観ると、トランプからかかってきた電話をうけたワシントン支局の記者が、電話をきると、トランプのコメントを、すぐにツイートをする様が映されている。記事も翌日の朝刊に出すのではない、すでにあらましを書いており、トランプのコメントをいれてすぐにデジタル版に出稿をする。

そこには、かつて朝刊の一面にどの六本が選ばれたかを一斉メールで報せていたワシントン支局の姿はもうない。

二〇一八年一月には、アーサー・グレッグ・

サルツバーガーがついに父親の跡をつぎ発行人となる。その年の一〇月には朝日新聞の招きで日本を訪れた。

この時、私は、アーサー・グレッグ・サルツバーガーに会っている。パーティーの中の短かな会話だったが、二〇一四年の「イノベーション・レポート」から二〇一七年の「The Report of 2020 Group」にいたる道筋を、デジタル無料広告モデルから、デジタル有料版モデルへはっきりと戦略をしぼっていった過程として、静かに語ってくれた。

主要参考文献・証言者・取材協力者

Tim Weiner、藤谷健

New York Times Annual reports
The Times Innovation Report, March 24, 2014
The Report of the 2020 Group, January 2017
The New York Times Co. Reports $709 Million in Digital Revenue for 2018, Jaclyn Peiser, The New York Times, Feb. 6, 2019

The leaked New York Times Innovation Report is one of the key documents of this media age by Joshua Benton, Nieman Foundation, May 15, 2014

The New York Times is getting close to becoming a majority-digital company by Joshua Benton, Nieman Foundation, Feb. 6, 2019

Merchants of Truth , Jill Abramson, Bodley Head , 2019

「メディア 米国の潮流」読売新聞 二〇一五年六月四日、五日、六日、九日　朝刊

日本経済新聞社　有価証券報告書

朝日新聞　有価証券報告書

読売新聞社報

読売新聞グループ本社社長室広報部発表資料

第一八章　両腕の経営は可能か？

販売店網を維持しながら、デジタルを追求するということは可能だろうか。社長室長が推進した「読売タブレット」はまさにそのことを目指した。実証実験が始まる。

読売新聞が問われていること、日本の新聞社が問われていることは、これまで他の業界でも度々繰り返された光景だった。

既存の市場が技術革新によって他の市場に移ろうとする時、技術革新によって生まれる市場は最初小規模な市場として始まる。そうなると、大手企業は、わざわざそのゼロの市場に勢力をつぎこみ出て行こうとしないのだ。カニバリズムが恐れられる場合はなおさらだ。

二〇一四年に社内有志によって書かれたニューヨーク・タイムズの「イノベーション・レポート」には一ページ分をさいてコダックのケースが摘出されていた。

フィルム業界で起こったことは、苛烈だった。

世界におけるフィルムの売上のピークは二〇〇〇年だ。もちろんその時にはデジタルカメラは出現している。しかし、このデジタルカメラは最初のうちは、画質がフィルムの写真にくらべてよくはなく、コダックは、このデジタルへの対応をしようとはしなかった。

スタンフォード大学経営大学院教授のチャールズ・A・オライリーとハーバード・ビジネス・スクール教授のマイケル・L・タッシュマンの研究によれば、コダックはエレクトロニクスにおいて素晴らしい技術の蓄積がありながら、フィルムの市場を蚕食するであろうデジタルの分野に出て行こうとしなかったのだった。

デジタルカメラの性能は急激によくなり、フィルム市場は大きなガラがくる。二〇〇五年にはフィルムの全体の売上はピーク時の半分になってしまう。

こうした激しい変化に対応しきれず、一八八一年創業のイーストマン・コダックは、二〇一二年に倒産する。

ところが、同じフィルムを専業としていた富士フイルムはコダックと逆の経営をして、生き延びるのである。

二〇〇一年の時点で、コダックと富士フイルムの売上規模はほぼ同じだった。

コダックは、この写真フィルム市場の急激な縮小に、むしろ多角化の取り組みを減らして画像処理に集中することでのりきろうとした。新聞社が紙の市場にこだわることでのりきろうとするのと似ていないだろうか。

一方の富士フイルムは新任のＣＥＯの古森重隆のもとで、フィルム市場以外の分野で売上をあげられるようなところはないかを探したのだった。

既存の市場が急速に縮小している中で新分野の探索をする。五〇〇〇人を解雇し、フィルム市場の急激な縮小に伴う財務的な圧力をかわしながらだ。こうした中、オライリーとタッシュマンの研究によれば、富士フイルムは、①自社の既存技術で新しい市場に適用できることはないか　②新しい技術で既存市場に適用できることはないか　③新しい技術で新しい市場に適用できることはないか、の三つの探索を社をあげてやったのである。

その結果、フィルムの専業として始まった同社は、今日では、エレクトロニクス、医薬品、化粧品、再生医療、医療機器、そして従来のフィルムという形の多角化をなしとげ、過去一五年で年率一五パーセントの成長をとげている（オライリー、タッシュマン）。

急速なる死が訪れるだけだ

二〇一七年秋に、各大学のメディア研究の学徒が集まるマスコミュニケーション学会が、成城大学で行なわれた。私は、新聞協会のホームページでこの一〇年で新聞が一〇〇〇万部も部数を減らしていることを見つけ、調査を始めたばかりのころのことだったが、この学会のワークショップ「一〇年で一〇〇〇万部を失った新聞は、何を失い、何を得たか」を企画し、毎日新聞の小川一とともに、パネリストとなった。司会は上智大学文学部新聞学科長の音好宏。

ここで、読売新聞のみが全国紙で、有料デジタル版のみの販売をしていないことに触れて、「紙の新聞の市場はこの先、急速に減っていく。その市場によりかかっている限り、読売新聞は、いずれいきづまる」と私は述べた。

ところが、そこに参加していた読売新聞の社員がこう言うのを聞いてはっとした。

「しかし、今の時点で日経のようにデジタルに舵をきれば、紙の市場にも見放され急速な死が訪れるだけだ」

読売新聞が直面している問題は、紙かデジタルかという単純な問題ではない。いかに既存市場「紙」での売上の下げ幅を最小限にしながら、新しい収入のとば口をみつけそれを育てていくか、という問題だ、ということに気がついたのはそれが最初のことだった。

この社員は、読売の販売局の出身ではない、長くメディア局でデジタルに携わってきた人間だった。彼ですらそう言うのだから、読売の社内の大勢は、もっとそう考えているだろう。

実際、読売は、なんとか「紙の新聞の販売店網の維持」と「デジタルの追求」という二兎を追えないかと必死に考えていた。

その結果、考え出されたのが、読売新聞の専売店を通じて、タブレットを貸し出す、このタブレットで「ヨミウリ・オンライン」以外の独自コンテンツも流すという「読売タブレット」という商品だった。

ヤフー・ジャパンからの転職者

読売新聞東京本社の一〇〇パーセント子会社である読売エージェンシーに二〇一四年にヤフー・ジャパンから転職した山本浩司という男が、読売社内でプレゼンをしている。このプレゼンで山本は、ヤフーのやりかたを「孫正義ドクトリン」とし、ユーザーにはニュース等のコンテンツを無料化することで、通信料金を使わせるやりかただとくさし、「読売新聞は孫正義ドクトリンに縛られてはならない」とした。

そのうえで「読売ドクトリン」を「信頼できる情報＝紙（ＣＯＮＴＥＮＴＳ）にこそ価値があり、通信は廉価であるべき」と規定した。

そこで提案されていたのが、スマホやタブレットを月一五〇〇円で提供し、「新聞読者に通信をほぼ原価で提供し、『新聞こそ信頼できる情報の中心』ということを広めるという案だった。

そして「ニュースビジネスの今後」という項で山本はこう提案したのである。

「巨人戦のチケットのかわりにタブレットを配る」

「読売セット版とＬＴＥタブレットのセットで、月六五〇〇円」

この案に当時社長室長だった永原伸がとびついた。

永原伸は政治部出身で、秘書部長（二〇一一年）、政治部長（二〇一二年〜一三年）

を経て二〇一四年六月にグループ本社の執行役員として社長室長に五三歳の若さで抜擢された。「私心がない人」という評判だったが、しかし、「読み筋を間違える」との社内評もあった。実際に二〇〇〇年一一月に加藤紘一や山崎拓が森喜朗内閣に対して起こした倒閣運動「加藤の乱」の際には、加藤紘一にはっている。

永原は、新聞販売店に、タブレットリースの貸し出しを請け負わせるというアイデアに夢中になる。

これこそデジタルを追求しながら、販売店も潤うことになる究極の一手だ、というわけである。

二〇一五年八月の全体会議でグループ本社の代表取締役経営主幹になっていた山口寿一自らが「これは販売店とネットが両立しうる有望なプロジェクトだ」と檄を飛ばしたこともあって社内の期待もたかまった。だから、全国で始まるものかと思った社員も多かった。しかし、その一週間後には関東に限定した実証実験プロジェクトに格下げになっていた。読売社内にあるマッサージに永原伸は通っていたが、さすがにこのときは意気消沈していたとマッサージの施術師が他の社員に喋っている。

アイデアとしては、タブレットを販売店を通じて購読者にリースする。これは紙の読売新聞を購読していないとうけられないサービスにする。料金は、ワイファイを使うプランが月額一七八〇円（税別）。高速データ通信がセットになったプランは、３ＧＢが月額二四八〇円（税別）、７ＧＢプランが月額三九八〇円（税別）。

こうすれば、デジタルの販売で、販売店も収入を得ることができるというわけだ。

「読売タブレット」と命名されたこのサービスの開始日は、二〇一五年一二月二日とされ、東京、神奈川、千葉、埼玉にあるＹＣと呼ばれる読売新聞の専売店一六九店舗の読者を対象としたエリア限定サービスが始まることになった。

社長室では、当面の目標を五〇〇〇台のレンタル契約においた。

「ヨミドクター」

清武英利に名古屋社会部で鍛えられ開眼した岩永直子は、そのころには、東京本社の医療情報部にいた。

岩永はこの医療情報部で、ネットの力を思い知ることになる。医療情報部ではネットの独自コンテンツ「ヨミドクター」の記事を出していた。「ヨミドクター」は二〇〇九年に創刊一三五年事業のいっかんとしてスタートしたウエブ上のサービスで、医療報道に強い読売の長所を活かそうとしたものだった。

この「ヨミドクター」で岩永は、「高齢者の性」というテーマで二〇〇九年八月から七回の連載記事を書くのだが、ものすごい数のコメントが寄せられた。この「高齢者の性」は本紙の「医療ルネサンス」にもともと掲載されたものだったが、岩永は、ウエブを通じての反応のほうが断然大きいと感じたのだった。

岩永は、二〇一五年六月から「ヨミドクター」の編集長になるが、このウエブを通じた影響力というのは読者との双方向性にあると感じた。紙の新聞の場合、読者からの反応は、読者センターにメールや電話で寄せられる。それが記者に届けられるので、直接ではない。記事を書いていても読者は遠い、といつも感じていた。

ウエブの場合、記者が読者と直接やりとりができる。やりとりも何往復もする時があり、そこに他の読者も参戦したりして、双方向という感覚や、読者と一緒にサイトを作っているという感覚が強まる。

岩永は「ヨミドクター」の編集長になると、二〇〇九年の「高齢者の性」でほりあてた鉱脈をもっと耕そうと今度は「性とパートナーシップ」という連載を始める。今度の連載は本紙ではやらず、「ヨミドクター」だけの連載となった。読者のコメントが記事によっては一〇〇本以上つく。審査制のコメントだが、その審査自体を岩永がやっているので、ここから連載の次のネタをほりあてることもあった。

また紙の紙面では、例えば、性の問題をとりあつかう際には、様々な規制があった。「高齢者の性」の第一回では、見つめ合う高齢者のカップルの写真を使う予定だったのだが、上から物言いがつき、その写真はグラフに差し替えられた。

ところが、このサイトでは、「セックスレス」の問題を正面からとりあげることができた。岩永の連載は、投稿してきた読者に時には原稿を書かせたりしつつ、パートナーとのセックスがなぜなくなるのか、そうした時したいという一方の側はどうするのか、婚外で関係を続ける女性の気持ちも正直に書いた。それに対してまた様々なコメントがつき、連載が展開していくというウエブならではの特性を活かしたものになり、七〇回を超えるヒット企画になった。

が、岩永に言わせると、社は、「高齢者の性」も「性とパートナーシップ」も評価はしなかったという。PVがあがっているから続けていたが、時にその順位が操作され下のほうにきていたこともあった、と言う。

その岩永が、「読売タブレット」のコンテンツを考える会議に参加することになった。

いわば「あがり」の人たち

デジタル関係をやっているメディア局のメディア編集部にヨミドクターはあったが、メディア編集部の中で四〇代の岩永は下から二番目か、三番目だった。ほとんどが五〇代の社員で占められ、しかも彼らはネットに詳しいというわけではない、いわば「あがり」の人たちだった。

しかもメディア編集部の上司たちが言っていたのは「紙を優先しろ」ということだ。たとえば特集面の記事は、一週間たたないと、「ヨミウリ・オンライン」に掲載されないなどのルールがもうけられていた。また、解説はウエブにはのせないというルールもあった。「紙を守る」という大方針のなかネットをやろうとしても戦意はかぎりなく失われていく、と岩永は感じた。

そうしたなか、「ヨミタブ」をやるというので、どういうコンテンツをメディア編集部として出すかという会議がもたれたのだった。山口寿一も出た会議だった。社運をかけてやるとのことで、岩永は、何度も会議に出たが、そもそもお年寄りにとっては、紙の新聞を読んだほうが故障もないし、難しくないし、早いのではないかという疑問がぬぐえなかった。高齢者向けの独自コンテンツをこの「ヨミタブ」に入れるための会議ということだったのだが、岩永はしらけていた。

「手のあいたロートルの記者がぜったい読まれないような自分のコラムを掲載する。音楽が好きな記者に音楽のことをエッセイで書かせたりとか、つりが好きな人に自分がつりにいったその記録をコラムにしたりとか、お年寄りを舐めているとしか言いようがない」

「いいから紙で考えて」

岩永は、「ヨミタブ」は成功するわけがない、そもそも、新聞の購読者がさらに一五〇〇円以上もはらってタブレットのリースをうけるわけはない、と考えていた。他の社員も陰では「成功するわけがない」と言っていたが、根本論から反対意見を言う社員は岩永も含めていなかったと言う。そもそも販売店を通してタブレットを売るというスキーム自体は社の上層部が決めた所与の条件だったのだ。

実際、主筆の渡邉恒雄が、ネットについて嫌悪感をあらわにしたコメントをおりにふれ言っている以上、そもそも論は言えなかった。

現在、五〇代の編集幹部経験者は、若い社員から度々、「デジタルはどうするんですか」ということを聞かれてきた。

ひいて考えてみると、「紙」でやっていくのは難しいというのは、誰でもわかる。若い人たちは非常に不安をもっている。しかし、とその元幹部は続けた。

「はぐらかしてました。みんなきちんとした答えができない。将来的にこういうふうにしておこうという確固とした考えはないんです」

そう言ったあと、かつての自分がそうした若手の疑問に対して「まず、日々の原稿がうまくならないとどうにもならない」とはぐらかしていたことを後悔をこめて語っていた。

その元幹部が、編集局のラインにいた時代に、「若い人たちにどうやったらば新聞が遡及をしていくか」という調査プロジェクトを任されたことがあった。就活のページをつくってみようとか、学生たちにヒアリングしたりとか、あれこれやってみた。しかし、ここでも前提条件として「紙でやる」ということが決められていた。チームからは不満もあった。「紙は無理なんじゃないですか」ともっともな疑問が出た。が、そうした疑問も「いいから紙で考えて」とねじ伏せてしまったという。

こうした状況の中では、社員自体も、紙が大事だと自分のテリトリーを守るように思考方法が自然と固まってくる。

例えば、紙の読売新聞で人気の「人生案内」という人生相談コラムを、この「ヨミタブ」に入れたいという意向は、生活部の意向で却下されている。

生活部は、「人生案内」を紙をまもるキラーコンテンツだと考えていた。「人生案内」は紙で読んでもらう、紙をとりつづけてくれる動機になる。歴代の部長の方針としてデジタルにはしない、ということだった。

生活部のある記者は、かつて、2ちゃんねるで、「人生案内」が話題になっているのを見つけたことがある。「どうやったら、ネットで読めるのかな」「紙でしか読めないよ」と書かれてあるのを、しめたという思いで読んでしまっていた、と後悔をこめながら私に振り返った。

山口はどう考えるか？

「あらたにす」の時代から、山口がネットと新聞の状況を鋭く把握していることから、山口にデジタル化推進を期待する社員もいた。社長室長になり、代表取締役経営主幹となり、そして二〇一六年六月にはついにグループ本社の代表取締役社長にのぼりつめた山口に。

その山口も公の場では、宅配制度の強化を軸として紙の新聞を中心にやっていく、ことを語っていたが、本音では、両睨みではないか、渡邉恒雄が引いたあとは、一気にデジタルに舵をきるのではないか、という期待だ。

ある社員が山口と懇談する機会があり、こう思い切って聞いてみた。

「本音としては、紙からデジタルに移るとは言えないからそうおっしゃっているのか。それとも心から紙がいいと思っていらっしゃるからそう言っているのか。どっちなんでしょう?」

「そりゃあ、心から思っているから、紙でいくと言っているんだよ」

「デジタルになったらばとてもじゃないけどもたない。まだまだ紙の販売力でいける」

「デジタルを軽んじているわけではなく、ニュース以外のところで、デジタルを活用したい」

若手との意見交換会でも、同じことを山口は言っていた。その会合はメモもとることが禁止された閉じられた会合だったが、やはり「紙を中心に組み立てていくこと」を山口は若手の社員に説いたという。

「そして朝日がそこから撤退すれば、読売は、津々浦々まで販売網をもっている唯一の新聞社になる。それは独占企業だ」

若手は山口さんはもうかたまっているんだな、とびっくりした。落胆した人もいたという。

高齢者を誤解している

「ヨミタブ」は二〇一五年一二月初旬の営業開始から毎週、システム、コンテンツ、営業、問い合わせ窓口など、各セクションの責任者が集まる機会をもうけてとりくんでいた。社内報では、独自コンテンツの中身をこのように紹介していた（社報　二〇一五年一一月一七日）。

〈特に日曜日にアップされるのはすべて、「人生を楽しむ大人のための新聞」というコンセプトで取材した独自記事。「時間と手間をかけた料理のレシピ」「若々しさを保つためのヒント」「孫と会話をするためのネタ探し」など、ユーザーの興味にこたえる話題を提供している〉

つりが趣味の医療ネットワーク準備室の社員のコラムもこの「ヨミタブ」向けに実際に始まることになった。

もともとの企画の狙いが高齢者にタブレットを手にとってもらう、ということだから、中身も高齢者にむけたものをつくろうとしたのだが、しかし、そもそもそれを岩永は高齢者をばかにしていると考えたのだった。「高齢者の性」の連載をうけもった岩永が高齢者と言われる人々が、「おじいちゃん、おばあちゃんが孫と遊ぶ」と短絡した思考で捉えられるのを嫌っていることをよくわかっていた。

第一章に登場した北区で読売の専売店を三つ持つ副田義隆のところに北区の教育委員会の主事が訪ねてきたことがあった。副田は、二〇〇八年に地元の小学校の副校長に「新聞の切り抜き授業ができない」と言われてから、他の系列の販売店とも協力をして、新聞の読み比べコンテストを北区と共催で開いたりしていた関係からだった。

「教室でタブレットを活用したいんだが、コンテンツがない、何かいい智恵はないか」と相談された。

副田はすぐに「ヨミタブ」のことが頭に浮かび、「それありますよ。うちに」と返した。

が、実際に学校にこの「ヨミタブ」を提供しようとして、本社と交渉してみると、それができないということがわかった。商売でやっている新聞社が、不特定多数の生徒にパスワードを交付するわけにはいかない、という。交付したら一定の時間でそれを使えなくするというのは技術的に不可能。そう言われてしまった。

「ヨミタブ」の数字は散々だった。到底目標の数字に届かず、実証実験は、実験としてそのサービスを閉じることになった。

この「ヨミタブ」を推進した社長室長の永原伸は、二〇一六年六月の人事で日本テレビに出されてしまう。

岩永退社

岩永直子は二〇一七年に読売新聞社を辞めている。

辞めた直接のきっかけは、自分がヨミドクターで依頼をしたＨＰＶワクチンの外部筆者の記事を削除させられるということがあったためだった。この記事はHPVワクチンを推進する立場で書かれたものだった。医療界の評判はよかったが、しかし、猛烈なクレームが患者団体などからきた。それは読者センターへの電話やメールであり、本社あての手紙だったりした。そのあとがたいへんで、社長室から、医療情報部から、医療ネットワーク事務局から、編集長である岩永のもとに「圧力がかかった」と岩永は言う。

記事を削除をすると上司にいわれたので、「削除するならば自分は辞める」と公言した。すると、呼び出されて、「口頭注意処分」という就業規則上の罰則を下された。そして二月一五日にヨミドクター編集長の職をとかれ、中部支社に異動する内示をうけた。発令は四月一日ということだった。

岩永はその夜から転職のための活動を始めた。バズフィードのホームページのスタッフ募集のところから応募をしたところ、編集長との面談をへてとんとん拍子に転職がきまった。

そのあと読売の上司にそのことを言ったらば、バズフィードのことは知らなかった。「ちゃんと給料は出るのか？」と聞かれた。バズフィードは読売にいたときとほぼ同じ年収を約束してくれていた。

こうして岩永は読売を離れ、二〇一七年五月一日からバズフィードで働くことになったのである。

読売にいた時は、メディア局の編集部で年齢が下から二番目から三番目だったのが、バズフィードにつくと、自分がオフィスで働いている誰より年上だということに一瞬とまどった。組織が若いのだ。このバズフィードで岩永は、読売で培った確実な取材のノウハウを活かしながら医療分野を中心に、多くの話題になる記事をてがけている。

技術革新によって生まれた新しい市場に、既存の市場で成功した大手企業が出て行くことは難しい。だがそれをなしとげた富士フイルムのような例もある。

既存の市場の縮小のなかである程度の売上を維持しながら、新しい分野を探索し、深め、シフトしていく。

クリステンセンの「イノベーションのジレンマ」を破るという意味でこの技法を「両腕の経営」という。先のオライリー、タッシュマンが数多くの企業の経営分析から導き出した経営方法で、英語で「ambidextrous」という言葉をあてる。右利き、左利きではなく両利きという意味だ。そのことから「両利きの経営」という言葉を訳語としてあてることも多い。

この「両腕の経営」を日本で研究する早稲田大学ビジネススクールの根来龍之は、私に言った。

「新聞の場合は、フィルム市場よりも紙の市場の衰退がゆっくりとしている。だからこそ難しい」

主要参考文献・証言者・取材協力者

岩永直子、副田義隆、根来龍之

『両利きの経営』チャールズ・A・オライリー／マイケル・L・タッシュマン著　入山章栄監訳　渡部典子訳　東洋経済新報社　二〇一九年二月

『魂の経営』古森重隆　東洋経済新報社　二〇一三年一一月

他に読売新聞で匿名の協力者がいる。

山口は、この「読売タブレット」の実証実験について次のように取材に答えている。

「読売は、紙の新聞と共食いになりかねないデジタル事業に関しては総じて慎重ですが、デジタルの仕事になじむ必要もあるため、折を見て実験的な取り組みを行ってきました。

読売タブレットはそうした取り組みの一つで、地域と店舗と期間を限定して実験を行いました。結果が良ければ対象を拡大することにしていましたが、期間中のユーザー数が見込みを下回ったため、実験を終了させました。

デジタル端末を使いこなしているわけではない紙の新聞の世代に、タブレットの実機を初期費用ゼロで提供するとは言っても、月々の追加料金を取るやり方で普及を図るのは無理があったということだと考えています」

第一九章　スマホファースト

ヤフー・ジャパンもまたパソコンでの成功が、スマホへの対応を遅らせるという「イノベーターのジレンマ」に囚われていた。井上雅博が退陣、宮坂学が一気にスマホへ舵をきる。

宮坂学は社長になる前に、実はヤフーをやめるつもりでいた。

ヤフーが創業して一五年、社内には停滞感が漂っていた。ヤフーのような新しい企業でも、「イノベーションのジレンマ」に囚われ、技術革新によって生まれたスマートフォンの市場に積極的に出て行かず、パソコンでとったトップページの独占という地位に安住しようとしていた。

社内には、電脳隊（後述）出身の村上臣《むらかみしん》や川邊健太郎が、i-modeの時代からヤフーのモバイルを率いていたが、重視されず、二〇一〇年4Gが始まった年には、全社で重要案件をリストアップしてリソースをその案件に集中させる一〇の「目玉案件」の中に、モバイルやスマホは入らなかった。「目玉案件」に入らないということは、リーマン・ショック後の引き締めの中、予算は限られていたので、エンジニア等を他の「目玉案件」に引き抜かれ「死に体」になるということだった。アイフォンのヤフーのアプリのトップページもつくった時のまま二年間放置されていた。

　井上はこの時、ヤフーディスプレイアドネットワーク（ＹＤＮ）に経営資源を集中させようとしていた。ＹＤＮとは、ネットを見ているユーザーの特性に応じて広告を掲出させるという仕組みのもので、莫大な開発費がかかる。

　しかし、このことで、モバイルを率いていた村上臣は社での将来を悲観して、ヤフーを退社してしまう。

　当時のヤフーの上層部は、創業時のメンバーで固められ、ほぼ全員がパソコンで育ってきた世代だった。

　パラダイムシフトはパラダイムの中にいる人間にはわからない。太陽のほうがまわっていると思う。外からみれば、まわっているのは地球なのに。

　ヤフーという会社は、インターネットができた直後に井上曰く「二〇代、三〇代でパソコンでインターネットにくるっていたバカばかりとった」会社だった。この草創期のメンバーはパソコンでのインターネットおたくだったが、スマホおたくにはならなかった。本当はその新しいものを使い倒すくらいやる人が社の上層部にいなければいけなかったのだが、村上臣は退社してしまった。

　宮坂自身は、ヤフー・ニュースからコマースに異動し、事業部長になっていたが、これでいいのかという焦りを感じていた。オークションなどでは、主戦場はパソコンからスマホに移っていたことがはっきりと分かった。

「次はお前だから」

そうした状況の中、二〇一一年一〇月にソフトバンク本社で「ソフトバンクアカデミア」が開かれた。この「ソフトバンクアカデミア」は、孫正義が、自分の後継者を育てたいと、二〇一〇年に始めたものだ。毎年テーマが決められ、それに対するプレゼンを、社内外から応募した三〇〇名が発表する。予選を通過し、決勝に進んだ八人は、孫に対して「プレゼン」をするというたてつけのものになっていた。

二〇一一年のテーマは「ヤフー・ジャパン」。

宮坂学　2019年

この「ソフトバンクアカデミア」にヤフー・ジャパンを退社していた村上は出ることになり、決勝に進む。

この年は、決勝に進んだ八人が八人とも経営批判をしたが、村上がした「もったいない」というプレゼンは特に強烈だった。スマホにシフトしないヤフー・ジャパンは一〇年後には存在しない、と痛烈に批判したのだった。

宮坂学は経営側にいてこのプレゼンを聴いていたが、いたたまれなかった。井上はこうした場は好まず来たことはない。しかしCOOの喜多埜《きたの》裕明《ひろあき》が深刻な顔をしてその場にいた。孫正義は腕組みをして聴いていた。

宮坂は、スマホが大事だと社内では言ってきたがやりきれていなかったという思いがこみあげてくる。

正月の間考えた。自分にも責任がある。もっと若い人に世代交代しなくてはいけない。年明け、喜多埜に辞意を伝えた。

喜多埜は「ちょっと待て。おまえ井上さんにひろわれたんだろ。井上さんに言わずに辞めていいのか」と井上に伝えてから辞めろという。

そうだなと思い、井上と二人きりになる機会をさぐるが、なかなかない。会議のあとに「ちょっといいですか。ふたりだけで」というのが言い出せなかった。そうこうしているうちに一月の後半に宮坂は孫に呼びだされることになる。

自分が呼ばれるのはこれまで怒られる時しかなかった。そういうことかな、と思ってソフトバンクの二六階の孫が使う大会議室の横の小部屋に行ったら、孫がやってきてこう言ったのだった。

「次はお前だから」

えっ？

そのときは、辞めるつもりでいたので「ちょっと考えさせてください」と宮坂はどもったように言う。が、孫はかまわず続けた。

「お前は幸せだよ。何人もに聞いたが、みんなお前が次をやるのがいいと言っている」

うまいこと言うなあ、と素直に感動した。この時、宮坂は、やってみようという気になったと言う。

こうして宮坂は井上が創業以来一五年続けたヤフーの舵取りを任されることになったのである。

二〇一二年四月。テーマはスマホだった。

退社していた村上臣が執行役員CMO（チーフ・モバイル・オフィサー）として呼び戻された。全社に宮坂の「スマホファースト」の経営方針が徹底される。

スマホの戦場の特殊性

ヤフーがスマホに出遅れているうちに、グノシーやスマートニュースなどのスマホからスタートしたニュースサイトが、人々にアプリをダウンロードさせ興隆していた。

このスマートフォン戦争を制することをヤフー・ニュースは求められたのである。

しかしこのアイフォンの戦場は少々やっかいだった。

パソコンの場合はトップ画面というのがある。インターネットをあけた時に最初に来る画面だ。これをヤフーの画面にさせてしまうことを、井上は至上命題とし、ニュースのみならず、ショッピング、オークション、乗り換え、トラベルなどあらゆるサービスがあるトップページをつくったのである。まさに「ポータル（入り口）からデスティネーション（目的地）」まですべてヤフーで完結させるプラットフォーマーだった。

ところがアイフォンの場合、まずアプリをダウンロードしてもらわないことには勝負にならなかった。

最初の画面にヤフーのアプリがないのはしょうがない。ここは、デファクトで入っているものがある。しかし、スワイプした次の画面にはヤフーのアプリをいれさせよう、と宮坂は社内に発破をかけた。

しかし、ここでもうひとつ難題がある。アプリというのは、通常、一目的のためにつくられるものだった。ダウンロードされるものもそうしたアプリだった。

ヤフーは、パソコンのトップページのように様々なサービスが楽しめるヤフー・ジャパンのアプリも出したが、目的別のアプリ、ヤフー・ニュース、ヤフー・乗換案内、ヤフー・天気、ヤフー・マップなども出さざるをえなかったのである。

そうすると、ヤフー・ニュースとヤフー・トピックスという両方ともニュースを扱うアプリがバッティングしながら、出されるということもあった。トピックスは「Yahoo!トピックス」というスマホアプリを出し、ニュースは「Yahoo!ヘッドライン」というスマホアプリを出す。これはヤフー・ニュースとヤフトピが違う部署だったために、それぞれがアプリをつくって出すということからおこった社内競合だった。

〇・〇二五円ではコーヒーも飲めない

ヤフー・ニュースの部署とヤフトピの部署はもとから犬猿の仲だった。

ヤフー・ニュースの部署は、できるだけ多くの媒体社と契約しそれを維持することが使命である。一方で、ヤフトピにあげる八本の記事を毎日配信されてくる五〇〇〇本近い媒体社の配信記事や、時には契約していない社のものはリンクをはって紹介するヤフトピの編集部は、公共性やジャーナリズムとしての使命を重視していた。

二〇〇七年以降は、ヤフー・ニュースのヘッドを川邊健太郎が務め、ヤフトピのヘッドは奥村倫弘が務めていた。川邊は、ネットが始まる九五年以前は「少年ジャンプとフジテレビ」で育ち、青山学院大学法学部を卒業したのち村上臣と一緒に「電脳隊」を創業し、携帯のインターネットの黎明期にかかわった。「電脳隊」がヤフーに買収されてから、「ヤフー・ボランティア」で腐っていた川邊を宮坂が拾って二〇〇七年からニュース部門の責任者となったことはすでに書いた。

一方の奥村は、読売新聞出身で、ヤフーに入ってからもジャーナリストとしての感覚を持ち続けた男だった。

初期のヤフトピの編集部で下についたベースボール・マガジン社出身の森田水緒《みお》は、奥村のジャーナリストとしての背景を入社直後に知ることになる。一九九九年の東海村の核燃料加工施設での事故の初報を処理している際、「青い光を見た」という言葉が見出しにあった。奥村がそれを見て、「臨界だ！」と叫んだのをよく覚えている。奥村は読売の初任地が福井だったことがあり、原発事故についてよく研究していた。だからその「青い光」が臨界事故の際に出る「チェレンコフ光」だということがとっさにわかったのだ。

川邊と奥村の二人のそりはあわない。川邊はニュース部門の責任者になってから、「大ニュース主義」を掲げた。この「大ニュース主義」というのは、井上言うところのテールの下のほう、エンタメ情報などこれまで「ニュース」と見なされなかったこともヤフー・ニュースとして契約していこうという方向だった。

ヤフー・ニュースにコメント欄をつけるのを推進したのも川邊だった。

このコメント欄について奥村は、直接川邊に、「汚いものつけるんじゃねえ」と反対している。またエンタメ情報を「ニュース」と規定する川邊の感覚にもついていけなかった。

ヤフトピは、やわらかいエンタメ情報的な記事ものせるが、それは八本のうちの最後の三本と決めていた。どんな時でも、あたまの三本は公共性から、政治、経済、国際といった分野を選ぶ。

宮坂が社長になる前の二、三年の間は、株価は下がり、部署間の連絡もわるくお互いにまったく話をしないという状態だったが、宮坂が社長になって、年末に「大ニュースりした。

会」というエンジニア、編集、営業がみなでてきて好きなことを言い合う会が始まった

が、ここでも、ヤフー・ニュースのビジネス開発部の一〇〇キロの営業マン中島恵祐と川邊健太郎が、ヤフトピの奥村とやりあうのだった。

「地方紙がほしいというから契約をとったのに、なんでヤフトピで全然使わないんだ。彼ら、〇・〇二五円ではコーヒーも飲めないって言ってるよ」

地方紙は、朝刊の締め切りにあわせて、記事を送ってくるので、どうしてもリアルタイムで送ってくる読売新聞のような社とくらべて不利だった。しかもヤフトピにとりあげられないと、PVは見込めない。そうすると一PVあたり〇・〇二五円の戻しの地方紙ではコーヒーも飲めないと皮肉ったのだった。

こういう状況の中で、アプリもヤフー・ニュースとヤフトピがばらばらに出すという状況が生まれたのだが、宮坂は、「どっちも頑張って」とあえて放置していた。

結局、このスマホ戦争を制するためには、プロモーションでテレビでばんばん宣伝をうつという方法がとられた。まずはアプリとしてダウンロードしてもらわないことには、競争のとばぐちにも立てない。が、そうしたありかた自体が、すでにヤフーがプラットフォーマーとしての地位を、アップルというデバイス自体に譲ってしまっていることになる、と社内の熱狂を尻目に冷静に見ている男がいた。

中瀬竜太郎。二〇〇五年ヤフー・ジャパン入社。一九七五年生まれの慶應ＳＦＣ出身。

主要参考文献・証言者・取材協力者

宮坂学、川邊健太郎、奥村倫弘、高橋理恵、中島恵祐、森田水緒

ヤフー社内用社史

第二〇章　ヤフー脱落

トップページの寡占を利用しヤフーが広告収入の七割から九割をとるビジネスは将来いきづまる。ヤフーの中で、まったく新しいプラットフォーム構想を持つ男が現れる。

中瀬竜太郎は、慶應ＳＦＣに、四年生までが初めてそろった一九九四年に入学している。村井純の授業もとり、まだインターネットにほとんどの人が触っていない時代から、インターネットに触れてきた。新卒時の就職は日経ＢＰ社。ここでパソコン誌への配属になる。が、パソコン誌の中で便利屋として使われていくという将来が見えたことで、編集記者を五年つとめた後で退社した。オーストラリアに持続経済を学ぶために移住をする。妻が妊娠したことで、オーストラリアでの滞在を途中できりあげ、ヤフーに二〇〇五年に就職した。

中瀬は、宮坂時代に始まったスマホへの全社シフトの中でもっと根源的なことを考えていた。

スマホというのは、結局、それまでパソコンでのプラットフォーマーだったヤフーが、アップルの作る巨大なプラットフォームの一員になることにすぎないのではないか、と。

それはこういうことだ。

アップルは、アイフォンというデバイスを送り出したが、中瀬が考えるところ、もっとも優れていたのは、アプリを自分でつくるのではなく、世界中の企業がアプリをつくってアイフォン上にその陣地をつくりたいと思わせたところなのだ。

アップルは、料率を公表した。有料アプリの場合、アップル側が三〇パーセントをとる。アプリを提供した企業は、あがった売上のうちの七〇パーセントを得る。

それに対して、ヤフーはニュースを提供してくれる媒体社と個別に契約を結ぶ。そしてその料率は、読売ならば一PVあたり〇・二円、毎日、産経であれば〇・一円、地方紙は〇・〇二五円といった具合に媒体ごとに変えて、しかもそれを互いに知られないように秘密にしている。この方式でヤフーは広告収入の七割から九割をとることができる。

このやりかたは未来永劫続けられるわけはない、というのが中瀬の考えだった。

中瀬は日経BP時代にも、編集者である自分がこんなに高給で、記事を書いてくれているフリーのライターの原稿料がなぜこんなに安いのか、という疑問をもっていた。コンテンツをつくる人たちがいちばん大事なのではないか。

そう考えていたのである。

ヤフーも、コンテンツを提供してくれる人々に手厚くし、料率も統一して公表していくようになっていかないといずれはいきづまる、そう考えた。

「ヤフー・ニュース個人」


中瀬はまず社内で「ホペイロ」というプロジェクトを提案する。二〇一一年九月。これは後に「ヤフー・ニュース個人」というサービスになる企画だった。

「ヤフー・ニュース個人」は、それまで媒体社を対象にしていたヤフーが個人のブロガーや執筆家が寄稿できるサービスをつくったとして話題になったが、実はこのサービスが革命的だったのは、「個人」を対象にしていたからではない、寄稿家とヤフーの取り分を一定のものとして統一した点なのである。

旧井上体制下で承認された「ホペイロ」プロジェクトは宮坂体制下で具体化していく。中瀬は、企画段階で、記事を書いてくれる「個人」に三割を戻し、記事を掲載するヤフー側は七割をとることを主張した。

当然のことながら、それまでニュースで収入の九割近くをとっていたヤフー・ニュース部門は反発する。

ヤフー・ニュースのサービスマネージャー（部長格）の祝前伸光《いわいさきのぶみつ》は、こう切って捨てた。

「あり得ない。一部の新聞社にも三割払ってるところがあるかないか。個人なんて、むしろ掲載費を取ってもいいくらいだと思っている」

中瀬も負けていなかった。

「たまたま強いから多く取っていい、という考えには何のビジネス的な戦略性もない。書き手がどこにもっとも多く書く時間を割きたくなるか、という可処分時間の奪い合いを考えずに目先の金勘定だけしても無意味」

「何を言っているか私はバカなのでまったくわからないが、片岡さんがこれでいけとおっしゃるなら、従います」

後にニュース全体の責任者になる片岡裕が、中瀬の案を採用し、三割を統一してコンテンツを書く個人の側に戻すというヤフーはじまって以来のスペックがここできまったのだった。

ニュースの場合は、媒体によってその料率は違っていた。しかも、その料率は、契約書によって秘密になっていた。が、「ヤフー・ニュース個人」は、どんなに有力な書き手でも料率は他の書き手と同じにしたのだった。そしてそのことを、ヤフーは積極的には公表しなかったが、書き手として参加した個人は、互いの料率が同じだということをわかっていた。

その先を目指す

中瀬の提案した「ホペイロ」は「ヤフー・ニュース個人」という名前で、二〇一二年九月二六日に始まった。「政治」「経済」「IT・科学」「スポーツ」などの分野を中心に五五名がまず参加した。佐々木俊尚やイケダハヤトなど、「あらたにす」とは違い、充分にウエブでの知名度を活かした人選になっていた。

少し時間はかかったが「ヤフー・ニュース個人」は数字のとれるカテゴリーとして成功し、中瀬は役員会で「ヤフー・ニュース個人」をいかに成功させたか、といった話をしたりするようになる。

「個人」というところに着目したのがいい、という評価のされかたを社内ではされていたが、しかし、中瀬が本当にめざしていたのは別のところにあった。個別、選択的な現在のヤフー・ニュースの契約のしかたに見られるように、ヤフー一強の力を利用したプラットフォーマーから、コンテンツ提供側の取り分を三割として一定にし、どんな個人でもヤフーのプラットフォームに提供することを望む、そんなプラットフォームへの転換だ（実際には記事提供をする個人は五五名に限られたが）。アップルのアイフォンがあれだけ成功したのは、アプリがあれだけ豊富だからだったし、なぜそのアプリがあれだけ豊富にあるかといえば、コンテンツを提供する側が、料率が公表されているアイフォンに店を出したいと門前市をなした結果なのだ。

そうしたプラットフォームにヤフーはならなければならない。

天才営業ウーマン

中瀬の考えは、同じ新規事業企画部にいた佐藤研輔やヤフー・ニュースのビジネス開発部にいた高橋理恵という強力な賛同者をえていくことになる。

高橋理恵は、中島恵祐の跡をつぐ名営業パーソンだった。宮坂学は、かつてビジネス開発部の面々に、「あなたたちの結婚式に呼んだらきてくれるようなそんな関係を」メディア企業の側と築いてほしい、と言ったが、高橋は、本当に各メディアの担当者から好かれた。そして高橋の結婚式の際には、産経デジタルの社長の阿部雅美が出席しているのを当時コマースに異動していた宮坂は見て感激することになる。

一九七九年五月生まれで、横浜市立大学を出て最初は東芝に勤めた。ヤフーへの入社は二〇〇五年八月、最初はリサーチ部門にいたが、社内公募に応募しヤフー・ニュースに移ったのが、二〇〇七年一〇月のことだった。ビジネス開発部で中島恵祐について営業を学ぶがすぐに頭角を現した。

新聞社の担当は難しい。ひ弱なＩＴ系の若者だとうつになってしまい、出てこられなくなってしまう人間もいる。そうしたなか、読売新聞も含めて、高橋はよく担当し、ビジネス開発部の稼ぎ頭となる。中瀬が「ホペイロ」を提案したころ、高橋はちょうど宮坂が安全保障のためにサーバー運営ごと確保した産経と毎日をもっていた。

が、このサーバー運営というのが大変だった。

孫正義の指示でＩＤＣフロンティアというソフトバンクの一〇〇パーセント子会社を使わなければならなかった。しかし、一社、一社別々にやるのは手間もかかり、なかなか上手くいかなかった。

髪をふりみだしながら、社内で助けを求めている状態だったが、しかし、当時は開発セクションとビジネスセクションがわかれていて、予算がそもそもとれない状態だから誰も助けてくれなかった。産経の人たちはうまくいかずに怒る。これを回転させていくのは無理だと感じていた。これが二〇一〇年の話だ。

高橋理恵は、共同通信の担当もして小片格也とよくなっていた。47NEWSの生みの親として第八章ですでに登場している。ちょうど共同通信デジタルができる時で、高橋は、営業部長として誘われた。かなり迷ったが、二〇一一年三月の震災でヤフー・ニュースが果たした役割を見て考えがかわる。小片には「子どもをつくりたいから」と言って断った。が、この高橋と小片との関係が後々、中瀬の次のプロジェクトを具体化するうえで重要な意味をもつようになる。

高橋は実際に子どもをつくり、育休を取り、二〇一三年四月に帰ってくると宮坂体制になっていた。その時に、中瀬の「ホペイロ＝ヤフー・ニュース個人」の次の構想「セグンド」を聞くのである。

「セグンド」

「ホペイロ」も「セグンド」もブラジルで幼少時を過ごした中瀬のポルトガル語の知識からとった名前で、後者は「次の」という単純な意味だった。

「ヤフー・ニュース個人」として成功した「ホペイロ」の次の構想はさらに野心的だっ

た。

こんどは、個人ではなく、ニュース媒体社などのあらゆるコンテンツプロバイダーを対象とする。

ヤフー側はデータベースプラットフォームをクラウド上に用意し、そこに新聞社などのコンテンツホルダーは自社の記事をどんどんいれていく。そしてこのデータベースは外に開かれているのである。ヤフーと契約した社は、この「セグンド」のデータベースにアクセスすることができる。ヤフー以外の「プラットフォーマー」もアクセスができる。そして「キュレーター」として各社が提供するニュースを編んで自社サイトに出すことができるのである。

つまり、左の図のようにヤフー以外の社も自由に各社が提供するニュースを編んで自社サイトに出すことができるのだ。

そして広告料収入の三八・二パーセントを「キュレーター」としてニュースを編んだ社がもらい、六一・八パーセントを「コンテンツホルダー」つまり新聞社などニュースを出した側に払う。ヤフーはこのプラットフォームの運営費として売上の一九パーセントを手数料としてもらう。こうした料率は公表する。そうしたビジネススキームだった。

最初聞いただけでは、ヤフーのモデルからかけはなれすぎているので、理解ができない。

セグンド(後のノアドット)の仕組み

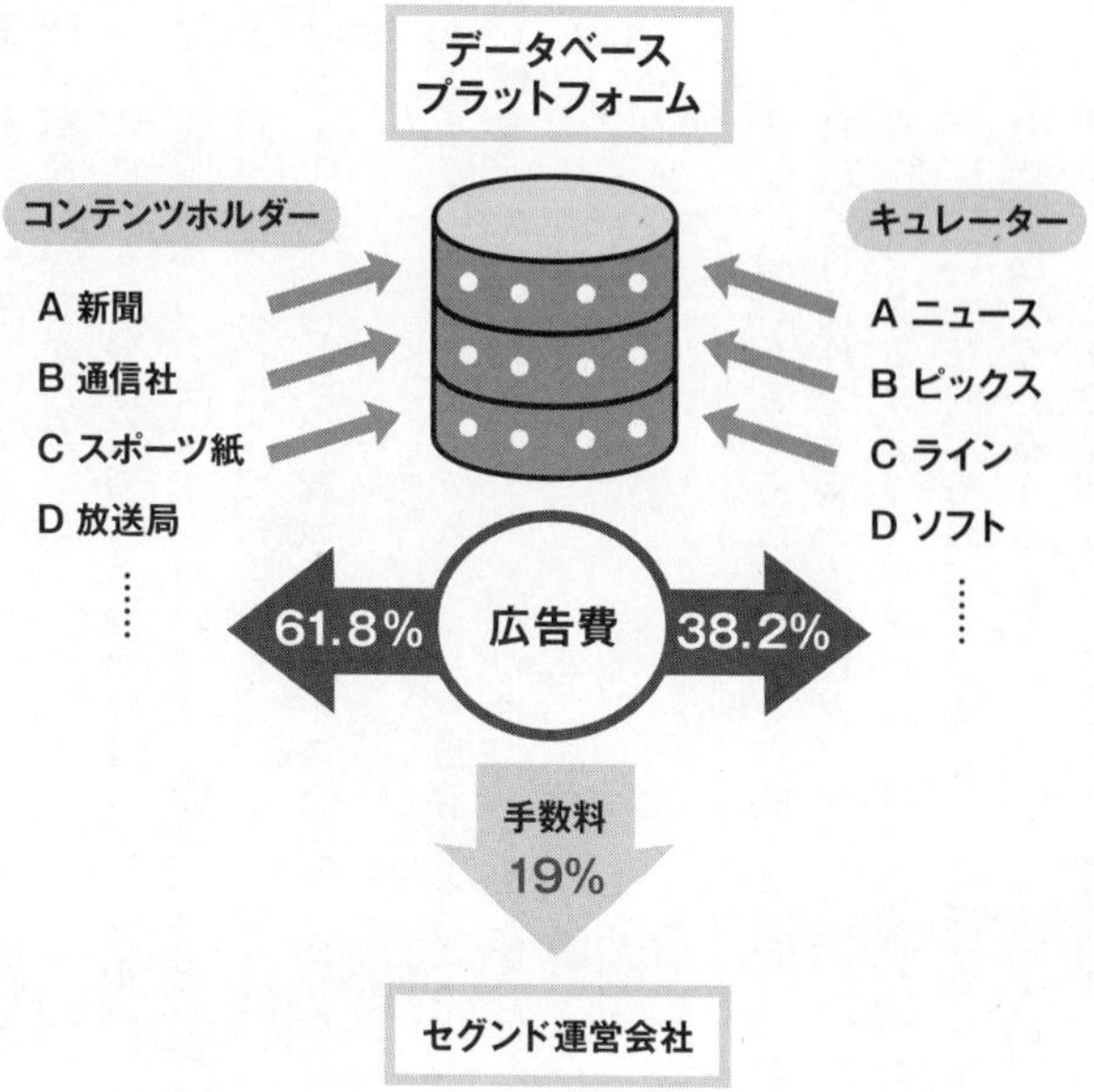

しかし、高橋理恵は、サーバーを毎日や産経と別々に管理していたことから、すぐにこの「セグンド」の革命性がわかった。

中瀬が、このモデルにいきついた最初のきっかけは、アップルがアイフォンのアプリの料率を公表して、世界中のコンテンツプロバイダーがせっせとアプリをつくって出している様を見たからだということはすでに書いた。

ヤフーも媒体社がそのようにして、競ってニュースを出すようなプラットフォームにしなくてはならない。

が、この中瀬の「セグンド」というアイデアは、既存のヤフー・ニュースのビジネスモデルを根幹から壊す、ヤフー・ニュースを預かっている者たちにとっては危険なものでもあった。

拒絶にあう

「ヤフーがトップページで負けたら、それはヤフーが終わるとき。会社をたたむしかない。トップページで負ける可能性を考えた事業はダメ」

それがメディアの責任者であるメディアカンパニー長の結論だった。中瀬が佐藤研輔とともに「セグンド」について社内で初めての提案をした二〇一三年八月のことだ。

中瀬は、パソコンの時代はもう終ろうとしている。トップページでの寡占をテコにした個別契約の超過利潤の時代に早く見切りをつけなくてはならない、こう訴えたが、カンパニー長は論外という感じだった。

そもそも現在のビジネスモデルで、売上のうちヤフーは七割から九割を取ることができるのだ。それをなぜ好き好んで、ヤフーの取り分が減ってしまうビジネスモデルに転換しなければならないのか、理解ができない、ということだった。

中瀬も佐藤も自分たちの構想が、現在のヤフー・ニュースのビジネスモデルを破壊するものであることはうっすらとわかっていた。だからヤフー・ニュースよりさらに上位のメディアカンパニー長に提案したのだが、はっきりと拒絶された。

その拒絶が本気だったことを知るのは、しばらくしてからのことである。

「中瀬さん飛ばされるみたい」

八月二七日、中瀬が所属する企画一部で人材開発会議があった。これは各人にインタビューして、その人のキャリアプランを一緒に考えるというブレストの会議だったが、終わってから六～八人程度で六本木の中華で夕食をとった。

当時、ヤフー・ニュースに正式所属してわずか半年未満、ニュース個人のリリースからも一年未満、宮坂新経営体制でメディアユニットという組織に所属してからでもまだ一年半未満。普通に考えると異動の可能性は皆無。それなのに、なぜそんなことを聞いたのか中瀬は後に不思議に思う。本当に何気なく上司である金子千夏に、中瀬はこう聞いたのだった。

「千夏さん、僕は（異動）ないですよね？」

「そうだね、中瀬さんはないよ」

ところが、そのあと地下鉄大江戸線に乗って三人で帰っている時に、スマホにメッセージが飛んできた。同乗している上司の金子からだった。

「中瀬さん、一緒に降りて」

勝どき駅だった。金子が緊張した面持ちで、サイゼリヤに中瀬を促した。

「さっきはみんながいたから言えなかったけど、中瀬さん飛ばされるみたい。中瀬さんをヤフー・ニュースから追い出そうとしている動きがある」

飛ばされる⁉

まさか。中瀬は鉛を呑まされたような気持ちになった。

が、金子の表情からそれが冗談でもなんでもないことがわかった。

佐藤研輔や高橋理恵という同志をえて、これからこの新しいプラットフォームをつくろうとするのに、ヤフー・ニュースから異動をさせられてしまえば、そもそもその仕事ができなくなってしまうではないか。

翌々日には高橋理恵がつないで共同通信の小片格也と共同通信デジタルの伊地知晋一《いじちしんいち》に、「セグンド」を提案するアポが入っていた。

実際、翌々日の会合は成功する。共同通信側は乗り気で小片は「共同出資でやるつもりはないのか」と聞いてきた。伊地知の反応もよかった。

九月三日には、小片から高橋理恵のもとに「役員会でも好反応だった」との電話が入ってくる。

「各地方紙への説明の作戦を練るため、すぐにまた話をしたい。しばらくは週一ペースでミーティングできないか」

しかし、このころまでには、佐藤研輔の社内の情報収集によって、中瀬はニュースにまったく関係のないオークションかショッピングに異動させられることがわかってきていた。

「共同通信に行ってください」

中瀬は眠れなかった。

ヤフーはもうやめよう。自分はミッドタウンの近くのコンビニでアルバイトをして、佐藤研輔が「セグンド」の事業を立ち上げる日を待とう。

なぜ自分はこうなのだろう？　なんで自分は器用に立ち回れないんだ。eコマースに行けと言われたら、そこで頑張ってみようと思わないのか。他人に運命を決められたとたんにきれて、どうしてこうなんだろう。ぐるぐると考えているうちに眠れなくなり、いつのまにか東の空が明るくなってくるのだった。

傷ついていた。こんな仕打ちを会社はするのか。サラリーマンは異動ひとつで、やりたいこともやれなくなってしまうのか。

会社に幽霊のように出勤をして、佐藤研輔と話をした。

ぼそぼそと中瀬が言う。

「やめる。ミッドタウンか、郷里の静岡のコンビニでアルバイトでもしながら佐藤がこの事業を立ち上げるのを見ている」

憔悴しきった中瀬の話を聞いているうちに佐藤の中にふっとアイデアがわいた。

中瀬を共同通信に行かせたらどうだろうか？

そうだ、ヤフーでできなければ、共同通信でやればいいじゃないか。俺はヤフーに残り、中瀬は共同通信に行く、中瀬は共同、俺はヤフー、それで二人でつくりあげればいい。

脱藩だ。

「中瀬さん、ウルトラCがある」

中瀬がけげんそうに佐藤の顔を観る。

「共同通信に行ってください」

「絶対に行くべき」

今度は、高橋理恵を小部屋に呼び出し、二人で、中瀬が異動させられることを打ち明けた。

高橋は話を聞いて「そういう手段にでるんだ」と冷や水を浴びせられたような気持ち

になった。そんなことしたら中瀬君は辞めるに決まっているじゃないか。これから話をすすめようとしているやさきになんてことをするんだ。中瀬さんは皆に慕われていたし、「ヤフー・ニュース個人」だって立派に立ち上げたし、信頼もあつかった。それがヤフー・ニュースのビジネスモデルを壊すプランをやろうとしている、今向かおうとしている方向とはあわないというだけで出すのか。セグンドの提案以外、この異動の理由はない。混乱しながらも高橋はいきどおっていた。

「セグンドはどうなるんですか」とやっと聞いた。

するとと佐藤がにやっと笑ってこう言ったのだった。

「ウルトラCがあるんです。中瀬さんを共同通信に行かせるんです。協力してくれませんか？」

あっ、その手があったか。

名案中の名案だ。

共同が中瀬さんを受け入れないことはない。

すかさず高橋理恵は言った。

「中瀬さんは共同に絶対に行くべき」

共同通信の小片とは、高橋にパイプがある。

もともと翌日に共同通信で小片、伊地知とのミーティングがセットされていたので、その後時間をつくってもらって提案するということになった。

死に場所を探しにいくのだ

その翌日のミーティング。小片が共同社内の好感触を説明する。

「先日の提案を役員会で説明したところ、やはり好感触だった。社長にも説明したが、反応は良い。出資提携も視野にヤフー側でも前向きに検討してほしい。加盟社への説明に向けて資料をわかりやすく作り直してほしい」

「セグンド」はいよいよ現実味を帯びてきた。

すべての話が終ったあと、「ちょっと私だけ残って話があります」と中瀬がきりだした。

佐藤と高橋はその場を去り、近くのファミレスで中瀬を待つことにした。

小片、伊地知に残った中瀬が言う。

「ヤフー側で人事異動があり、考案者の自分が本事業に携われないことになりました。ヤフーを辞めて、この事業を共同通信側で推進させてもらえないでしょうか」

小片と伊地知はその場で了承した。

「俺は伊地知さんが欲しいって言うなら全然いいよ」

「私はまったく構いません」

その場で内定が出たのだった。

小片に言わせると、その時の中瀬は、もう自殺するんじゃないかというくらい思い詰めて共同行きを提案していたと言う。翌日高橋理恵に電話をして、「中瀬、大丈夫か？自殺しかねない空気だったぞ」と笑いながら面談の様子を伝えてくれた。

こうして、佐藤、高橋はヤフーで、中瀬は共同通信で、「セグンド」の事業の実現にむけて突き進むことになったのだった。

だが、それが本当に実現すれば、ヤフー・ニュースのこれまでのビジネスモデルは崩壊する。これもまた、「イノベーションのジレンマ」を破ろうとするヤフーの自律運動なのか？　これまで苦しんできた新聞社は、六割の収入を得て、ウエブの無料モデルでも紙の落ち込みをカバーできる日がくるのだろうか？


共同通信へ行くことが秘密裏に決まったその二日後にはヤフーで中瀬に対する内示が行なわれた。異動の内示は、通常は部長が一対一で小部屋で行なうものだが、メディアカンパニー長、ユニットマネージャー、ヤフー・ニュースのサービスマネージャーそして直属の上司の金子千夏ら五人が顔をそろえ、異様な空気の中、カンパニー長室で行なわれた。

異動先は事前にリークされていたようにショッピングだった。

中瀬はただちに、人事部宛に退職願を提出した。

送別会も一切断わった。通常最終出社日には、執務エリア周辺に人が集まり、花束や記念品を渡し写真をとるという行事がある。それも佐藤に頼んで、一切やらせないようにした。

自分は死に場所を探しに行くのだ。

二〇一三年一〇月三一日、中瀬竜太郎、ヤフー退社。

主要参考文献・証言者・取材協力者

中瀬竜太郎、佐藤研輔、高橋理恵、小片格也

第二一章　ノアドット誕生

ヤフー・ニュースのビジネスモデルを根幹から変えようとする「セグンド」の事業はなるか？　脱藩した中瀬が、ヤフーに残った佐藤・高橋とともに、「ノアドット」をつくるまで。

中瀬がヤフーを出て共同通信にいくという捨て身の作戦をしたことで、ヤフー内でもセグンドの事業に向けての動きが少しずつ出てくる。

ヤフー内で動くことになったのは、残った佐藤研輔と高橋理恵だった。

佐藤研輔も、中瀬と同じように、現在のヤフー・ニュースのビジネスモデルは、長くはもたないと考えていた。

当時はＰＣからスマホにどんどん利用者が移っているなかで、スマホでトップの地位をとれるかどうかという保証がまったくなかった時代だった。ヤフーのトップページが強いといっても、いつかそのトップページにこなくなる時代がくる。そうした時代がきた時にこれだけの超過利潤を得てきた企業は他からソッポをむかれるだけだ。もちろん現在のヤフー・ニュースのモデルをいきなり転換しろと言っているわけではなく、チャレンジをさせてくれ、と言っているだけだ。

そう、ヤフー・ニュースの上層部に、このセグンドについての説明もしたが、なかなか理解が得られなかった。

「自分たちは競争に勝ってこの地位を手にいれているんだから、それを利用して、ビジネスをするのは当然だ」

とも言われた。

現在のようにヤフー側の取り分が九割から七割という状況では、新聞社の側がついてこなくなる、そう言っても、「あいつらは抜けられない」「シャブ漬けなんだ」と佐藤に対して放言する者もいた。

実際、新聞社の側は、自社サイトでの広告収入はたかがしれており、ヤフーからの情報提供料はデジタルを統括している部門にとっては、ばかにならない額だった。抜けられないのである。

中瀬がヤフーを離れて以降、佐藤は巨大組織になってしまったヤフーを相手に散々苦労をするはめになる。

自分が次の歴史を書く

中瀬は、共同通信デジタルに入社をする前に、小片から一冊の本を読んでくるように言われた。それが、私の『勝負の分かれ目』だった。

戦前から、九〇年代インターネットが出てくる時までの、ロイターや同盟通信などの通信社がたどった道筋が、今日のグローバル資本主義を成立させてきたのだ、ということを書いた同書を読みながら、中瀬は、自分がこの続きのメディアの歴史を書く番になるのだ、それだけの事業なのだ、と自分に言い聞かせていたという。

入社した共同通信は、ヤフーとは正反対の会社だった。出会う人は皆スーツを着ている。私服でOKだったヤフーとはまったく違う。

小片からは、「ヤフーとは違って古い会社だから、いろいろ面倒だぞ」と言われていたが、しかし、中瀬が共同通信デジタルで仕事をしている限り、その印象はまったく違った。小片も、デジタル推進局長の細田正和も、みな紳士的でがつがつしていない。中瀬の話をじっくりと聞いてくれる。

その中で中瀬もだんだん、共同通信の主役は、加盟社であることがわかってきた。中日新聞や北海道新聞、西日本新聞、河北新報、中国新聞、静岡新聞、こうした有力紙が主役なのであり、彼らの合意なくして、共同は一歩も動けないということが理解できてくる。

三〇日で消えてしまうヤフー・ニュースの記事

ヤフーと共同通信の「セグンド」に関する最初の会談は、二〇一四年の三月一〇日に行なわれた。中瀬が共同通信に移って約五カ月後のことだ。ミッドタウンのヤフーの一六階にあるゲストルームで行なわれた最初の会合の出席者は以下のとおり。

ヤフー側は、副社長の川邊健太郎、マーケティングソリューションカンパニー事業推進本部長の片岡裕、佐藤研輔、高橋理恵。他に何名かがいた。

共同通信側は、デジタル推進局長の細田正和、経営企画室長の中村慎一、経営企画室次長の小片格也、共同通信デジタル代表取締役専務の伊地知晋一、そして営業本部本社営業部の中瀬竜太郎。

ヤフー側の片岡裕は、川邊の系列でヤフー・ニュースをやってきた人間で、ヤフー・ニュース個人のプロジェクトにゴーサインを出したということで、この本の中では一度登場している。片岡は、この後、四月にはヤフー・ニュースに戻って全般を見ることになる。

この会談に臨むにあたって副社長の川邊健太郎は最初から方針を決めていた。中日新聞がこの「セグンド」の仕組みに入るのならばやろう、ということだった。

実は川邊は、ヤフーの社内で唯一、中瀬、佐藤のあげてきたこの「セグンド」というプロジェクトの意味を理解した男でもあった。

最初、川邊はこの話を聞いた時に、かつて自分が考えたアマンダというヤフーの記事データベースを外部に開放する案と非常によく似ていると思った。

ヤフー・ニュースはスマートニュースやグノシーとは違い、記事を全て買って自らのドメイン内で展開している。それが強みだったが、しかし、この記事がウエブ上にあるのは三〇日間と決まっているのだった。それ以上はウエブ上に残しておけない。新聞社とはそういう契約になっているのだった。

これは新聞社側が自社のデータベース事業を守るために入れた条項だった。しかし、ヤフーの側からすると、SEOが利かないということになる。SEO、検索エンジン最適化と訳すが、ようは、グーグルなりの検索でひっかかるのは三〇日までということなのだ。これがデータベースとなって過去のものまで検索できるようになれば素晴らしい、と川邊は考えていた。この「セグンド」は、いわば各社が記事を出し合ってデータベースをつくり、それをキュレーターが自由に選んで編むことができるというプラットフォームをつくる事業だから、この三〇日間という軛《くびき》を外すことができるかもしれない、と考えていた。

それともうひとつ、「47NEWS」をつくって二〇〇六年一二月に離脱していってしまった共同通信がもう一度ヤフーに戻ってくることになる呼び水になる。さらには、これも情報提供料が安くずっと前に離脱してしまった中日新聞をもういちどヤフー・ニュースに戻すことができるかもしれない。

名古屋経済圏を持つ中日新聞の重要性は強調してしすぎることはない案件だった。時に日経を抜いてトヨタについての特ダネを書く新聞だ。これがヤフーに戻ってくることの意味は大きい。

第一回会談

会議では、副社長の川邊が数分遅れて部屋に入ってきた。佐藤研輔が開催の趣旨を述べるなか、川邊が共同通信側の出席者をずっと見渡していく。末席に中瀬竜太郎がいるのを見つけた。

川邊は両方の親指をつきたて「おっ、いいね、いいね」と場を和ませる。

会議では、ざっくばらんにヤフーと新聞社をめぐる関係はどう変わったかという話もされた。川邊は「47NEWS」や「あらたにす」の頃の新聞社のヤフーに対する冷たい空気を実際に知っているので、そのことをまず聞いた。

「共同通信さん、その先にいる加盟社、特にブロック紙の経営層の方々のヤフーに対する印象というのは、根本的に何か変わったか？　キュレーションメディア等のよりわけがわからない事業者が出てきたから『まだヤフーのほうが』という認識か」

「47NEWS」を立ち上げた当の小片が返す。

「かつては『検索エンジンとポータルサイトが我々（新聞社）を滅ぼす』だったが、スマートデバイスの時代になって、ポータルに対する意識が（相対的に）変わっている。一部に『ヤフーアレルギー』がまだないこともないが、意識がずいぶん変わってきているというのは、まず間違いない。電通の新聞局の衰退というのも影響している。かつてのような『ヤフーにはニュースを流さないでくれ』『ヤフーはけしからん』といったハードライナー的な存在が、新聞社のバックからは相当なくなってきている」

共同通信の側としてみれば、この事業にヤフーが資本出資してくれることは是が否でも必要だった。「47NEWS」はオープンして七年以上たつが、めだった成果をあげられていない。新聞社は紙の事業が衰退するなか、デジタルでも収益をあげられず行き詰まっている。「セグンド」はそれを根本的に変えられる事業だ。なにしろコンテンツを提供する側が、約六割をとることができるのだ。

しかし、そのためには、まず大きな基盤のものにならなければ、スケールのメリットがでない。そのためにヤフーは必要だった。また、ここでヤフーが資本参加をするということになれば、地方紙はこの「セグンド」の事業が本気のものだと感じて参加してくれるのではないかとも考えていた。

共同通信デジタルの伊地知晋一がそれをひきとって話す。

「『ヤフーが事業協力なりなんらか関わってくれる』という話がないと加盟社の説得をしにくい」

「協力はもちろん喜んでしたいが、ある一定から上の層で話が止まっちゃうような構図がどの程度変わっているのかは、とても知りたい」と川邊が返す。

そうしたやりとりの中で北海道新聞が共同に示した懸念が披露された。

北海道新聞は、自分たちがコンテンツを出すだけで、ユーザーのアクセスデータなどの集積は全部ヤフーにとられてしまうのではないか、という危惧をもっていた、という話が共同側から開示された。

それに対して川邊は、柔軟にこう答える。

「そこは我々もデータを提出して、どう活用するかは我々と新聞社さんそれぞれ次第。データを出さない、ということは決してない」

共同通信側は前のめりになって川邊にこう食い下がった。

「『ヤフーもやる』というステージを上げた表現をして加盟社を説得してよいか」

それに対して川邊はこうまとめている。

「加盟社を説得する段の前提材料としては、『ヤフーもやる』ということで進めていただきたい。共同さんが説得しやすい表現で。ただ、始めてみたらほとんど（の加盟社の参画）がダメだった、ではこちらもちょっと困る」

最後に中日新聞のことを言うのも忘れなかった。

「コンテンツが間違いなく重要。経済圏からいって名古屋。ドラゴンズ。中日新聞社のコンテンツ参画はこだわりたい。中日が入らないなら意味はない。

中日さんのトップが『現場がやると言っているから、よろしく』というところまで是非持っていっていただければ」

こうして川邊はその日の話を社長の宮坂に報告しておくことを共同側に伝え、共同通信側は、中日新聞の説得をタスクとして約束したという形になった。この中日新聞については小片が慎重に「参加はしないが、このセグンドにたいする拒否権も発動しないという形になるかもしれない」と留保をつけた。

「死ぬ気で立ち上げるから外に出してくれ」

この三月一〇日の会談の後、四月一日の異動でヤフーでは片岡裕が、ヤフー・ニュースを管掌する立場で戻ってくることになった。片岡は以前、中瀬が提案した「ホペイロ」つまり「ヤフー・ニュース個人」にゴーサインを出した上司だったから、佐藤としてはやりやすいかと思っていた。

が、違った。

「ヤフー・ニュース個人」の場合は既存のヤフー・ニュースのビジネスに直接の影響は与えない。しかし、「セグンド」は、直接既存のビジネスモデルを壊し次のモデルに移行しようという試みだった。片岡としては、既存のヤフー・ニュースのビジネスをまわしながら、それを壊すビジネスモデルを追求というのは無理だと考えていた。

片岡は佐藤にこう迫る。

「この事業は、ヤフー・ニュースを成長させるときの余計なコストになり得る。このままだと、自分は責任者としてセグンド事業を潰さざるを得ない。もし、死ぬ気でやりたいというなら、ヤフー・ニュースの外でチャレンジしてほしい。もし、そこまでは強い思いはないというなら、僕の下でヤフー・ニュースの成長に全力で貢献してほしい」

佐藤研輔はこう答えた。

「死ぬ気で立ち上げるつもりでいるから、外に出してくれ」

佐藤は新規事業ユニットに異動になる。

信頼できない

共同通信では加盟社の説得が始まっていた。

三月一三日、年に一度、加盟社の局長が集まるメディア局長会議。冒頭、共同通信社長の福山正喜がこう発言した。

「ヤフーが通信社や新聞社の記事を買い叩いていることに対し、けしからんと引き上げて自分たちで『47NEWS』を立ち上げたが、残念ながらうまくいっているとはとても言えない。かたやヤフーは、引き続き成長している。そろそろ視点を変えて、（関係を）見直す時期に来ている」

これは「セグンド」を各社に説得するための布石の発言であった。中瀬竜太郎はこの会議の末席にいたが、内心「おお、言った」と思った。

ヤフー内部では、共同通信デジタルと合弁会社をつくることまでが決まっていた。

ヤフーからの最初の出資比率提案は、ヤフーが九割、共同通信が一割というものだった。

これは、事業の主導権をとりたい、と考えた片岡がだした数字だった。佐藤は新規事業ユニットでこの「セグンド」にかかわっていたものの、ヤフー・ニュースの意向を無視しては事業はできないので、すべてのミーティングに片岡が出席し、片岡の影響力は強かった。

このヤフー側九割という数字に、共同通信社長の福山は不快感を表す。

「最初から交渉ののりしろを考えてスキームを出すような相手は信頼できない」というメッセージが中瀬のもとに伊地知を通じて届く。

中瀬は佐藤に連絡をし、激怒する。

「こんなもの共同が飲むはずがないじゃないか。ヤフーの思いも共同の思いも忖度《そんたく》せず、理想に燃えて短期で一気にけりをつけようとやってきたんじゃないか。なんでこんなくだらないヤフーのお作法を甘んじて受けて、それを共同に投げてなんか来るんだ」

佐藤研輔も「じゃあこっちも言わせてもらうけどな」と言葉を返し、大喧嘩となった。

中瀬はこの大喧嘩のあと、片岡や佐藤に宛ててメールを書き、再考を促した。

次にきた提案は、ヤフーは五一パーセント、共同通信デジタルは四九パーセントになっていた。

複製禁止

共同通信側では、加盟社への下説明が順調にすすみ、九月二九日の臨時のメディア局長会議で各社への事業の正式説明が行なわれ、一〇月八日には、現場担当者への説明も行なわれた。

年があけて二〇一五年二月二五日、「セグンド」事業を行なう、ヤフーと共同の合弁会社の社名は「ノアドット」に決まった。

ノアドットは、No Replicationからとられた。複製禁止、という意味である。それまでのヤフー・ニュースのサービスは、記事そのものを払い下げてもらい、そのコピーを自社ドメインで流すというものだった。このノアドットは、新聞社が自らオリジナルの記事をデータベースにあげていき、それを自由にキュレーターが編集するというものだったから、「複製禁止」という言葉からとることにしたのだ。ヤフー・ニュースのビジネスモデルを大きく変えるという意味を持つ社名だった。

宮坂、川邊に直告メールを書く

この間、ヤフーでは佐藤が話が前に進まず途方にくれていた。

ヤフーがノアドット事業に出資をするためには、最終的には投融資委員会を通さなければならない。しかし、その手前の段階で、企業戦略本部という部門が、佐藤の提案書に際限ない注文をつけてきたのだった。

　こういうことが必要だというタスクリストがその部門から、佐藤になげられる。それをひとつひとつ潰していっても、さらにそのタスクリストが増える。

　企業戦略本部からのメールはこんな感じだった。

〈結論としては以下の四点が合意、クリアにならない限り投融資委員会通過は難しい状況です。
（1）案件検討プロセスをクリアにすること
・本件検討再開以降につき、メディアサービスカンパニー内で佐藤さん以外の方（特に上位役職者の方）が先方担当者との協議、交渉をしていない状況であるため、案件の検討プロセスが不透明であり、カンパニーとしてのコミットが弱いと言わざるを得ない状況であると考える。〉
　それではそもそも論になってしまうではないか！　メディアカンパニーどころか副社長のCOO会議を通ったから、共同通信とのジョイントベンチャーの話を進めているのに、このことをどう証明すればよいというのだ。

　佐藤は憤った。

　ヤフーは、二〇一五年には売上が四二八四億円、社員数七〇三四人の超巨大企業になっていた。社内には様々な官僚機構があり、その政治は複雑を極めていた。

　佐藤はここにいたる過程の中で疲弊しきっていた。社内で味方は高橋理恵しかいない、という気持ちだった。

結局ヤフーは大きくなってしまって、執行役員でも中間管理職的にいつ首をすげかえられるかもしれない、とビクビクしている。そうした個人的な危機感があるとまずミスがないように気をつかうようになる。何か前向きに動くという感じがなくなっていく。今の状況はまさにそれじゃないか。

佐藤は、このまま、企業戦略本部と、エンドレステープのような不毛なやりとりをしていてもしかたがないと考える。

社長の宮坂、副社長の川邊にあて、社内関係者全員にも送る形の直告のメールを書くことにした。

このメールは怒りもあって激しいものになった。

企業戦略本部のメールを引用する形で、彼らが要求するタスクがいかにばかげたものかを指摘した。共同通信は、現在、各サイトに配信しているパッケージを停止し、この新事業のサイトにのみ独占的に供給することを決めているとし、覚悟を決めたのだとも強調した。その上でこう続けたのである。

〈上記の企業戦略本部による指摘は、協議・交渉に毎回上位役職者を同席させるかもしくは今回の投融資委員会に関しては過去の書類一式を整えて提出しないと受け付けないということと同義であると捉えられ、これは現場からかけ離れたお役所仕事も甚だしいと言わざるを得ません〉

〈すべてが事前に保証されていないと取り組めない、石橋を端から端まで叩いて最後は渡らない、というような行いをいつまで続けるのでしょうか〉

メールの最後は、宮坂、川邊に直接訴えて終る形になっていた。

〈宮坂さん、川邊さんにあらためて最後にお聞きします。（中略）

お答えください。この事業をやるべきか、やるべきでないか。

やるべきとなればこれ以上間接部門の役所仕事に付き合うつもりはありませんので、二月一六日（月）の投融資委員会を予定通り行うようトップダウンで落としてください。既に社内関係部門にターゲットとして共有済みのように、共同側では二月一九日（木）の社団理事会（←全加盟社の会長または社長が参加する、社団共同における株主総会のようなもの）において「ヤフーとの合弁によって事業を行う」旨、社業報告されます。

やるべきでないとなれば、共同通信との交渉を打ち切り、案件を取り下げます〉

メールが送られると、宮坂は、すぐに「同僚の仕事をお役所仕事とくさすのはだめだ」と佐藤に注意している。片岡はすぐにとんできて「あのメールはよくない」と指摘した。

が、結果的には、このメールが契機になり、投融資委員会が動くことになり、出資が決まるのである。その過程で、ヤフーが五一パーセントというマジョリティーをとるとアメリカのヤフーにライセンス料を払わなければならない、という指摘があり、四九パーセントに下げられた。アメリカのヤフーの命運はもう決まっていたのも同然だったが、ヤフー・ジャパン設立時の契約がまだ残っていたのである。

そば屋でうけとった通知

あとは、共同通信側の最高意思決定機関「理事会」を通すだけとなった。共同通信は社団法人で新聞記事を配信してもらっている加盟社がつくっている会社だ。加盟社の社長、会長は理事として共同通信の意思の最高決定機関である理事会を構成する。

その理事会の日は二〇一五年三月一九日。

中瀬竜太郎は出席することは許されない。

この日はただ淡々と待つしかなかった。

思えば、一年半前の夏、自分がこの事業をヤフーで立ち上げようと思った時から、風景は本当に変わってしまった。異動という手段で、事業をとりあげられることになった自分は、ヤフーを辞めることで、ここまでこぎつけることができたのだ。

ニュースのビジネスになぜ、自分がここまで関わりたいと思ったのか、時にはその自分を恨むこともあった。佐藤や高橋にはヤフー社内で苦労をさせている、申し訳ないという気持ちもあった。そこまでして、なぜ、と思うことは何度だってあった。

が、今日、それも決着がつく。

理事会は、「連絡委員会」というものが設けられ、事前に重要議題が審議される。この「連絡委員会」は午前中から始まっていた。

連絡はなく、昼時になった。汐留にある共同通信の本社があるビルの地下一階のそば屋で、中瀬は一人そばをすることにした。

と、その時だった。

スマホが震えた。

参加している共同通信の社員からのメールだった。

こわごわと、メールを開く。

「中瀬さん、共同にとっての最大の難関、理事会連絡委員会を通過できました」

通過した‼

その文面を見た時、不覚にも涙があふれてきて止まらなくなった。

二〇一三年秋の悔しさがことさらに思い出され泣けてきたのだった。

共同側の情報を佐藤研輔にすべてさらけ出し、ヤフー側の情報を佐藤研輔からすべてさらけ出してもらいながら、組織の壁を越えて力を合わせた。そうしてついに、ヤフー時代に追い出されたニュース市場に、再び俺は復帰できる。

どこにもない新しいニュース事業の立ち上げはなったり！

ノアドット始まる

このようにして、共同通信デジタルとヤフーの合弁会社ノアドットが二〇一五年四月一日にスタートした。中瀬竜太郎はCOOの立場として運用面での責任者となった。

二〇一五年一二月一日には Kiji.dot.com のドメインを使い共同通信と加盟四〇社の記事がアップロードされ始める。

これは面白い試みだった。たとえば、個人でも、このノアドットのシステムを使ってニュースサイトを開くことができるのである。ニュースコレクトというサイト https://newscollect.jp/がそうだった。また、長崎新聞は情報提供社としてもキュレーターとしても参加していたが、そうすると自社のサイトで、ノアドットに参加をしている他の会社たとえばFNNのニュースを表示することができた。

スマホから始まったニュース媒体では、グノシー、ニューズピックスがキュレーターとして参加をした。

しかし、課題もあった。

川邊が望んだ中日新聞は、理事会で反対はしなかったが、参加は見送った。

だが何よりもの問題は、肝心のヤフーが参加をしなかったことだろう。

「セグンド」のビジネスモデルはヤフーがプラットフォームのみならず、キュレーターとしても参加することを前提としていた。しかし、ヤフーとしては、現在のヤフー・ニュースが個別契約の好条件でまわっているかぎり、この超過利潤を手放すつもりはなかったのだ。

ヤフーがキュレーターとして参加しなければ、「ノアドット」自体の利用量のスケールは出てこない。一九パーセントの手数料だけでは、ノアドット自体は赤字なのである。ヤフーはそれどころか急速にこの「ノアドット」に関心をうしない、「ノアドット」がオープンするころには出向させていたエンジニアなどを帰還させ始めていた。

この中で、「ノアドット」に残ることを選択したエンジニアもいた。

高橋理恵も出向解除を機にノアドットに移籍することになった。

問題は佐藤研輔だった。

佐藤の離脱

中瀬は、佐藤から人間らしい表情が消えかかっていることに気がついていた。「ノアドット」のドメインであるKiji.dot.comから各社の記事が流れだすと、脱力したようになっていた。ここにいたるまでのヤフー社内での様々な軋轢のストレスもあったろう。佐藤が言ってくれていた「中瀬さんを再びニュース市場に戻す」という役目を終えたことで燃え尽き症候群のようになっているように中瀬には見えた。

二〇一六年二月六日、中瀬は、佐藤に会ってこう言う。

「ノアドットにこれ以上かかわるのかどうか、研輔さんにとっても考えてみるいい機会なのかもしれない」

この難しい事業を推進していく新しいフェーズには、またフレッシュな新しい人材がいるのではないか、そのために佐藤研輔の場所をあけて空気を動かさないといけないのではないか、とも中瀬は考えて打診したのだった。

翌日佐藤研輔から連絡があった。

「ノアドットをやめようと思う。当然ヤフーも退職する」

このあと、ヤフーは、ノアドット事業への出資比率をどんどん下げていった。二〇一七年七月二一日には、四九パーセントから一九パーセントになり、二〇一八年には共同側が増資をすることで、比率はさらに一五パーセントまで下がった。

さらに、二〇一八年秋には出資をすべて引き上げたいという打診がヤフー側からなされたが、川邊の念願であった「共同通信記事のヤフー・ニュースへの配信」とひきかえに、この打診は見送られた。

二〇一八年一一月七日、共同通信の記事が、「47NEWS」を契機とした離脱以来一〇年以上たって、再びヤフー・ニュースに配信され始める。

しかし、これはヤフーがノアドットのシステムをつかってキュレーターとして記事をピックアップしているのではない、旧来の個別契約で、記事自体の本文をノアドット側つまり共同通信が、ヤフー・ニュースに流しているだけのことだ。

ヤフーは、ニュース部門については従来のビジネスモデルを踏襲することにし、イノベーターのジレンマを破るということはしなかったのである。

ヤフーとソフトバンクは、もっとおおきなスケールで会社を変えようとしていた。

そのことがはっきりと分かるのは、宮坂学のヤフーからの完全離脱が発表される二〇一九年五月のことである。

主要参考文献・証言者・取材協力者

中瀬竜太郎、佐藤研輔、高橋理恵、川邊健太郎、小片格也、吉川宏輝

第二二章　疲弊する新聞

新聞の部数が激減し、会費分担金収入が減った新聞協会で、異様な「急進的なる成果主義」が着手される。始末書をとり、降格をし、年収をダウンさせる。多くの職員が辞めていく。

日本の新聞の疲弊は、日本新聞協会でそのひずみを現すことになった。

日本新聞協会は、一九四六年七月に新聞社や通信社の業界団体として設立されるが、単なる業界団体以上の様々な活動をしてきた。設立と同時に新聞倫理綱領を定め、新聞と言論をめぐる様々な問題に、各社横断のプロジェクトチームを組んで対応してきた。優れた報道や、優れた経営業績などに与えられる新聞協会賞は日本のピューリッツァー賞とも呼ばれている。

日本新聞協会は、新聞社や通信社によって組織される社団法人だ。新聞社、通信社が部数などによって分担金を拠出、約八〇名前後の事務局が、新聞協会報や、雑誌「新聞研究」などの媒体を発行したり、さまざまなプロジェクトチームの事務方をひきうけていた。

社団法人であるので、加盟社である新聞社が理事会を組織し、事務局がその運営を行なう。

シンクタンクの機能も有しており、私がそもそもこの本の取材を始めることになったのは、新聞協会のホームページの調査データの欄で、日本の新聞の部数と売上の急激な減少を知ったからだった。

この部数の減少によって加盟紙の払える分担金が減った。二〇〇一年度には二二億六八〇〇万円あった日本新聞協会の会費分担金収入は、二〇一七年度には一八億二〇〇〇万円にまで減ってしまっていた。

この運営費の減少を、事務局長だった國府《こうの》一郎《いちろう》と二人の事務局次長は、「急進的な成果主義」で乗り越えようとし、その結果、前代未聞のパワハラの嵐を巻き起こすことになるのである。

二〇一三年頃から始まった國府と二人の事務局次長の三トップによって行なわれたパワハラは、深刻かつ執拗なものだった。

事務局長らトップ三人は、職員に対して人前で厳しく叱責、面罵し、被害者のプライドを直接傷つけた。それに加えて、このパワハラが悪質だったのは、不当な始末書、降格人事や恣意的な人事考課と「急進的な成果主義」を組み合わせることで、一部の職員を狙い撃ちにし、賞与・給与を大幅に減額させた点だった。

この結果、年収でみると部長級で一〇〇万円以上、主管級でも五〇万以上の減収となる職員が続出、パワハラの被害者について見てみると、二〇一三年度から二〇一六年度までの間に部長級で最大約三〇〇万円、主管級で二三〇万円の年収ダウンになった人がいた。

退職者も続出した。年によっては一〇人が辞めた年もあったという。

しかし、事務局がこのような状態にあったにもかかわらず、理事会を組織する新聞社の側がこのお膝元の大パワハラに気がついたのは、二〇一七年になってからのことだった。

グループ本社社長が一人で調査をする

読売新聞グループ本社の代表取締役社長になっていた山口寿一が、協会内のパワハラについての噂を聞いたのは二〇一七年の早春の時点だった。

山口は二〇〇〇年から新聞協会には出入りしている。愛着があった。毎日新聞の朝比奈豊とともに事件報道についての研究会に入っていたこともある。「新聞研究」などの協会が発行する雑誌への寄稿も多い。

読売の女性役員の南砂《みなみまさご》によってもたらされた情報がもし本当だとしたら、由々しき事態だ。言論を守る新聞のお膝元である新聞協会で人権を無視したパワハラが横行しているのだという……。

理事会の承認を得て事実調査を行い、厳正に対処する責務がある。しかし理事会に諮《はか》るには、未確認の情報のままでは不十分だった。理事会に先立って事案の概要を最低限把握しなければならない。被害者が多数いるとなると、最低限の把握としても、一定の人数から事情を聞く予備的な調査が必要になると、山口は考えた。

ハラスメント事案の事実確認は神経を使う。調査が始まったことが周囲に知れると、加害者が被害者を攻撃したり口封じをしたりすることが起こり得る。まして、本件は当事者が多数にのぼるであろう特殊な事案だ。

ここで山口は、驚天動地の判断をする。

グループ本社の代表取締役社長であるにもかかわらず、一人で隠密裏にこの新聞協会のパワハラについて調査をすることにしたのだ。当時の新聞協会の会長は、読売新聞グループ本社の会長でもあった白石興二郎だったが、山口は、白石に断ったうえで、一人で調査を始めた。

山口のスタイルは、二〇〇二年春の東京ドームの外野席を支配する私設応援団の調査の時もそうだった。あの時は社長室長の滝鼻に命じられて、まずは一人で球場に行き観察をするところから始めたのだった。

が、法務室の部次長であった時代と、読売新聞グループ本社の社長となっている今ではあまりにその立場が違いすぎる。しかし、山口は、二〇一七年四月の後半から五月にかけて、若干の読売社員の手伝いはあったにせよ、基本は一人でこの新聞協会のパワハラについて調査したのだった。その手法は、出自である社会部記者のそれである。

「君は部長の仕事をしなくていい」

事務局内で二〇一三年頃から、給与も狙ったパワハラが起こっていたにもかかわらず、加盟紙がそのことを把握できなかった理由のひとつに、新聞協会事務局の「事務局の中のことは外に出さない」、という設立当初からの不文律があった。

二〇一三年まで事務方のトップである専務理事を務めた鳥居元吉はその不文律について私にこう語っている。

「新聞協会の事務局は中立を気をつけなければいけない。協会は合議で決めるということになっている。実際そこに力関係はあるにしても。理事会も一社一票。分担金は部数割にもかかわらずです。採用も特定の社から紹介の人たちをとっていたらだめということになっていた。事務局の採用も事務局が幹事社の影響をうけずに独自にやるということになっている。そんなことはどこにも書いていないが新聞協会ができた時からの決まりになった」

つまり、事務局内のことは事務局内にとどめよということだ。一九八七年に慶應大学の小林節ゼミから新聞協会に入った尾高泉も、新人時代からそのことをたたき込まれてきた。だから自分がパワハラの被害者になっても、そのことをなかなか言い出せなかった。が、読売役員の南砂がそのことを知ったのは尾高からだったとされている。

尾高は新聞協会内で上層部三人によって行なわれたパワハラの最後の被害者だった。

この三人のうち局次長のSが総務部長を兼ねているところがやっかいだった。ハラスメント防止規定は存在していたが、その通報先の当の総務部長がパワハラの張本人だったのだ。しかも、職員から見ると、顧問弁護士や社会保険労務士もパワハラを行なっている事務局の上層部三人と一体化していた。

だが、尾高は、毎日新聞の朝比奈豊や、山口と協会の仕事を通じてよく知り合っていた。

尾高に対するパワハラは、まず内幸町の事務局から横浜にある日本新聞博物館に飛ばされることで始まるが、朝比奈豊や山口は、この人事を不審に感じ、尾高に「どうしたんだ」と電話をしてきている。しかし、尾高は、自分のうけているパワハラのことはその時には言えなかったという。

当時、新聞博物館の館長を兼ねていたのが、もうひとりのパワハラの張本人局次長のYだった。

このYのもと、新聞博物館の歴史展示は、大幅に縮小されてしまった。二〇〇点規模だった展示の数は九〇点ほどに減らされ、しかもその展示は、戦時中の言論統制にもふれていなかった。「関東防空大演習を嗤ふ」の社説を書いて信濃毎日新聞を追われた桐《きり》生悠々《ゆうゆう》の懐中時計は展示してあるが、その肝心の桐生悠々がどういう人物かまったく説明がないので、なぜ、そこに展示をしてあるかもわからない、そういう展示になってしまった。

そのかわりに重視されたのは、SNSなどを使った新聞の利用方法というものだった。

二〇一六年一二月末の辞令で、尾高はそうした新聞博物館にいかされることになったが、その時はまだ部長職だった。が、Yが尾高の部下を怒鳴りつけているのにたまりかね、「Yさんは部長を四つも兼任して忙しいでしょうから、博物館のことは私におまかせください」と部下を守ろうとした。

それがあだとなった。

翌日、黒塗の車で事務局次長兼総務部長のSがYと一緒に尾高に対する事務局長の國府の注意処分をもってきた。そしてこう言い渡される。

「君は部長の仕事はしなくていい。特別会員のお金集めと鴨居の倉庫の整理が終っていないからそれをやっていればいい」

尾高はそれをまにうけて、靴底を減らしながら、凸版印刷、大日本印刷、日本書籍出版協会などをまわりお金集めをする。

ある時はこんなこともあった。

内幸町にある事務局の会議で尾高が報告を始めると、YとSの局次長ふたりが席をたち、そして他の部長が忖度《そんたく》して部屋を出て行ってしまう。尾高ひとりが報告の途中であるのに会議室に残された。

話していると、突然涙声になりうまく話せなくなってしまうなどの症状が出始めたのはこの頃だ。

パワハラをうけた他の職員と同じように尾高も心療内科に通うようになる。

職員の中には、二度の降格人事をうけているものもいた。部長から主管に降格されて、尾高の部下になったその職員は、かつて新聞協会報の編集長をやって尾高はデスクとして仕えた尊敬すべき人物だった。

そして尾高自身も五月一日に部長職から降格されてしまった。新しい職は「館長付」。こうした降格などの方法によって、部長級で三〇〇万円もの年収が減る職員が生まれたのである。

なによりもこうしたパワーハラスメントは、被害をうけた人間の人格を傷つける。「人間の尊厳に最高の敬意を払」うことを謳《うた》う新聞倫理綱領を定めた当の日本新聞協会で人間の尊厳を傷つける行為が事務方の責任者の手によって行なわれていたとは！

気品をもって話すことができない

尾高は、お金集めが終ると、横浜市緑区鴨居にある倉庫にひとり寂しく出勤をすることになった。この鴨居の倉庫には、予算が少なくなり、スペースを減らされている内幸町の新聞協会や横浜の新聞博物館からの資料が預けられていた。

この倉庫で、慶應出身の尾高は、たまたま福澤諭吉の『文明論之概略』を見つけ手にとって読み始める。

対話をすることが難しかったあの時代に福澤は対話をすることを説いていた。気品をもって対話をするということを説いていた。そのことに尾高は心をつかれる。パワハラが横行している職場では、何よりもまず気品をもって対話をすることができなくなるのだ。自分は、慶應で憲法のゼミにいて小林節先生にならい、民主主義のために新聞協会に入った。二人の子どもを育てながら三〇年間頑張ってきた。寂しい思いもさせながら頑張ってきた。

が、今自分は気品をもってこの組織の中で話をすることができない。

最後は本人が

勤めに出ることもおっくうになり、休みがちになった。

山口からの電話がかかってきたのは、どうしても勤務に出ることができず、家にこもっていたある日のことだった。

「君覚悟しろ。動くから。調査をするので君みたいに被害をうけている人の話を自分が直接聞くからつれてきてくれ」

その時点で、すでに山口は周辺の調査を終えていたと尾高は記憶している。尾高はすぐに「はい、協力します」という言葉が言えなかった。

メンタルをやられていると、どうしても勇気が出ない。当時尾高は、電車にもひとりで乗ることができず、夫がつきそっているような状況だった。

尾高は、このころ慶應大学の文明塾に応募して合格をしていた。文明塾は世代を超えて社会人が学ぶことができるオープンカレッジだった。土曜日に慶應の三田キャンパスに通っている間だけは、新聞協会での惨《みじ》めな境遇を忘れられた。

土曜日慶應で作業をしていると、山口から電話がかかってきた。「おれを信頼しろ」という説得の電話だった。尾高はその頃、新聞協会は辞めようと考えていた。というのは、この戦いがどうなるかまったくわからなかったし、慶應での作業の間はそれを忘れられたから、だった。

山口は「（慶應での作業は）何時に終わる?」と聞いてきた。「八時頃」と答えると、「よしわかった。田町に行くから会おう」とすっと言ってきた。

「他に話をしたい人がいたらつれてきて」

尾高はもう一人の新聞協会の職員と一緒に田町で山口の話を聞いた。

山口は私服で、バッグもいつものバッグとは違うものを持ってきていた。

パワハラをうけていると心が弱ってとても声があげられない、そうこぼすと、山口は、自分が東京ドームの私設応援団の暴力団排除をした時の話をした。

「そのときも声をあげられない人がいた。でも、そのときに声をあげた人は、たとえ球場をやめても、その後の人生はちゃんとした人生を歩いている。仕事もうまくいっている。しかし、そのときに声をあげられなかった人はそうでないんだ」

「それが自分の原点だった」と山口はしみじみと話をした。人間はどんなに弱っても、法律や他の人の助けをえて立ち上がった人は、その後の人生でも新しいことをつかむことができた。そうでなかった人は、その後も仕事を転々として自分の家を持たないまま、人生を終えようとしている。

最後は本人が二本足で歩かないと駄目だ、と山口が切々と説くのを聞いて、尾高の心は激しく揺さぶられる。

手さぐりのような調査

しかし、これは手さぐりのような調査だった。國府やYやSにこの調査のことが知られた時点で何が起こるかわからない、山口のもとに被害をうけている人間をつれていくにしても、その人間が味方かどうかわからない。

たとえばこんな具合だ。

山口からこの人物を調査したいという連絡が尾高のもとに入る。山口は、この日のこしかあいていない、という。尾高は、数日前からずっとその人物の行動を観察して、予定をいれさせないように、いれさせないようにする。そして前の日の午後に、新聞博物館にある会議室に呼び出し二人きりで話をする。まだ、敵か味方かもわからない。

尾高はこう切り出す。

「今から私が何言うか想像つきますか」

「想像つきます。辞めるんですか?」

「うん。辞めます。でも辞める前に、のろしをあげたい。のろしをあげたいからつきあってくれっていったらつきあってくれますか？」

その男は固い表情で即座に「お断りします」と返した。

しかし、顔つきを見たら、そんなに悪意がないようなので尾高はこう続ける。

「私は辞めない。のろしもあげない。違う選択肢の話なんですが……」

「えっ、どういうことですか」

「聞きたいですか？」

「聞きたい」とその男は返す。

「明日の午後読売新聞社に行けますか？」

その男ははっとしたようになった。

「えっ、読売で何があるんですか？　尾高さんも一緒に行くんですか？」

「いきません。明日、あなたのことを山口社長がお待ちです。詳しくは言えませんけど、私が山口さんに指示されているのは、明日読売新聞に来てもらうようあなたに言ってくれということだけです」

そう言ったらば本人もわかったようだった。

「もう少し詳しいことを教えてくれませんか？」

「私のおかれている立場もわかっていると思うんですけれど、私たちの組織で何かの調査が始まっている。私は調査をうけました。それで、あなたを調査につれてきてほしい、と言われているだけよ」

男の表情がパーッと変わった。

「さっきは失礼なことを言って申し訳ありませんでした。のろしをあげたらば一緒にやってくれるか、と言われてお断りしますと言ったけれど、自分も機をうかがっていた。しかし、何もできなかった。喜んで行きます」

「君たちの組織で起きていることは犯罪的ですらある」

このようにして一人一人山口は話を聞いていき、新聞協会で何が起こっているかを把握していった。降格などによって、年収ベースで大打撃をうけている職員がいることもわかってきた。

尾高によれば、山口は、こうして骨格を固めたうえで、専務理事の川嶋明に会い「君もこの状況を放置したということで責任は免れない。しかし協力するか」と聞いて、司法取引のようにして全職員の賃金表を入手したのだという。

「君たいへんなことがわかったよ。君たちの組織で起きていることは犯罪的ですらある。これは調査を全域に広げる必要がある。だから僕は本腰をいれてやる」

山口は、川嶋から、國府やSやYからあがってきた職員の始末書も入手する。で、それらは賞罰委員会を開いて書かせたものではない、ということがわかる。

調査の出口が見えない時には不安になる。心がおれてくる。そうしたこの日、この晩という時に電話がなる。「今、こうなっているよ」と山口は状況を教えてくれる。それは尾高だけでなく他の職員に対しても同じだったという。「今、ここまで来ているから安心してくれ」

そして調査報道のやりかたと同じように、最後にはS、Yそして國府の順に読売本社に呼び、これまで調査した事実を山口はあてたのである。

この最後のしめの取材のあとにも山口から尾高のもとに電話がかかっていた。

「三人に聞き終わったよ。よくこれまで頑張ったね」

尾高は声をあげて泣いた。

白石がハンドマイクで説明

事務局長の國府一郎は、山口に事情を聞かれた後から出社せず、辞任届けを新聞協会に送ってきた。

そして、独自の調査で固めた事実関係を、山口は、新聞協会の三人の副会長に報告・相談し、その後、理事会の執行部に当たる運営委員会（一二社一三人の理事で構成）に報告したうえで、二〇一七年五月の理事会に諮った。

通常理事会は、事務局の部長は出席、主管も自分の関係する案が討議されている時は出席している。しかし、パワハラ案件が諮られる時、事務局の人間は外に出された。そこで山口の調査が報告をされた、という。そのあと、白石興二郎がエレベーターホールから事務局のほうに出てきて職員に「ハンドマイクをもってこい」と指示した。そのハンドマイクを使って、白石が事務局全体に話をする。

「事務局で深刻なパワハラがおきていることが判明した」

「局次長ふたりは出勤停止にする。緊急措置として部長職も剝奪する」

六月の理事会で、局次長二人は、懲戒休職三カ月になる。事務局長の國府は、先に辞任届を出してしまっていたので、懲戒のしようがなく、辞任届を受理することになった。ただし退任慰労金は半額に減額された。

そして、この六月の理事会で事務局改革委員会が設置されることになった。読売新聞社と共同通信から人が出て、本調査を実施し、事務局の改革案をまとめることになった。本調査は、理事会の同意を得て、読売の社員（人事部、法務部など）も手伝った。協会の顧問弁護士、税理士ら専門家も加わった。

この本調査の過程で、過去の職員による資金流用も二件発覚した。ひとつは財務担当の総務部長だった職員が二〇〇七年九月から二〇〇九年二月まで、協会の資金三一二二万五九一七円を流用し、自分の株取引で生じた損失の穴埋めや個人的な資産運用の元金にあてていた件。そしていまひとつは、再雇用された嘱託職員が現職時代の二〇〇八年三月から再雇用後の二〇一二年七月にかけて、一四七二万六三八四円を流用していた件。

いずれのケースも、当時の専務理事だった鳥居元吉、事務局長の川嶋明、総務部長の國府は表沙汰になるのを嫌い、刑事処分の検討も行なわず、理事会や会長に一切報告しなかった。当該職員が自主的に退職して退職金で返上することや、所有する不動産を売って流用資金の返済にあてさせるなどの裏処理ですませていた。

こうした資金流用の件や、パワハラの実態を記した第一次報告書は、七月一九日の理事会に提出された。

山口は七月二四日に、事務局の職員全員を相手に、被害者の聴取結果を職員に説明している。

「多くの人がその辛い体験を涙をうかべながら語ってくれた。職員の方々はその思いを共有してほしい」

涙をうかべながら山口の話を聞いていた職員もいた。尾高も、その日東京にいたのでこの山口の話を聞いている。

歴史展示を復活

が、このような山口の調査を心穏やかならず思っていた新聞社もあった。山口が調査をおこなっていた時期が、ちょうど新聞協会会長の改選の時期にあたっていたことも事態をややこしくした。

通常新聞協会の会長は一社が二期四年やって次の社にまわしていくことが普通だった。が、この間に、二期務めた読売の白石興二郎が異例の三期目を続投することが決まっていた。毎日新聞の朝比奈豊という話もあり、尾高によれば本人もやる気があったという。が、消費税率が一〇パーセントにあげられることが予定されている中、新聞に軽減税率をなんとしてでも適用してもらわなければならない、という地方紙・ブロック紙の要請があり、異例の読売続投が決まった。しかし、「読売新聞の新聞協会支配」を危惧する声をあげる社もあったのだ。

読売新聞側は、後に新聞協会の事務局に人を出して改革の行方を見届けたいとしたが、これも、「読売が新聞協会に土足で入り込むようなものだ」と批判する社もあった。

尾高の行動についても、中立であるべき事務局の職員が、読売一社を偏重しすぎている、という批判もされた。

そうしたことがあって、事務局改革委員会のメンバーを拡大し、従来の読売新聞、共同通信に加えて、朝日、毎日、日経、産経、東京の五社からも人を出すことになった。事務局からは、尾高泉を初めとして、新たに専務理事・事務局長となった西野文章ら五人が改革委員会に加わった。

さらに一年をかけて、「理事会と事務局の関係」「ハラスメントへの対応」「人事、考課の改善と給与、賞与の見直し」「予算編成などの見直し」などについてこの拡大改革委員会は具体的な改革案をつくり、それを具体化していった。

改革委員会の最終報告書案がでたのが二〇一八年六月二〇日。

これをもって事務局の正常化のめどがついたとして改革委員会は解散した。

尾高泉は、Yのかわりに、新聞博物館の館長になった。山口が指揮する博物館プロジェクトチームの事務方として、新聞博物館の歴史展示の復活に学芸員とともに汗をかいた。

二〇一九年四月二日になった歴史展示の復活は私も見た。今度は、戦前の言論統制から始まり、朝日新聞が軍部に屈することになる契機となった「白虹《はっこう》事件」もとりあげ、戦後では、中国新聞の原爆報道や、沖縄の二紙の復帰報道もハイライトするめくばりのきいた展示になっていた。

改修前のY館長時代の展示も私は見ているので、ようやく一般の人々が新聞が現在の形になるまでの歴史をわかりやすく知ることができるようになったと感じた。

歴史を残しておかなければ、未来は語れない、その意味で、緑区鴨居の倉庫に散逸した資料をもういちど戻して、意味のある形で展示をしなおすことは、新聞の未来を考える意味でも必要なことだったろう。

しかし、その未来は？

改革委の最終報告書案は、「結び」の項をわざわざこのように書き始めている。

〈言うまでもないが新聞協会会員社の部数の落ち込みは、歯止めがかからない状況だ。新聞協会の会員社からの会費分担金収入も、二〇一七年度は一八億二〇〇〇万円で、二〇〇一年度の二二億六八〇〇万円をピークに減り続けている〉

そう、國府らの異様な「急進的なる成果主義」の背景となった、紙の新聞の部数の落ち込みに、まったく歯止めがかからない状況に変わりはなかったのだ。

主要参考文献・証言者・取材協力者

尾高泉、山口寿一、鳥居元吉

他に新聞協会内外で匿名で取材に応じてくれた人がいることを記す。

「日本新聞協会事務局改革委員会」報告書（案）二〇一七年七月
「日本新聞協会事務局改革委員会最終報告書案」二〇一八年六月
「情報と新聞　多面的に伝える――新聞博物館が歴史展示を拡充」日本新聞協会 博物館事業部『新聞研究』二〇一九年五月号

第二三章　未来を子どもにかける

読売は本紙が一〇〇〇万部の大台をきった二〇一一年、新しい紙のメディアを創刊する。読売KODOMO新聞。未来の読者を育てるというその願いははたして届くだろうか。

読売新聞はその未来を子どもにかけている。

読売KODOMO新聞は月額五五〇円（税込み）、読売中高生新聞は月額八五〇円（税込み）。本紙は、朝夕刊セットで月額四四〇〇円だから、本紙と比べるとその売上は微々たるものだ。しかし、大手町にある読売新聞グループ本社にいくと、一階の吹き抜けには二〇一一年三月に創刊された読売KODOMO新聞、二〇一四年一一月に創刊された読売中高生新聞の、宣伝がスクリーンに繰り返し流れている。

そのキャッチコピーは「新聞読んで何が悪い」。

一種自虐的なコピーだが、この二紙は創刊以来、部数を伸ばし続けている。後発であるにもかかわらず、先行紙の朝日小学生新聞、毎日小学生新聞を創刊の瞬間からぬき、二〇一九年五月のABC部数で読売KODOMO新聞は二一万九〇五一部、読売中高生新聞は、一〇万九六三九部。とくに、中高生新聞は、創刊以来四一カ月連続で部数を伸ばし続けている。

本章では、時計の針を少し戻して、読売新聞が、二〇一一年に、なぜあえて紙のメディアを創刊したのか、その経緯をつづってみよう。

「あたらサラリーマン人生を縮めるようなものだ」

読売新聞販売局の芝間弘樹が、三〇、四〇代の中流家庭が新聞をとらなくなっているという調査や販売店からの訴えを聞き、同期の黒沢幸とともに二〇〇〇年代後半には危機感を持ったという話は、この本の最初、第一章「最初の異変」で書いた。

芝間は、販売店から「どこの新聞というのではない、新聞それ自体をいらないと言われる」と訴えられて、本紙以外で読者と接触をするしかない、と考えるようになった。

読売新聞は、かつて「よみうり少年少女新聞」という子ども向け新聞を出していた。一九五五年創刊のこの新聞はしかし、読売が日本一になる二年前の七五年に廃刊になっている。三年で一〇〇万部といった数が伸びていた時代だから、販売不振で廃刊をしたのではない。本紙があまりにも儲かるため「当時は、読売本紙以外のものは熱心でなかった」のだろうと、一九七八年入社の芝間は言う。

が、危機感を募らせる芝間や黒沢は、今こそ、そうした無読層の家庭にもう一度接触するツールとしても、子ども向けの新聞をつくるべきではないかと考えていた。

当時読売新聞は土曜日の夕刊に、週刊KODOMO新聞というページがあった。そのページをコピーして張り合わせ、販売局自家製のKODOMO新聞にして、販促のツールとして使い始めたのは二〇〇七年のことだった。

この使い勝手がよかったので、芝間は、子ども新聞の創刊を口にするようになる。が、右肩あがりの時代の黄金期を知っている、芝間より上の販売の人間は否定的だった。

「余計なことはするな。あたらサラリーマン人生を縮めるようなものだ」

芝間も黒沢も、読売新聞の部数がピークをつけた二〇〇〇年代前半から、管理職として販売を見るようになっている。日々部数が増えていた時代で仕事をしてきた上の世代の言うことは、どこかピントがずれている、と感じていた。

こうした芝間、黒沢の希望に、編集が呼応する。

社会部記者がつくる「子ども新聞」

社会部デスクの清水純一は、眠くてしかたなかった。ワールドカップを担当していて、朝刊の降版が午前一時三〇分、それからいろいろと仕事をしていると、社を出られるのが午前四時、午前一一時までは寝ていないと体が持たない。ところが、午前一〇時に電話が鳴り、「社長室が呼んでいる」との連絡が入った。

眠い目をこすりながら、出社すると、社長室長の山口が待っているとのことだった。二〇一〇年六月の話である。

この約一年後の二〇一一年の上半期に読売は、一九九四年の下期からずっと保ってきた一〇〇〇万部の大台を割ってしまうことは、すでに書いた。

山口は清水が司法記者クラブにいた時代のキャップだった（そのことは、第五章でふれている）。山口を怖がる社員は多かったが、清水は少しも怖くなかった。清水は管理されるのが嫌いな自由人で、山口がキャップだった司法記者クラブ時代、まったく連絡もせず三日行方不明ということがよくあった。が、山口は何も言わなかった。才能のある人間には何も言わない。

清水は都内版担当だった時代に、七〇代、八〇代の老人だけの草野球チームを主人公にした「転んだら、空」という連載を都内版だけでやっている。これは都内版だけにしておくのはもったいない連載だった。ただの草野球のチームなのだが、「回天特攻隊」の生き残りの「鬼軍曹」あり、あるいは、酔っぱらって警官にからみ逮捕された婦人警官に恋をして猛アタック、今はその女房に尻に敷かれている指名打者の男ありと、毎回チームメートの人生を紹介しながら、この老人だけの野球チームの一夏を追った連載だった。何の変哲もない草野球のチームを対象にしているが、戦争、病気、仕事、家族をそれぞれの読者に考えさせる。しかも筆遣いに独特のユーモアがある。

当時編集局次長だった大久保好男（第一〇章で登場した山口がおされた敏腕のメディア戦略局長で元政治部長、後の日本テレビ会長）は、この連載を読んで面白がり、「清水にはコラムを書かせよう」と指名、清水は後の二〇一七年一〇月には一面のコラム

「編集手帳」をまかされるようになるが、そうした才能のある人間を山口は好きだったのだ。

その山口が清水を呼んでたずねたのは、子ども向け新聞の創刊についてだった。

「僕は子ども向けの新聞に可能性があると思うんだ」

山口によれば、小学館で学年誌の廃刊が続き、編集スタッフが余っているという。小学館のノウハウを使って子ども新聞を創刊してはどうか、という話で、ついては、編集長を清水にできないかという話だった。

二〇一一年四月から学習指導要領が改訂されて、各教科で新聞を活用した学習指導方法がとりいれられることも、山口は強調した。

スタッフは清水の好きな人間を確保していい、と言う。当時の社会部長は溝口烈《たけし》だったが、その頭ごしにそんなことを言われた。

このようにして、清水は、子ども新聞の創刊編集長を引き受けることになるのだが、私が最初理解できなかったのが、編集スタッフが、全員社会部の人間で占められた点だった。

しかも、専任ではない、社会部にも籍をおきながら、読売KODOMO新聞もつくっているのである。

清水が選んだ創刊準備の二人のスタッフは、その日、タバコ部屋でゲラゲラ笑いながらタバコを吸っていた社会部の記者二人だった。

ちなみに清水自身も喫煙者である。二〇〇七年に大腸ガンを患ったにもかかわらず、タバコをやめられない。そして他の二人も喫煙者。そんなむさい社会部記者の男三人で子ども新聞をつくることにしたのだった。

山口に、「専門の部署をつくって読売KODOMO新聞をつくるのと、兼任でやるのとどっちがいい？」と聞かれて清水は迷わず、「兼任」と言っている。子ども新聞だけをやる記者を別部署で設けると、取材経験がなくて紙面を作るという組織にやがてなってしまう。社会部で泊まりとか、現場へ行ったりとか、当直をやりながら兼務してやる。そうすれば、常にニュースの前線の空気に触れることができる。新しい媒体は、子ども新聞専任の記者が書くのではなく、新聞記者が作る媒体であったほうが望ましい。そう清水は考えた。

こうして七人の編集部全員が、社会部で占められる読売KODOMO新聞の編集部ができた。小学館との編集協力のために、なんども打ち合わせをし、コナンをつかったページやファッション・芸能や学習マンガのページなどは小学館が編集をページごとうけおうことにした。

創刊は二〇一一年三月三日。すでに予約の段階で一〇万部を突破する勢いで、朝日小学生新聞や毎日小学生新聞を抜いていた。

清水が編集部の社会部の記者たちと話をしていたのは、読売KODOMO新聞は、本紙で報じられたニュースでも子どもの視点から見るとどうなるのか、ということを徹底して考えようということだった。

読売KODOMO新聞の二号目が出た翌日には、東日本大震災がおこり、社は非常事態対応体制になる。

そうした時も、清水は、一面に読売KODOMO新聞ならではの記事を載せたいと考えていた。

本紙の囲みの小さな記事に、昔なら用務員と言っていた校務員の機転によって児童全員が津波の難を逃れ助かったという記事をみつけた。これだっと思った。普段はあまり省みられることのない校務員さんに焦点をあてて、児童一七六人が無事だった岩手県山田町の船越小学校の話を一面にもっていこう。

このようにして、本紙の小さな囲み記事は「校務員さん 助けてくれた」という読売KODOMO新聞の一面の記事になる。

社会部の記者というのはもともと何でも屋だ。政治、経済の大きなイベントがあった際には「うけ」と言ってその関連記事も書く。だから、読売KODOMO新聞の、政治・経済系の用語説明なども社会部の記者が書いていた。それに対して、政治部系、経済部系の上層部から、「なんで、政治部や経済部に書かせないんだ」という声が清水のもとにも聞こえてきたが、それは断固拒否して、社会部純血主義をつらぬいた、という。あるいは「社会部がまたひとつポストを増やすためにやっている」と他部の人間が言っているということも耳にした。

実際、読売新聞では、硬派三派―政治部、経済部、国際部ではなく、社会部でなくては務まらないという重要部署が増えてきていた。山口が育てた法務部や広報部には社会部のエースがひきぬかれるようになってきていた。また、かつては政治部と社会部の混成部隊だった読売巨人軍も、上層部は社会部出身者で占められるようになってきていた。

こうした変化について社会部出身のある幹部は、私に、こう語っている。

「法務部は、政治部や経済部のやつらにはとてもじゃないけど務まらないということなんです。夜討ち朝駆けの苦労以上のプレッシャーと苦労が法務部にはある。

それで次第に社会部で実力のある記者を法務部を経由させるというふうになっていったんです」

この幹部は巨人軍についてもこう解説した。

「結局、選手の不祥事の広報対応や暴力団対応などが、政治部ではできない、ということだったんですね。で、社会部がやるようになっていく。読売巨人軍の法務部にも社会部出身者が送り込まれるようになった」

そうした背景があったために、また社会部の版図拡大かと警戒されたのだが、清水は馬耳東風で聞き流し、飄々と読売ＫＯＤＯＭＯ新聞をつくっていった。

（週刊）©読売新聞社 2011年

読売KODOMO新聞
よみうりこどもしんぶん

2011年（平成23年）
3月31日
毎週木曜日発行
特別協力 小学館
第5号
月500円 1部 150円
発行所 読売新聞東京本社
〒104-8243 東京都中央区銀座6-17-1
☎03-3242-1111(代) www.yomiuri.co.jp

命を救ってくれた校務員の田代修三さん（中央）に駆け寄る船越小の卒業生たち（3月25日、岩手県山田町で）

校《こう》務《む》員《いん》さん助《たす》けてくれた

津波《つなみ》に気づき「山へ逃《に》げろ！」

■岩手《いわて》県《けん》の船越《ふなこし》小

東日本巨大地震では、子どもたちもたくさん犠牲になっています。そんな中、校務職員さんの機転で学校にいた児童176人全員が助かった小学校がありました。

大津波がやってきた3月11日、岩手県山田町の船越小の児童たちは地震のあと、いつもの訓練の通りに校庭に避難していました。そこに校務員の田代修三さん(55)が駆けつけ、「山へ逃げろ」と叫んだのです。田代さんは遠くに見えた海面が異常に盛り上がっているのに気づき、校庭にいては大変なことになると思ったそうです。

児童《じどう》みんな無事《ぶじ》

児童や先生たちは一斉に裏山に向けて走り始めました。全員が何とか高い場所に駆け上ったとき、大津波が2階建ての校舎をのみ込んでいったのです。

船越小では25日、保育園を借りて卒業式を行いました。児童たちから次々に「ありがとう」と言われた田代さんは、ほんとうにうれしそうでした。

「一緒《いっしょ》にがんばろう！」

KODOMO応援団

東日本巨大地震で被災した方々に向けた応援メッセージを募集したところ、みなさんから、たくさんのあたたかいメッセージが寄せられました。

赤ちゃんをかごに乗せて大事に運ぶ様子を描いたイラストや、手をつないだ子どもたちが地球をぐるっと取り囲む絵も届いています。被害の大きさを見て感じた助け合いの大切さを、みんなが表現してくれました。

（5面につづく）

4ページ

ドッジボール No.1は？

6ページ

おしえて！コナン 時事ワード

8・9ページ

うちの学校が日本一！

13ページ

友だち作りお手伝い

14ページ
わかったぞ！
知らない熟語に出会ったら

読売ＫＯＤＯＭＯ新聞　2011年３月31日号

読売KODOMO新聞の懸賞旗を柩に入れて

販売局の芝間弘樹は、この読売KODOMO新聞の創刊で、「希望の武器」を手にいれたような気がした。これで、新聞を読まなくなった家庭に販売店がもう一度コンタクトをとることができる。

芝間は読売KODOMO新聞が創刊されると大阪本社に異動になり、大阪でこの子ども新聞をつかったセールスを指揮することになるが、東京本社では同期の黒沢幸が、この読売KODOMO新聞を、育てていっていた。

黒沢の読売KODOMO新聞に対する思い入れは深く、大相撲の結びの一番で、読売KODOMO新聞の懸賞旗を出すアイデアを実現し、二〇一七年一月から「読売KODOMO新聞」とロゴの入った懸賞旗が、土俵を飾ることになった。相撲ファンには新聞を読む世代が多いだろう。国技館で宣伝をすれば、子どもや孫に読売KODOMO新聞を読ませようと思ってくれる人も多いのではないかという狙いだった。読売新聞は、月極め購読料を払えば住所の違う家へ読売KODOMO新聞や読売中高生新聞を配達してくれる「よみうり購読サポート」というサービスを始めていた。この懸賞旗を見た祖父、祖母が、孫のために購読を申しこんでくれるかもしれない。

が、黒沢の体はすでにこのころには癌におかされていた。第一章で登場した北区の販売店を営む副田義隆は、仙台の店を任されたことから、黒沢とはよく飲んだ。仙台では、おちょこに穴のあいた杯で、泡盛をぐいぐい飲んでいた黒沢だったが、このころ副田が会うと、眉毛がなかった。「体調が悪いんではないのか」と気遣ったが、他の販売店の手前なのか「いや大丈夫ですよ」と笑っていた。

この読売KODOMO新聞の懸賞旗が国技館を飾った二〇一七年一月には黒沢の体は限界に達していた。新春所長会議の登壇は、階段を使うことができず、ステージ裏に設置した昇降機をこっそり使って壇上にあがっていた。

黒沢は三月一三日に死去する。その葬儀は近親者だけで執り行なわれたが、大阪にいた芝間は東京のこの葬儀にかけつけている。

黒沢の遺体は読売の社旗、そして黒沢と芝間が心血を注ぎ創刊し育てた読売KODOMO新聞の懸賞旗によって覆われていた。

日々できることを積み上げていくだけ

「新聞の切り抜きをつかった授業ができません」

二〇〇八年に近所の小学校の副校長にそう言われてショックをうけた北区で三店の読売専売店を経営する副田義隆。その副田は、その後、町内会やロータリークラブなどの人脈を使い、北区の新聞販売店の組合長として、学校に入っていくことに懸命にとりくんだ。

その結果北区の区立小学校、区立中学校では、読売だけではない、朝日や毎日、東京、産経などの各販売系列が協力して、新聞を学校に無料で配布、毎週一回始業前に「新聞タイム」とよばれる時間に児童が、新聞を読み、記事の要約と感想を書くというとりくみが二〇一〇年度から始まる。さらにそれを発展させる形で、夏休みあけに、「比べて読もう新聞コンクール」という各新聞の記事を読み比べて感想や意見などをまとめて応募するコンクールが二〇一三年度から始まった。主催は北区教育委員会と並んで、副田が組合長を務める新聞販売同業組合である。

ここで副田は、毎年六〇〇〇点を超える小学生・中学生の応募に目を通すようになる。その中に、駅のホームからの転落事故についての読売と朝日の記事を読み比べた小学生の応募があった。この小学生は、実際に目隠しをして、母親に手をひかれ点字ブロックの上を歩いて、両記事を比較していた、そんな子どもたちの工夫に副田は感動する。

自分が毎朝配っている新聞をこのように読んでくれるのか！

が、副田はこの活動によって新聞の部数が回復するような甘いものだとは考えていない。五年先、一〇年先を見据えて、石を積み上げるようなものだ。山口社長は、読売の販売店の店主が集まる二〇一七年の新春所長会議で、わざわざこの北区の活動をとりあげて、北区での全新聞合計のＡＢＣ部数が二〇一〇年以降は守られていると話をしたが、それは褒めすぎだ。読売だけ見ても、二〇一〇年からだって三万五〇二〇部あった部数は、二〇一八年には三万一一〇二部まで減ってしまった。一一パーセントの減少率は、東京都全体の数字（二三パーセント減）と比べれば確かにいい。が、それは、北区が高齢者が多く、部数が減りにくい条件があるからで、自分たちが学校に入っていったからではない。

かつて自分の店三店が持っていた部数は、店一店分がなくなってしまった。五年前には三店で六六名いた配達員は今では三三名だ。そうでないとやっていけない。二〇一九年一月の値上げで、値上げ分を販売店に回してくれるという読売本社の心遣いはありがたい。が、その値上げ分を吹き飛ばすようにして、日々我々は新聞を読む家庭を失っている。

二〇一九年六月一七日の今日も、読売の北区、荒川区、葛飾区、足立区の販売店主が集まる全体会議があった。議題は「どうやって現状を打開するか」。

読売KODOMO新聞の部数を倍にできないかと本社の人間が言う。読売KODOMO新聞や読売中高生新聞を、本社は推している。ありがたいが、しかし、即効性のある「武器」にはとてもならない。すぐに効く妙薬があるわけではないのだ。

かつては四〇を超えていた東京都下の読売の拡張団はいつの間にか、一〇すこし。もういないのも同様だった。生活保護家庭ですら、よりよい生活のライフラインとして分割で公共料金のように新聞代を払っていたあの時代と違うのだ。

かつて東京都下で三〇〇あった読売の販売店も、二〇〇に減ってしまった。

祖父の代から続けてきたこの店だが、自分はこの販売店を息子に委ねようと思わない。

それでも、と副田は考える。自分の命が続くかぎり、日々できることを積み上げていくだけだ。

「不達」という配り忘れをなくすこと。配達員には名札をつけさせきれいな服装で、家の軒先まで入ることに不快感をいだかせないこと。雨の日には、新聞一部一部をビニールにいれ濡れないようにすること。

今日は雨が降った。バイクで転んだ子はいないだろうか。きちんと新聞を配っているだろうか。

配達員たちが出ていってがらんとした作業場を見渡しながら、副田義隆は、また明日のことを考えるのだった。

主要参考文献・証言者・取材協力者

芝間弘樹、清水純一、副田義隆、山口寿一

読売新聞社報

第二四章　未来をデジタルにかける

かつて午前一時の降版の時間にむけて全社がまわっていた日経は、電子版の普及とともに変わった。午後一〇時には編集局にはほとんど人がいない。報道の中身も変わっていく。

日本経済新聞は未来をデジタルにかけている。

喜多の次に二〇一五年三月に社長になった岡田直敏は、二〇一八年四月二日の経営説明会で社員に向かってこう語りかけている。

「少なくとも日経の場合は、紙の新聞の部数だけで読者の増減を測る時代はもう終わった」

「新聞の未来の基盤はデジタル」

紙の新聞の部数は、二〇〇九年から二〇一九年にかけて七一万部おちたが、誰も進出して行かなかった市場、有料デジタル版に二〇一〇年に進出していったことによって、二〇一九年六月まで七二万の契約者数を日経電子版でとり、二〇〇九年以降も、売上を維持している唯一の新聞社であることはすでに書いた。

が、紙にこだわることをやめ、デジタルにシフトしていく過程で当然代償もある。

ジレンマを破る代償

岡田直敏は、社長室長だった二〇〇六年一一月に、三〇年勤続者の代表として、答辞を永年勤続表彰式で述べている。

そこで、一九七〇年代に日経が活字からコンピュータ製版へ移行したことが持ったもうひとつの側面をこんな風に話したのだ。

岡田は新卒でまず配属されたのが整理部で、入社した時にはまだ活字で新聞を組んでいた。ところがその後五年の間にＩＢＭによる「アネックス」プロジェクトで、製版がコンピュータ化された。

それは岡田が入社五年目、京都支局にいた時のことだった。岡田は出張で上京した際、本社玄関に制服姿で立っている警備員を見てはっとする。それは岡田が整理記者の時、活字大組みの現場でにらみをきかせていた制作のベテランだった。

この活字の現場で起こったことが、今は新聞販売店の現場で起こっているのだ。

第一三章で登場した電子版発行時の第二販売局長だった塚田雅彦は、実家の会社をつぐために日経を退社したが、今でも販売店の店主とはつきあいがあり、その店主が廃業をしていっていると寂しそうに話をしていた。

日経電子版をとっている読者のうち二〇代の読者の比率は一五パーセントにもなる。紙をとるのをやめているのは高齢者だから、日経電子版をとるから紙の日経をやめたとは必ずしも言えないが、しかし販売の現場で私が話を聞くと、「われわれはイジメにあっています」と真顔で訴えられた。

「毎月二十数部ずつ部数はずっと減っていっています。半分は電子版だけにするという理由でやめてしまっている。でも本当かどうかはわかりません。社は教えてはくれませんから」

日経の場合は、電子版のみにすると、クレジットカード決済しかうけつけない、すると販売店の名簿からなくなり、販売店からは、紙の日経新聞をやめた読者が、ほんとうに電子版に行ったかどうかはわからない、ということをこの日経販売店の従業員は言っているのである。

日経販売店主の中には日本経済新聞の東京本社ビル二階のトイレで焼死した男性もいる。

二〇一七年一二月二一日の午前中に、日経の本社の二階で火災が発生し、トイレの床や壁など約三〇平方メートルが焼け、日経の販売所の所長だった男性が焼死していた。警視庁は自殺の可能性が高いとみた。同じ地域の販売店組合で一緒だった他系列の販売店の店長や、日経の他店の販売店の従業員は、その五六歳の男性が「抗議の自殺」を遂げたのだと信じていた。

近所の他系列の販売店の店長は、「毎日新聞の販売店がなくなって、その紙を預かるようになったって喜んでたけど、すぐに部数が減っていってしまったよね。配達員もベトナムや中国からの留学生を入れて、道に不慣れだから、朝八時になっても配り終わっていない、なんてことをやっていたから。会社に何かを訴えたかったんだろうね」

日本経済新聞社の広報はこの件については、書面で回答をよこした。「概括せず本回答のまま記載」してほしい、と回答書にあるので、回答はそのまま章末においた。

男性には妻と娘が残された。

フィナンシャル・タイムズ買収

こうした惨事をくぐりぬけながら、日本経済新聞は変わりつづけている。

二〇一五年一一月にはピアソン傘下にあったフィナンシャル・タイムズ（FT）を一六〇〇億円で買収する。

日経の報道がはっきりと変わってきたのは、先にデジタル版で成功していたフィナンシャル・タイムズを買収してからだ。

二〇一五年四月、私はニューヨークのホテルで、フィナンシャル・タイムズのアメリカ版編集長ジリアン・テットの『サイロ・エフェクト』と題された原稿を夢中で読んでいた。まだ日経がFTを買収する前の話だ。当時私は、私が今書いているこの本の版元、文藝春秋の編集者だった。

もともとジリアン・テットは、日本経済新聞社が前作『セイビング・ザ・サン』を出したことで、翻訳出版権のオプション（優先権）は、日経にあった。が、日本経済新聞社の子会社である日本経済新聞出版社は、この新しいタイトルにあまり興味を示さず、低い額のオファーしかだしていなかった。ノンフィクションの場合、翻訳出版権は、本がアメリカで出版される前の段階で決まっているのが普通だ。

ジリアン・テットのエージェントは、村上春樹なども手がけるICMのビンキーことアマンダ・アーバンで、このビンキーとICMのオフィスで雑談をしている時に、ビンキーが本当に何気なくという感じで、「サイロって知っている？」とFTのジャーナリストが手がけているプロジェクトの話をしたのがきっかけだった。

聞けばそのジャーナリストはもともとは文化人類学者で、タジキスタンの部落に三年住んで論文を書き上げた人物だとも言う。文化人類学の手法とは、いわば自分たちの圏外の文化に入っていき、そのなかで暮らし、インサイダーとなることで、そこの文化にもともといた人が当たり前のようにして気がつかない、様々な習慣や風俗がどのようにして作られていったのかを観察により明らかにしていく学問である。

その手法は、今日では、例えばロンドンのシティの投資銀行に文化人類学者が入っていき、論文を書くなど現代社会の様々な事象をとりあげるようになっているが、テットはその文化人類学の手法を使って様々な組織に入っていくジャーナリストだった。FT東京支局長をしていた時代には、日本長期信用銀行の破綻とリップルウッドによる買収をカバーした。

この時も、テットはアウトサイダーとして日本社会、日本の金融社会に入り込みインサイダーとなって観察、そして書いたのが『セイビング・ザ・サン』だった。

私はこの本を読んで見事だと思った。

私が大学を出て就職をする一九八六年には、絶対安泰と思われていた日本の金融業が、なぜ、九〇年代末にもろくも崩れ去っていってしまったのかが、インサイダーになったアウトサイダーの目で活写されていた。

テットの素質は、例えば、リップルウッドのCEOティム・コリンズと同社の顧問だったバーノン・ジョーダンが、買収なった日本長期信用銀行を訪れたシーンに典型的に現れている。

バーノン・ジョーダンは黒人公民権運動家として名をなし、ワシントンの陰の実力者と呼ばれている男だった。二人は、長銀の社員食堂でランチをとることにしたのだ。

〈箸を動かしていた日本人行員たちは目を疑った。これまでは、食堂で外国人を見かけることなど皆無に等しかったからだ。外国人が入ってはいけないという規則があるわけではないが、銀行の客は〝プライベート〟な食事の場に近寄ることなく、来客用の部屋に通される。長銀には、ランチタイムにさえ、ほかのときと同じように厳然として階級制度が存在した。そして、誰もが自分が与えられた場所を守るように期待された。（中略）

ジョーダンのほうも、日本人を見て面食らった。アメリカでは、社員が、自由にリラックスしてランチを食べている。ところが、長銀の食堂には暗黙の規律が見えた。行員はあるパターンに従い、物静かにきちんと並んでいる。〝OL《オフィスレディ》〟と呼ばれる制服を着た女性のテーブルと、濃紺のスーツ姿の男性のテーブルが、明確に分かれている。ジョーダンは知らなかったが、これは男女差別ではなく地位の差に根ざしたものだった。女性はみな地位の低い仕事をしているので、階級制度の底辺の者が集まるテーブルで食べることになっている。「分離主義は見たことがある」ジョーダンは思い返していう。「私は人種分離体制のなかで育ったのだ。南部出身だから。分離主義については誰よりも知っている。でもあの社員食堂は、新しい分割だった。あんなものは見たことがなかった」〉

ジョーダンは平等主義の信念から、一番若い女性たちが集まるテーブルを選んで座る。「長銀の食堂階級制度からいうと底辺の席」であるが、「女性たちは凍りついたように沈黙していた」。

この一シーンには、護送船団の頂点として君臨した長銀と、米国のファンドの対比が、社員食堂の序列という視点から鮮やかに描かれている。それは、中にいたもの、長銀の職員や、日本のジャーナリストでは気がつかなかったことだろう。インサイダーになったアウトサイダーのテットでなければ書けなかったシーンだ。

そして、その時ニューヨークのホテルで私が読んでいた『サイロ・エフェクト』の原稿でもジリアン・テットは文化人類学者としての背景を充分に活かして、アウトサイダーがインサイダーになって、「ソニーはなぜ失速したのか」について取材し、書いていた。

私は原稿がメッセンジャーボーイでホテルに届いたその日のうちに、ビンキーにオファーの金額を提示して、その版権を手中にする。

日本経済新聞出版社はエージェントのビンキーが期待するようなオファーを出せなかった。ところが、文藝春秋が版権を取得することがきまった直後に、親会社である日本経済新聞社がFTを買収することを発表したのだった。

そうした経緯があって、私はテットを通して、FTが日経に買収され、買収されたにもかかわらず、日経の報道とデジタル戦略に子会社であるFTが影響を与えていくその一端を垣間見ることになる。

その記者でなければ書けない記事をだす

テットは何も本だけで、こうした独特の見方をもった文章を書いていたわけではない。アメリカ版の編集長になってからも、本紙のコラムで現代の様々な問題を彼女にしかできない取材、見方と筆致で書き続けていた。

例えば東京支局時代に深く食い込んだ長銀について、容赦ない筆致でテットは書いたが、最後の頭取である大野木克信とは深くつきあった。それは長銀が破綻し、東京地検特捜部の捜査が入って、大野木が逮捕された後も同様だった。副頭取と部下は自殺し、大野木も有罪判決をうけるが、長い控訴審の果てに、最高裁によってすべての嫌疑は棄却され無罪となる。が、社会的には死んだも同然だった。私財も提供し経済的にも逼迫していた。それでもなおテットはこの尊敬すべき元バンカーとつきあった。

それは時代がはるかにくだった二〇一六年二月、『サイロ・エフェクト』の日本版の発売前のツアーのために来日した時も同じだった。この時、すでに日経はＦＴを買収しており、ＦＴのウエブ戦略を担うチームが大手町の日経の社内に入り、先行するＦＴの有料デジタル版のノウハウを教え始めていた。テットもこの「統合」（ＦＴのジャーナリストは買収されたとは言わず統合と言った）のために頻繁に東京を訪れるようになっていた。そうした超多忙のスケジュールの中でも、一晩は、大野木との会食のためにあけていた。

この会食の翌日テットは、大野木は、もうただの老人で、自分の娘が仕事に出ている間、孫を保育園に迎えにいくそんな日々をすごしている、と私に語ったあと、こう言ったのだ。

「でも、大野木は、私にさようならを言いにきた。そんなことは実際には一言も言わなかったが、でも私にはわかる。大野木は別れを告げに私との会食に臨んだのだ」

大野木はがんに侵されていた。その大野木が亡くなったのは、二〇一七年五月。

私がテットの書き手としての才能を思い知るのは、その約半年後、テットが二〇一七年一〇月六日にFTに書いた「ウォールストリートへの日本のレッスン」というコラムだった。

「最近、古い知り合いが亡くなった」という一文で始まるこのコラムで、テットは、大野木の物語について書いた。東京支局時代からの長いつきあいを披露したうえで、大野木ら日本の誇り高かった元バンカーらが、二〇〇八年のリーマンショックで米国の金融機関の経営幹部がとった振る舞いにどう感じたかを書いていた。

〈日本の銀行家たちとはまったく異なり、米国の銀行家たちは年金も失わなければ、自発的に自分の財産を引き渡す決断もしなかった。

ウォールストリートの上級幹部で、逮捕された人は誰もいなかった。それどころか、彼らの大半は自分たちの銀行を手玉にとって莫大な個人資産を守らせ、手つかずのままにさせて逃げ切った。やがて彼らの多くが、新しい仕事を手に入れた。

日本の銀行家である私の友人たちは、誰もこのような展開を信じられなかった。

彼ら自身、長銀（やその他の銀行）が破綻したときに、自分が犯罪的な行為をしたと思っていたわけではない。だが、それでも彼らは、日本の金融危機について自分は責任を取るべきだと考えていたのだ。

誰もが慎み深い人たちで、あれほど無残に破綻した組織の一部であったことを知っていた。だから、彼らは私にこう聞いてきた。

「なぜ、米国の銀行家たちは私と同じようなきまり悪さを感じないのか？」

「なぜ、ウォールストリートの大物たちは、財産の一部でも返還すべきだと思わなかったのか？」

私は、なんと応じればよいのかわからなかった〉

テットは、多磨霊園にある大野木の墓に花を手向けにいっている。そしてコラムをこう静かに閉じていた。

〈いずれにしても、先週、大野木の墓に花を供えながら、私の心を占めた考えは一つしかなかった。

もっと多くの米国の銀行家たちが彼の物語を知っていたら――。

私はただそれだけを思ったのだった〉

日経でも記者個人の顔が見える記事が増える

私はこの二〇年以上に及ぶ悲劇のバンカーとの交流から生まれたテットのコラムのこ

とを流れてきたツイートによって知った。

こうした、個人的なストーリーから「私」を使って書くような記事は、日経では御法度だった。記者が、自分の書いた記事についてSNSで発信することも、長く論説委員や編集委員を務めた関口和一によれば禁止されていた。

日本経済新聞は、二〇〇〇年代初頭に、長期政権となった鶴田卓彦の女性問題に端を発し、様々なスキャンダルや不祥事に見舞われた。日経の一〇〇パーセント子会社である「ティー・シー・ワークス」では、日経本社の告発により、東京地検特捜部の捜査が入り、旧経営陣が総額三五億一五〇〇万円の不正経理をおこなったとして、元社長ら三人を特別背任と業務上横領の疑いで逮捕、起訴されている。あるいは、二〇〇六年には、広告局の社員がインサイダー取引の疑いで証券取引等監視委員会によって告発され、逮捕起訴されたという事件もあった。

週刊誌や月刊誌には、鶴田長期体制の恥部を告発する記事が次から次へと掲載され、日経の株主であるOBが、株主代表訴訟を、「ティー・シー・ワークス」の不正経理問題について起こしている。これは、鶴田体制下で起こった「ティー・シー・ワークス」問題について株主総会で鶴田社長の取締役解任動議を出した社員の大塚将司が懲戒解雇された後にもうひとりのOB元論説委員の和佐隆弘とともに起こした裁判だった。この裁判は、途中で会社側と大塚側が和解し、大塚が懲戒解雇の理由とされた鶴田卓彦らへの名誉棄損を認め、会社と鶴田へ謝罪する一方、会社は大塚への懲戒解雇処分を取り消した。

こうした大混乱の収拾の過程と同時並行でコンプライアンスの強化が進行し、かつては自由に日経以外にも原稿を書いていた日経の記者たちは、日経以外のメディアに了解なく書くことは原則できなくなってしまった。そしてSNSについても、個人的なことを発信するのはよいが、記事のことや社のことを発信するのは禁止されてしまった。

が、FTは逆を行っていた。

日経より早く紙から電子版への移行を行なっていたFTは、これまでのように、日々の出来事を追うのでは、駄目だということを学んでいた。記者ひとりひとりの個人の体験、分析と意見が色濃くでた、そこでなければ読めないような記事でなくては、ウエブでは有料の記事を人々は買ってくれないということを身をもって学んでいったのだ。

そして、そうした記者それぞれの背景に根ざした分析やオピニオンを掲載するとともに、それを記者たちは、SNSで積極的に拡散した。記事の最後には、その記者のツイッターのアカウントが載せられる場合が多い。これはニューヨーク・タイムズも同様の戦略で、記者たちのツイッターのアカウントをフォローさせることで、ペイ・ウォールをウエブ上で超えさせていったのだ。

テットの大野木についてのFTの記事もそうした記者の「個」が立った典型の記事だった。

日本経済新聞も、FTとの「統合」のなかで、そうしたFTの戦略をとりいれざるを得なくなったのである。

その結果、二〇一七年頃から、日本経済新聞の紙面が明らかに変わってきた。SNSについても、承認をうけた記者は発信ができるようになった。また、ジリアン・テットやマーティン・ウルフのような署名で勝負するFTの記者たちの原稿を読んで、日経にもそうした記者を育てようとコメンテーターという職をもうけるようになった。

「Deep Insight」というコラムが始まり、コメンテーターとなった中山淳史、梶原誠、秋田浩之といったベテランの記者が、FTのジャーナリストと同様に、個が立った論説記事を書くことを求められるようになる。

もっとも、この「私」という単語が出てくる記事は、そう簡単に書けるものではない。日本経済新聞では、中堅や若手もこの「私」を使って記事を書くようになっているが、FTのテットのような記事を書くまでにはなっていない。

例えば、二〇一九年六月二八日の朝刊に掲載された「データの世紀　世界が実験室」の第四回は、

「私（38）はそんなに安い男なのか」

で始まる長文の記事だった。その後「私」という言葉が五回も出てくる。

が、記事自体は一人の記者が自分のデータを売ってどれぐらい稼げるかを、試してみているというだけの話だった。「私」を主語にする記事を書くならば、独特の文体やア

ングルそして経験から来るものでなければ読むに耐えないが、記事はそういったものになっていなかった。

しかも、その肝心の「私」が誰なのか、記事のどこを読んでもわからないのだ。記事は署名ではない。最後にこの連載を担当する八名の記者の名前が連名で書かれてあるという奇妙な記事だった。

鶴田体制以降の集団主義でひとりが目立ってはいけない、外に出てはいけない、というコンプライアンスのベクトルもまだ日経には根強く残っている。

こうした記者に対する締めつけは、鶴田体制が引き起こした様々な不祥事の最中でコンプライアンスを担った喜多恒雄のもとでより厳しくなったとする日経の社員は多かった。

文藝春秋側が完敗したある裁判

そこには不幸な事件もあった。

週刊文春が、二〇一二年七月一九日号で報じた社長の喜多と女性デスクに関する記事が巻き起こした騒動だった。この記事に対して喜多と女性デスク、日本経済新聞は週刊文春の発行元である文藝春秋を名誉棄損で訴えた。喜多、女性デスク、日本経済新聞の請求した損害賠償額の合計は一億七二一五万円。

この裁判で、文藝春秋側は完敗している。

二〇一五年六月五日に確定した判決では、文藝春秋側は、日本経済新聞、喜多、女性デスクに対して合計で一二一〇万円を支払うこと、ウエブに掲載した記事、写真を削除すること、そして日本経済新聞と週刊文春誌上に、社長、発行人、編集長の連名で謝罪広告を掲載することを命じていた。

この謝罪文をそのまま掲載することが事件の概要を知るのにはいちばんいいだろう。

〈週刊文春2012年7月19日号が掲載しました「日経新聞社長マンションからご出勤の美人デスク」と題する記事及び「日経新聞社長と美人デスクのただならぬ関係」と題する記事のうち、株式会社日本経済新聞社（日経新聞社）の代表取締役である喜多恒雄のマンションの部屋に日経新聞社経済部の女性デスクが宿泊していた旨の記述、当該女性デスクは、喜多と関係があったため、正社員として日経新聞社に採用され、平成24年3月の人事で日経新聞社の経済部総合デスクに抜擢された旨の記述は、いずれも事実に反する誤報であり、これらが真実であることを前提に、日経新聞社は自社のコンプライアンスさえ遵守できない新聞社であるとした記述も不適切なものでした。

上記の記事によって、日経新聞社及び喜多氏において上記のような事実が存在するかの如き誤解を生じさせ、日経新聞社及び喜多氏の名誉及び信用を著しく棄損して、多大な迷惑をおかけしましたので、ここに上記記事を取り消すとともに、深くお詫び申し上げます〉

週刊文春では、マンションから出てくる喜多と女性デスクの写真が掲載されたが、それは約一〇分の差とはいえ別々の時に出てきた別々の写真であり、一緒に出てきた写真を週刊文春側はおさえたというわけではなかった。

裁判が始まる前に、文藝春秋側は和解の道はないかと、当時担当の役員だった木俣正剛が、すでに日経の会長を退いていた杉田亮毅に接触をしている。共同ピーアールの社長がセッティングした非公式の会談だった。

「日経さんも弱点があるんだから、どこかで妥協を考えた方がよいのではないですか?」

「このまま激突してしまうのは、互いにとって損だ」

と木俣に持ちかけられたと杉田は証言している。

杉田はこう返したという。

「うちの社員の話を聞くと、おたくが若干どこか誤認しているのではないかと思う。なにもやらさないうちから引き分けということはありえない」

杉田は一方で、自分が社長に指名した喜多も週刊文春の報道があってすぐに呼び出してこう申し渡している。

「事実だったら辞めてもらうよ」

裁判の結果は、文春が誤報を認め、日経と週刊文春誌上に謝罪文を出すというものだった。これをもって、すでにその年二〇一五年の三月に代表権を持った会長に昇格していた喜多の基盤は磐石のものとなり、七月のFT買収へと突き進むというわけである。

喜多は社長に就任した当初から、グローバル化を自分の経営のテーマとして繰り返し社員に説いていたが、その本格化へ着手したということになる。

「テクノロジー・メディア」を目指す

FTの買収以降、社長の岡田直敏は日経を「テクノロジー・メディア」に変えようとしている。

二〇一八年度の日本経済新聞に占めるデジタル売上高は二七パーセント、これを二〇二五年には五〇パーセントを占めるように変える。

そのためには、紙の部門のリストラ、効率化をはかり、デジタル・グローバル分野に集中投資する。

日本経済新聞は、このテクノロジーの変化の主役、エンジニアを他の新聞社に先駆ける形で積極採用している。

中途採用では、二〇一六年に一七人、二〇一八年に一二人、二〇一九年に七人。新卒では二〇一七年に一〇人、二〇一八年に六人、二〇一九年に五人、二〇二〇年四月入社では二〇一九年六月時点で八人のエンジニアを確保している。

これまで、新聞社は外部のベンダーにアプリ制作等を依頼していたが、これだと、実際に市場に出してみて、様々なユーザーの反応によって変えていくということが、えらく時間がかかりしかも不出来だった。

日本経済新聞には、二〇一九年六月現在で一〇〇人を超えるエンジニアがおり、日経電子版のスマートフォン用のアプリも、社員であるエンジニアが内製化してつくっている。二〇一七年にはグッドデザイン賞ベスト一〇〇という外部評価もうけた。

読売新聞も二〇一九年一月に値上げをする際に、「読売新聞オンライン」という新しいデジタルのサービスを紙をとっている読者限定で始めたが、しかし、そのローンチの日の午前中にはこのサイトにつながらない、あるいは、令和の改元の日にもつながりにくいなどの不具合を連発。販売店から紙で配られるパスワードを入力してこのサービスが受けられるようになるが、このパスワードがアルファベットが続いているあとに「0」という数字が入り、これをアルファベットの「O《オー》」と間違えて入力する読者が続出するなどで、カスタマーセンターはまったくつながらない、という修羅場もあった。「読売新聞オンライン」が発行本社のデジタルに対する弱さを露呈しているのに対して、日経電子版は、発行本社のデジタルシフトの強みがよく現れた商品だと言える。

その電子版も二〇二〇年にむけて、テレビ東京の動画なども入れて、全面的に進化させるべく研究が進んでいる。

翌日の朝刊のスクープを前日の電子版に出す

FTに倣い、個人が立った記事を積極的に掲載するよう日経が変わったことはすでに書いたが、日経がもうひとつ力をいれているのがデータ・ジャーナリズムだ。このデータ・ジャーナリズムは、たとえば官公庁、自治体からデータを入手し、その膨大なデータを解析することで、大きな変化を摑む、というもので、すでに東京大学の越塚登研究室と協力しながらいくつかの成果を出している。

たとえば、二〇一九年二月に出した「通信速度」に関する記事。これは「米グーグルや米プリンストン大が加わる通信速度の計測計画『M-Lab』が無償公開する一〇年以降のデータを活用。東大の協力を得て、一九九カ国・地域の二億三千万件のデータを国・時間別に抽出・分析した」（記事より）もので、その結果日本の通信環境が、情報の増大に追いついておらず、夜間はロシアなみの遅さになっていることを、チャートもふんだんにつかって明らかにした。

そして日経は、二月一六日の朝刊一面に出したこの記事を、前日の午後六時には、日経電子版には流してしまっているのである。

これは日経電子版の「イブニングスクープ」と呼ばれるもので、ビジネスマンが帰宅時間にスマートフォンなどで、もっとも電子版を見る午後六時という時間帯に、翌日の朝刊の一面の調査記事を出してしまうのである。

このイブニングスクープに選ばれる記事は、「スクープ」というよりも、時間の変化に堪えうる大きな変化をつかんだ調査記事が多い。二〇一九年度の新聞協会賞を受賞することになる「データの世紀」や「チャートは語る」などのシリーズからピックアップされた記事が目につく。二〇一九年五月三一日のイブニングスクープでは、米中貿易戦争で、中国から米国への輸出がどう変化したかを、中国からベトナムや台湾、メキシコへの輸出が増えていることをデータから明らかにし、その輸出が実は迂回輸出なのではないか、と指摘する記事をだしている。

これらのデータ・ジャーナリズムをもとにする記事は、これまで新聞が血眼になっていた「前うち」の記事とは本質的に違う。新聞記者は官庁の記者クラブに所属し、その官庁が作成したペーパーを他社より早く抜き報じる、そのことの競争でなりたっていた。が、そうした「前うち」の記事は、半日たてば、他社も報じてしまう「コモディティ化した記事」、つまり有料会員が読むような記事ではない、と社長の岡田は言っているのである。

イブニングスクープでも、調査記事ではなく、「前うち」のスクープを出すこともある。そうすると翌日の朝刊では、他紙と同着になってしまう。

しかし、紙で追いつかれようと、電子版に先に出すという風に日経の記者たちの価値観は根本から変わってきている。

紙の新聞は午前一時前後の降版にむけて、すべての予定が組まれていく。日経でも、一〇年前は、結婚して子どもを生んだ女性記者が編集局の現場で働くことは無理だった。

チェック用の記事のゲラ刷りが出てくるのは二一時。これからチェックをしてということになると、とてもではないが、公立の保育園で延長保育をしても、一八時までというところだと家庭が回っていかない。

しかし二〇一九年六月の現在では、朝刊の紙面は夕方四時か五時にはある程度できているようになった。そこからチェックしてということであれば、子どもがいても記者として仕事を続けることができる。

これも、電子版のアクセスが多い、午前六時から七時三〇分、昼休みである一二時から一三時、そして帰宅時の一八時、ここにあわせて、朝刊用の締め切りも以前よりずっと早く設定しているために起こった変化だった。夜回りも極力少なくするよう、記者たちは指示され、独自の見方の記事を出すことが奨励されている。

現在の日経は、午後一〇時ともなると編集局には、ほとんど人がいない。皆電子版に合わせた締め切りで記事を出して帰ってしまっている。

紙の新聞だけだった時代、編集局に人がいるピークは午後一一時台だった。騒がしく、そこかしこで、怒鳴り声がしていた。翌日の朝刊の紙面をうめるために、記者も校閲者も編集者も、午前一時にむけて必死に、時に陽気に行進していたのだった。
その時代はすでにすぎさってしまったことを、午後一〇時の日本経済新聞の森閑とした編集局は伝えている。

主要参考文献・証言者・取材協力者

杉田亮毅、関口和一、警視庁、他に日本経済新聞の複数の社員、日本経済新聞の販売店の複数の従業員、他系列販売店の複数の店長

日本経済新聞社内報「太陽樹」
『セイビング・ザ・サン　リップルウッドと新生銀行の誕生』ジリアン・テット著　武井楊一訳　二〇〇四年　日本経済新聞社
『サイロ・エフェクト』ジリアン・テット著　土方奈美訳　文藝春秋　二〇一六年
A Japanese lessen for Wall Street. The humbling tale of the bankers who felt ashamed of the system's failure, Gillian Tett October 6, 2017, The Financial Times.

本文中の訳は、この記事が、クーリエ・ジャポンに転載された際のものを使っている。日本経済新聞は、この記事を掲載していない。


日本経済新聞広報室の回答。

「二〇一七年十一月上旬、ご本人から廃業したいとの申し入れがあり、同月に契約を解除しました。それ以前から辞める意向だったようです。日経との間にトラブルはなく自主廃業です。一方的に販売店契約を打ち切る「強制改廃」ではありません。

自殺かどうかは警察で取材していただければと思います。日経との間にトラブルはありませんでしたので、日経への抗議というのは当たらないと考えます。

火災直前に社員と話したり、言い争ったりということは確認されていません。

今回の事案の背景に、販売店の経営問題があるとは考えておりません。日経はデジタルシフトを進めていますが、紙の新聞事業は依然収益の柱であり、販売店の経営基盤を強化することは経営戦略上の重要な課題であると考えています」

第二五章　未来をデータにかける

ヤフーはまた大きく変わろうとしている。「メディア企業」から「データ企業」へその衣を脱ぎ捨てていく。宮坂学や奥村倫弘など草創期に参加したかつての若者はヤフーを去っていく。

ヤフー・ジャパンは未来をデータにかけようとしている。

二〇一九年六月一八日に東京有楽町にある東京国際フォーラムで開かれたヤフー株式会社の株主総会。

二〇一八年六月に宮坂にかわって代表取締役社長になった川邊健太郎が進行をつとめ、壇上には取締役の会長となった宮坂学、そしてヤフーの取締役も兼務している孫正義が並んで座っている。

この株主総会でかけられた議案が採決されれば、ヤフーはまた大きく変わることになる。

まず、ヤフーは、ソフトバンクの子会社になる。それまでは、ソフトバンクはヤフーの一二パーセントの株を持つ「兄弟関係」の会社だった。それを、この株主総会の第一号議案が通れば、ソフトバンクはヤフーの株を四五パーセント持つ親会社になる。ヤフーの上場はそのまま維持される。ソフトバンクとの親子上場という関係だ。

そして第三号議案の「取締役選任の件」が可決されれば、宮坂学は退任し、ヤフーとまったく関係がなくなる。あらたに選任される三人の取締役のうち一人は、ソフトバンクから送り込まれ、もう二人は、孫が力をいれている決済サービス「ペイペイ」をやっている金融会社ＰａｙＰａｙ㈱からの就任ということになる。

「メディア企業」から「データ企業」へ

ヤフーがソフトバンクの子会社になり、宮坂学がヤフーを離れるというニュースが社内に流れた時、ヤフーは「メディア企業」ではなくなってしまう、と感じた古参の社員は多かった。

それはこういうことだ。

川邊健太郎が、この株主総会でヤフーの「成長戦略」としてプレゼンテーションした九分の中に「メディア事業」は一言もふれられてはいなかった。

川邊が考えるヤフーの「成長戦略」は、「メディア事業」にはない。株主総会では、ヤフー社内でも披露されたという「未来のヤフー」のビデオが上映された。そこでは、ペイペイと地図情報を使って、ユーザーに最適の買い物情報をヤフーがポップアップし

ヤフーはソフトバンクの子会社になる

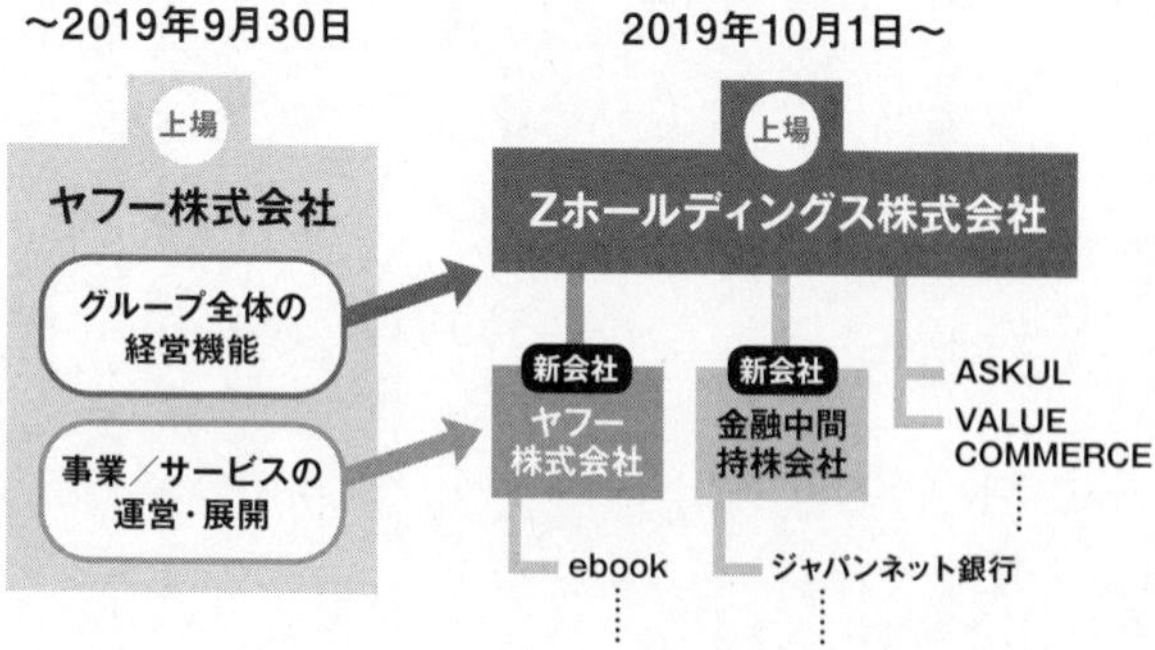

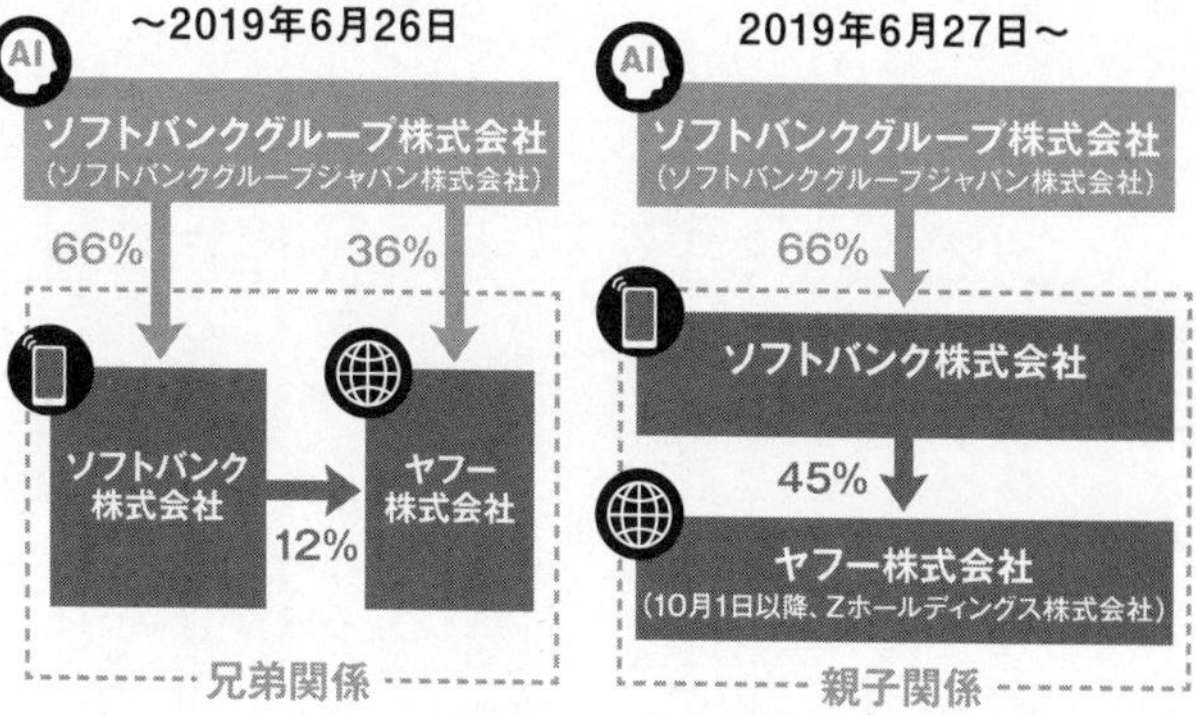

「ヤフー株式会社成長戦略」2019年6月18日株主総会　川邊健太郎より

て伝える姿が映っていた。ユーザーは、地図データと連動したリアルの店に行きペイペイを使って顔認証で決済する。また、レストランでの支払いでは、ペイペイの残高から、時には投資信託などに少しずつ投資していく、という未来像が描かれていた。

前ページの図を見てもわかるように、ヤフーの兄弟会社に金融中間持株会社が生まれ、これがジャパンネット銀行を持って、ペイペイにおける投資信託業務を請け負っていく。

川邊は、「オンライン、オフラインが融合していく令和の時代にあらゆるデータをつなげる」そこにヤフーの今後の成長はある、とした。

決済事業によってリアルの店舗にヤフーが出て行くことで、これまでにない販促型の広告もヤフーが請け負うことができる、とも胸をはった。

パソコンからスマホへと変わったヤフーは、また大きく変わろうとしているのである。次のタームは、ソフトバンクのインフラを使って、オンラインとオフラインの両方で決済、金融、販促広告、コマースなどで売上をあげていき、一兆円企業を目指すというものだ。

その際に重要になるのが、ヤフーや通信キャリアのソフトバンクが持つユーザー一人一人のアクセスデータだ。それを使って、最適のサービスを提供するというコンセプトである。

この「データ企業」というコンセプトを川邊は社長就任時から披露していたが、しかし、二〇一八年から二〇一九年は、プラットフォーマーのデータ利用に関して様々なスキャンダルが噴出した年だった。

トランプの選挙チームと契約した英国の選挙コンサルタント会社ケンブリッジ・アナリティカにフェイスブックの八七〇〇万人分のデータが不正流出していた件の発覚から、フェイスブックのザッカーバーグは米公聴会で謝罪せざるをえなくなる。欧州では、ＧＡＦＡと呼ばれるグーグル、アップル、フェイスブック、アマゾンに対して、データ取得の寡占的地位を利用した様々な行為が禁じられるなどの規制が強化された。

川邊健太郎

日本でも、ヤフー・ジャパンが利用者の信用度を企業や店舗向けに提供すると発表して「炎上」した。これは「Yahoo!スコア」と呼ばれるもので、ヤフーのＩＤを持つ利用者はデフォルトでオンになる。そうすると、ショッピングやオークションでの支払状況や、飲食店の予約キャンセル率やヤフーのクレジットカードの利用金額で、「信用行動」「消費行動」など四分野で九〇〇点満点の総合スコアの点数がつけられ、それが店での割引率などの特典につながる、というものだった。

これは中国ですでに始まって社会に浸透している「社会信用スコア」制度を思い起こさ

せた。中国では官僚の恣意的な運用よりは、この「信用スコア」の方が客観的だとして、政府がスコアによる信用制度を始めている。このスコアの基準は明らかにされてはいないが、アリババグループの金融部門などとも連携して、個人のスコアを格付けし、与信のみならず、スコアが上がれば金利が下がったり病院で優待されるなどのメリットがある反面、下がれば公共交通機関の利用まで制限される。

当初の「Yahoo! スコア」のページでは、「Yahoo! スコアとは、Yahoo! Japan ID にもづくビッグデータを基に機械的に推定・算出したスコアです」とあったので、まさに新社長川邊健太郎の戦略「オンラインとオフラインの両方にヤフーが出て行く」ことの要《かなめ》なのだろう。

が、ヤフーが力をいれるペイペイがアリババグループのアリペイと提携し、アリペイの利用者はペイペイを日本で使えるようになっていたこともあって、中国の「社会信用スコア」と結びつけられて、ネット上で「炎上」した。ヤフー・ジャパンは「お詫び」を出し、信用スコアは、本人の同意がなければ、第三者には提供しない、と発表するはめになった。

が、こうしたドタバタはあったものの、六月一八日の株主総会は無事各議案が可決され、ヤフーはソフトバンクの子会社となり、「メディア企業」から「データ企業」へと大きく舵を切ったのである。

不安を感じる社員に川邊は「『これからどうなるんだ』と心配されている方もいらっ

しゃるかもしれませんが、全社の方針や戦略はもちろん、みなさんの待遇や働き方に変更はありませんのでご安心ください」とわざわざメールを送ったが、ヤフーがまた大きく変わろうとしていることはまぎれもない事実だった。

ヤフーが「メディア企業」ではなくなることを敏感に感じ取り、メディア部門で働く有能な編集者が次々に退社していった。

東奥日報からヤフーに転職し、ヤフトピの見出し二万本をつくったという編集者の葛西耕は二〇一八年一〇月末で退社。ラインへ。同じく杉本良博も二〇一九年五月ラインへ。

検索、ニュース、バズフィードの立ち上げをやった編集者の山口亮は二〇一八年一一月三〇日を最終出社日にして退社。スマートニュースへ。

新卒から採用され編集者としてヤフトピ編集などにかかわった三年目の永井千晴も二〇一九年五月に退社、チョコレイトという映像系の制作会社へ。

メディア部門からエンジニアが引き上げられペイペイに投入されることで、メディア部門のボトムアップの企画がつくりにくくなったりしたことや、新しい会社の役員人事を見て、メディア系にいてもヤフー社内でキャリア展望が開けないという不安がメディア部門の編集者にはあった。

ラインやスマートニュース、グノシーなどのスマホ系のニュースメディアの興隆はいよいよ激しく、ことスマートフォンに関する限り、ヤフー・ニュースのアプリは苦戦している。

ヤフー・ニュースのアプリは、二〇一九年四月の時点で、月間利用者数（マンスリー・アクティブ・ユーザー）でスマートニュースに三倍の差をつけられ、グノシーの後塵も拝している。スマートニュースは、アプリのタブでクーポンのタブを設けてダウンロード数を増やしていったが、奥村倫弘からの伝統である「公共性」を重視するヤフー・ニュースはこうしたスマートニュースのやりかたを馬鹿にしていた。

が、この数字を見て、ヤフーも二〇一九年四月からヤフー・ジャパンのアプリでクーポンのタブを新設せざるを得なくなった。

「答えはネットの中にない」

宮坂とともに創業直後のヤフーに読売新聞から参加、ヤフー・ニュースの定番となる「ヤフトピ」をつくった奥村倫弘は、宮坂より約半年早く、二〇一八年一一月一六日には二〇年勤めたヤフーを退社していた。

実際、奥村は、今日のヤフー・ニュースの基礎をつくったのだった。それは、「公共性」の観点から必要なニュースを誰にでも平等に伝えるということだった。

社長だった井上が、ヤフーのビジネスにとって大事なPR関係のニュースをヤフトピにあげるように指示してきた時も断固として拒否した。

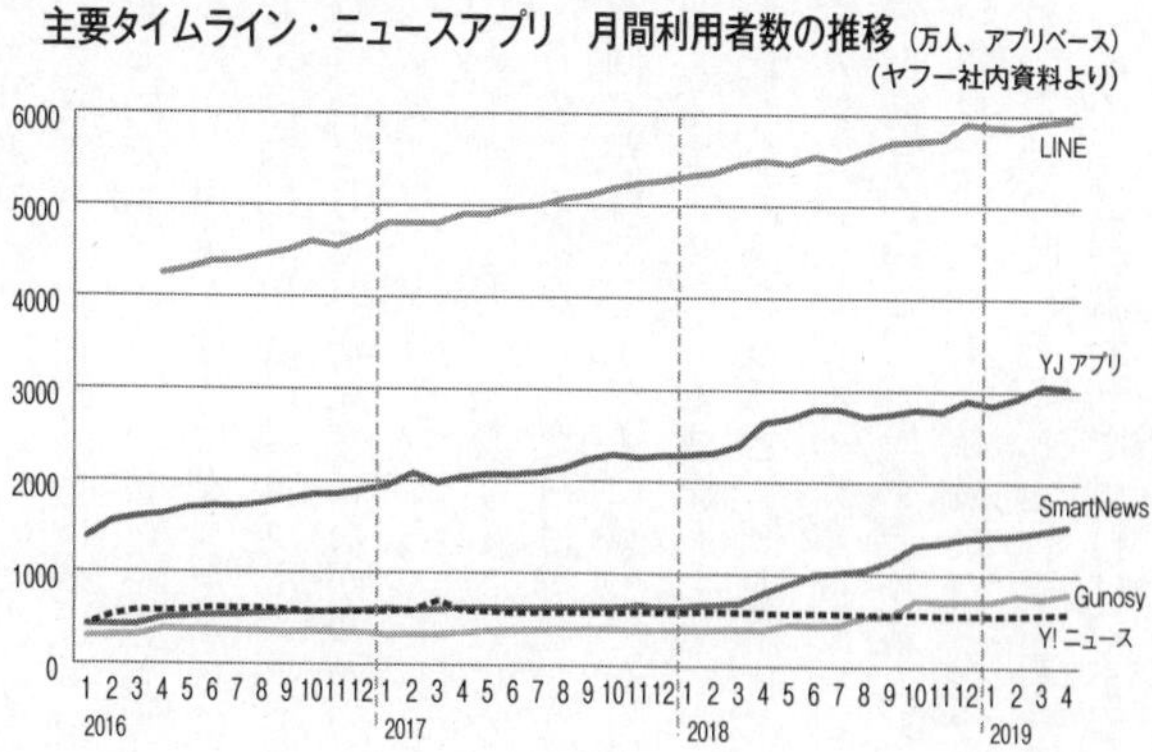

主要タイムライン・ニュースアプリ　月間利用者数の推移（万人、アプリベース）
（ヤフー社内資料より）

宮坂は、当時そんな奥村がこう言うのを聞いて感動する。

「ヤフーにスポンサーがいるのならば、そのスポンサーにとって悪いニュースをヤフトピは伝える。それが、ヤフーにとってもスポンサー企業にとっても未来を考えればもっとも大事なことだ」

奥村は、宮坂が代表権のない会長に退き、川邊が社長になった時、ヤフーにおける自分の時代は終った、と感じた。

宮坂には、ジャーナリズムに対する格別な思いがあった。だから九〇年代も二〇〇〇年代のあの大変な日々も、同志的な連帯をもって、切り抜けてきたのだと思った。

井上さんがどうしてもうんと言ってくれなかった独自のニュースサービスも、宮坂が社長になると認めてくれ、ヤフー最初の独自のニュースサービス「THE PAGE」が始まった。ワードリーフという関連会社をつくってのスタートだったが、ここで「ヤフトピ」を離れた自分は、「解説」と「分析」に重点をおいたニュースサービスを立ち上げたのだった。

だが、川邊が社長になったからには、そうした時代も終わりを告げるだろう。奥村にしてみれば、川邊は「ニュースもPOSと同じだ」と冷徹に広告を集めるコンテンツのひとつとしてしか見ていなかった。

事実、ワードリーフからエンジニアがヤフー本体に引き上げられ、ワードリーフも二〇一八年一〇月に清算することになった。

このころになると奥村は、むしょうに、読売時代のことが懐かしくなった。あれほど夜回りが嫌で、ヤフーに移ってきた当初は、ネットサーフィンを一日中して、お金がもらえるなんてこんな素晴らしいことはない、そう感じていた自分が、この会社での時間が長くなればなるほど、読売時代のことを懐かしく思い出すのだった。たった六年間いただけだったが、あの六年間で、自分は生涯のDNAを刻印されたのだ。

血湧き肉躍る、ジャーナリズムという刻印を。

奥村は、ヤフーでの最後の日に、社内で社員向けの講演会を開いた。役員でもない社員が退社の時にそうした行事をしてもらえるのは、初めてのことだったろう。

この「最終講義」で奥村は、エンジニアと一緒に仕事をすることの大切さと素晴らしさを説いた。が、その最後に、こんなメッセージを残してヤフーを去っている。

「答えはネットの中にない。

本の中にある」

奥村は、ヤフーの社員が日々流されるように生きていることに、本当にいらだちを感じていた。答えはネットの簡単な検索やSNSのメッセージの中にあるのではない、多くの本を積み重ねて読んでいくことで見つかる、それがなくてはネットの世界でも生きていくことはできない、そう考えていた。そのことを若い仲間に伝えたかったのだ。

読売新聞を辞めた時、大阪本社を出た奥村を待っていたのは、どこまでも高い秋の青空だった。あれは九八年の九月三〇日。

そしてヤフーを辞めた二〇一八年一一月一六日、赤坂の紀尾井タワーの扉を押して外に出ると、そこにあったのは、やはりどこまでも高く澄みきった青空だった。

社員食堂で

宮坂学は最後の株主総会で、少し場違いな退任の挨拶をした。九七年六月に入社した二二年前のことを振り返ったのである。

インターネットに未来があるかどうか誰もわからなかった時代に、井上雅博や仲間や自分は、「寝食を忘れて」この「未来」にかけた。

そう、語った。

宮坂は、自分が井上から社長を引き継いだ時、井上は、「宮坂がやりやすいように」とヤフーからすべて身を引いてくれた。自分もそうしようと思ったが、一年だけどうしても残ってほしい、と孫に言われ代表権のない会長になった。そこでZコーポレーションという新規事業の「探索」の仕事をしていたりしたが、やはり完全に身を引くのがいいと自ら申し出て会長の職を辞したという。

宮坂は社食にぶらりと行くのが好きだった。そこには、いつも仲間がいた。

ヤフーが大きくなってからも、社食に行けば昔仕事をした仲間と偶然会うことができた。社長になった時、宮坂は一日一回は社食に行こうと決めた。そこで、自分がヤフー・ニュースをやっていたころ仕事をした仲間や、スポーツをやっていた時代の仲間と会うこともあった。地方から出張で来ている社員と話をすることもあった。

行って、みんながご飯食べたり、しゃべっているのを見ていると、モチベーションが湧いてきた。こいつらにちゃんと、メシ食わさなあかんな。

株主総会が終ってすべてヤフーの職から引いたあとも残務処理で、六月二七日の木曜日まで宮坂は赤坂の紀尾井タワーにあるヤフーの本社に出勤した。

そのヤフー最後の日、秘書に「ちょっと顔出してくるわ」と断って五階の役員フロアから一一階にある社食にあがっていった。

午後四時近くの社食はすでに人影はまばらで、静かだった。それでも、宮坂の顔を見ると何人かの社員がなごりおしげに話しかけてきてくれた。記念撮影もした。

その中の一人に、森田水緒《みお》がいた。自分がヤフー・ニュースの営業で走り回っていた二〇〇二年のころにヤフトピの編集部にいた女性だ。

表参道にオフィスがあったあのころのヤフーは社員数もまだたった四一四人。中小企業だった。みな、よく会社に泊まったな。でも、ブラック企業だなんて誰も思っていなかった。日々自分たちが新しいメディアをつくっているという興奮で、気がつくと朝になっていた。

よく飲んだ。飲んで、表参道の交差点にあるみずほ銀行の前のタイルの朝の冷気で目が覚めたこともあった。

自分は奥村さんとは違いジャーナリズムの企業に身をおいたことはない。しかし、自分の原点は、戦時中輸送船に乗っていた船大工だった祖父の死だ。母親には、五歳の時庭でまだ若かった父親だった祖父がおぶってくれた記憶がある。一九四四年年の瀬のことだという。それから約二週間後に祖父は輸送船に乗って物資を届けに行き、その輸送船は台湾の高雄の沖で沈んだのだった。

後でその時のアメリカの作戦を「オペレーション・グラティテュード」と呼ぶのだと知った。調べるとそのころの、日本の輸送船が目的地に到達する率はたったの二〇パーセント。一〇〇隻出ていけば、目的地について二〇隻、それから往路をもどってきて帰ってくるのはたった四隻だ。そうした狂った作戦の中、祖父は死んだ。

自分の娘が五歳になった二〇一三年、母と一緒に祖父の輸送船が沈んだという高雄に行った。沈没した場所はわからなかったが、港で海を見つめている年老いた母の後ろ姿を見ていた時、自分は、間違わない選択肢を人々に提供するためにニュースをやってきたのだと思った。

グノシーやスマートニュースなど他のニュースサイトが、AIによってもっともクリック数を稼ぐニュースを自動的にあげていくのに対してヤフトピはいまでも愚直に人力によって、報せるべきニュースを頭三本に必ずあげるようにしている。しかも、そのニュースはできるだけ両論がわかるように、見方や意見が異なる案件のニュースに関しては、つとめて様々な社のニュースをのせるようにしてきている。

そしてそのヤフトピのある第一画面は、どのユーザーがアクセスしても同じなのだ。そのユーザーの履歴によって最適のニュースを見せるということはしていない。それではフィルターバブルになって、自分の意見にあったニュースしか人々は見なくなる。

間違わない選択肢を人々に提供する。

自分とヤフー・ニュースはその役目を果たすことができただろうか？　そんなことを考えていた。

ふと気がつくと、森田水緒が涙ぐんでいた。やがて感極まって涙をポロポロ流してくれた。

二二年、よく働いた。独身だった自分は結婚し、家族もつくり、ヤフーというもうひとつの家族とともに成長してきたのだ。その卒業の時が自分にも来た。
残った彼女たち彼らは、また自分たちの道を歩いていけばいい。その健闘を祈ることにしよう。

主要参考文献・証言者・取材協力者

奥村倫弘、宮坂学、川邊健太郎、森田水緒

「中国で浸透する『信用スコア』の活用、その笑えない実態」（WIRED 二〇一八年六月二六日）

終章　2050年のメディア

読売の山口が郵送してくれた一篇の論文。そこには、新聞の今後を考える意味で重要な示唆があった。新聞社の強固な防衛力となる日刊新聞法。が、それは、変化を縛っていないか？

二度目の取材の前、なかなか時間がとれない時に山口は手紙をくれ、その際に、取材の参考になるから、と自身の講演録や寄稿原稿を送ってきてくれた。

その中に、「質問項目には直接関わらないが、下山様の取材意図の参考になるかもしれない資料」として『新聞研究』に寄稿した原稿が入っていた。

山口のその原稿を読まなければ、私はこの終章で書こうとしているその問題の重要性に気がつかなかっただろう。

それは、日本経済新聞と株主であるOBの間で争われていた株譲渡に関する一連の判決をうけて社長室長時代の山口がその評価を書いた原稿だった。

第二四章ですでに触れたように、日本経済新聞では、鶴田卓彦の長期体制のもとで様々な問題が噴出し、杉田亮毅が社長になった後も、それらが会社のガバナンスをめぐった争いとなっていくつかの裁判が進行した。

その最たるものは、株主であるOB山本堅太郎から他のOBである元論説委員の和佐隆弘に株が譲渡されたとして、和佐が日本経済新聞に対して株主名簿の書き換えを求めた事件（第一事件）だった。

和佐は、第二四章でふれた大塚将司とともに社に対して株主代表訴訟をおこしたOBである。和佐はさらに作家の高杉良に株を譲渡しようとして認められず、日本経済新聞を提訴していた（第二事件）。高杉良は、日本経済新聞社をモデルに小説「乱気流」を書き、鶴田卓彦から名誉棄損で提訴され敗訴したという関係だ。

第一事件、第二事件でも争点になったのは、日刊新聞法という一九五一年にできた特例法である。

これはGHQの経済科学局の反トラスト・カルテル課による「株式の譲渡制限は禁止する」という意向から商法が改正されるのに、危機感をもった新聞界が運動して通した法律だ。日刊新聞に限っては、「定款をもつて、株式の譲受人を、その株式会社の事業に関係のある者に限ることができる」（第一条）として株式の譲渡制限を例外として認めさせようとするものだった。

この特例法にもとづき日経側は株譲渡は無効と主張をし、最高裁で確定した。

この裁判では、社長だった杉田亮毅自らが出廷、陳述書も出して思うところを述べたが、杉田は、日刊新聞法のない英米では、新聞の身売りが続いていると指摘し、「社員株主制度を採用しているから経営陣への監視機構が働かない、という批判はあたりません」と主張した。

この最高裁判決をうけて当時社長室長だった山口も原稿を書き、判決をこう評価している。

〈日刊新聞法による対策は、株主を新聞の理念を共有する者に限定することで敵対的買収者の介入を遮断するもので、他の防衛策にない確実性がある。理念を共有していたはずの株主が裏切り、敵対的買収者に株式を売り渡した場合でも、その譲渡は裁判で無効と確認されるから、買収者は株主権を行使することができない。

一連の日経訴訟は、日刊新聞法の防衛力の強さを実証したと言っていい〉

一九九八年から読売新聞の社長室長を務めた滝鼻卓雄によれば、渡邉恒雄は、盟友であった日本テレビの氏家齊一郎から、「日本テレビも読売の株を持たして欲しい」と水を向けられても、決して首を縦には振らなかったという。それは、日本テレビは株を上場しており、市場での調達が可能、仮に日本テレビが読売新聞の株を持つような状態になれば、外部勢力の影響をうける蟻の一穴になる、ということからだったと言う。

さらに読売新聞が中央公論を買収した時に、地方紙を買収できないかと、あぶなそうな地方紙をずいぶん調べたが、やっぱり日刊新聞法があるので、買収は難しく諦めたことがあると滝鼻は証言している。

つまり日刊新聞法は、日本の新聞社が従業員による強固なオーナーシップを持つことのできる世界でも例外的な法律ということで、それにしたがって読売グループは水も漏らさぬ鉄壁のグループ体制を保っているということだ。

紙の新聞が伸び続けた二〇〇〇年代初頭までは、それでうまくいった。が、紙の新聞の市場に大きなガラがきている今日ではどうだろうか？

「年次が狂ってしまう」

読売新聞グループは関連会社団体をいれて一五〇社の巨大なメディアコングロマリットだ。読売新聞グループ本社を頂点にして、一糸乱れぬ統率の体制ができている。たとえば、地方局を見ても、ＴＢＳ系列の地方局は、ＴＢＳや毎日新聞が持っている株はほんのわずかで、持っていない局もある。が、日本テレビ系列の地方局の株主構成を見ると、読売新聞と日本テレビで五〇パーセント以上をおさえている。その民間放送の業界団体が日本民間放送連盟（民放連）だが、その会長も専務理事も読売出身者が占めている（会長は大久保好男、専務理事は永原伸、ともに読売政治部出身）。

読売新聞の社員は五〇歳の声を聞くようになると、地方局を含めたどの社に出ていくかということが関心事となる。

読売新聞のメディア局は、電子メディアを担当する部署がある一方、ネットワーク政策といって、日本テレビ系列の地方局について様々な社としての対応をするという二つの部署がある。

メディア局長はたいてい、二年、早い場合では、一年で交替し、局長の多くは、日本テレビや読売テレビなどのキー局、準キー局の社長、あるいはBS日本や地方局の社長になる。

メディア局の局員にとって局長は、テレビ局に出て行く前の待機ポストのように見られている面がある。

読売新聞の場合、たとえば、メディア局から生え抜きで部長から局長になり、役員になって長く読売新聞のデジタル政策をやってきた人間がいないのである。

メディア局の局長をせめて五年といったスパンで誰かを据えることは不可能なのだろうか？　そう読売新聞のメディア局から日本テレビ系列のある地方局に役員として「民下り」した元読売新聞社員に聞いたことがあった。するとその元社員は大まじめな顔で「下山さん、それでは年次がくるってしまうでしょう。局長が二年以上やっては、先輩後輩の年次がくるってしまう」と返したものだった。

読売新聞だけではなく、グループ全体まで見通した人事は、巨大なパズルのようなものだろう。務台、渡邉が築いた王国でゆりかごから墓場までを過ごす、その意味では、紙の新聞の市場が拡大している限り、このコングロマリットは従業員にとっても非常によくできた王国だった。

が、技術革新によって激しく市況が変化している今日、年功序列を基本としたその王国は、変化に充分に対応できるのだろうか？

上場していたからこそ変化に対応できたのではないか？

例えばニューヨーク・タイムズにしても、あれだけ強固な紙の新聞の一面至上主義を捨てデジタルファーストに社を転換できたのも、株を上場しているがゆえに、市場からの強烈な風圧があったからこそなのではないか？

ワシントン・ポストも株を上場していた。二〇〇〇年代の半ばの新聞の苦境の中、様々な手をうつがうまくいかず、彼らがとった手段はアマゾンのジェフ・ベゾスに社を買収してもらうことだった。そのことで、ワシントン・ポストもテク・カンパニーに生まれかわり、一〇〇万を超す有料デジタル版の読者を抱えるようになった。

かりに、米国で日本のような日刊新聞法があったとしたら、ニューヨーク・タイムズもワシントン・ポストもマネージメントは変わらなかったということになる。二〇〇〇年代半ばの趨勢のまま、有料デジタル版への移行がうまくいかず、シュリンクしたまま終っただろう。

日刊新聞法があるゆえに、日本の新聞社は、外の環境の大激変に対応することができないでいるのではないか？　買収されるプレッシャーもなく、仲間うちで経営をし、会社によっては、従業員のトップとして社長や会長が独裁的権力を振るう、下の人たちは忖度で本当に必要な改革は口にしない。

山口のような経営者がいる新聞社はいい。柔軟に外の意見にも耳を傾け、私の本のような時に耳に痛いアングルの質問や議論にも、正面から向き合っていく。

が、そうでない経営者が社を牛耳っている場合はどうだろうか？

結局は後継者指名でそうでない人物を指名するといういわば運否天賦でいくしかないのではないだろうか。


私は今回の取材で、読売新聞が山口の判断によって開かれたことに助けられたが、ヤフー・ジャパンは、そもそも情報を公開することを基本としていた。それは、宮坂学や川邊健太郎という経営者の資質によるものも大きかっただろうが、しかし、何よりも、ヤフーは株を上場しており、投資家に対して情報を開いていかなければいけない、という資本主義の鉄則ゆえに開かれている。開かれているゆえに外の風は、経営が判断を誤っていると思えば、厳しく吹く。例えば、川邊健太郎は、二〇一九年六月の株主総会で、ヤフーの株価が二〇一八年一月以来下がり続けていることの説明をしなければならなかった。そしてそれゆえの成長戦略が、「データ企業」への脱皮だったのである。

新聞協会の会長をあえてうける

一年ぶりに会う山口は、少々疲れているように見えた。

二〇一九年六月一〇日、株主総会の前日の読売新聞東京本社の役員フロアの応接室。

山口が送ってくれた論文の示唆についての礼を述べたあと、「しかし、日刊新聞法があるからこそ、日本の新聞は変われないのではないだろうか？」と聞いてみた。

山口寿一　2018年

山口は、「それは考え方次第でしょうね。これだけ時代の変化があると、そういう考え方もある」と理解を示したあとに、自分に言い聞かせるようにこう述べたのだ。

「ただ私は現時点では、やはり日刊新聞法で守られてきた新聞社の独立を維持しながら、なんとか生き残るという方法で日本の新聞社が行けるのがいいと思う」

山口は、二〇一九年六月から新聞協会の会長も引き受けることになった。読売の白石興二郎が三期連続で会長をやったことも異例だったが、さらに読売新聞が協会長社になると、これで四期連続ということになる。山口自身はっきりと、

「新聞協会は報道倫理、営業活動の倫理の向上を目的に掲げている。また、取材報道の自由のために法規制に反対してきた、赫

赫たる、輝かしい歴史がある。それは新聞社が結束して活動してきたからできた。そういう組織なので、読売一社が協会長職を連続して担うというのが望ましいことであるわけがない」

と私に断言した。にもかかわらず、山口がやることになったのは、各社経営環境が厳しいなか「なり手」がなかったということがひとつ。そして、もうひとつの理由が二〇一九年一〇月に消費税が一〇パーセントにあがる際に、新聞が軽減税率の適用をうけることを見届けるまで安心できないという地方紙を初めとする読売待望論があってのことだった。

これは読売待望論というより渡邉恒雄待望論と言い換えたほうがいいかもしれない。新聞各社の渡邉恒雄という最後のフィクサーの持つ政権への影響力を期待する声は大きかった。これは、功罪両方あるのだろうが、首相動静欄で見ていくと、読売新聞グループの幹部と首相との会食の回数は、他の新聞社グループを引き離して圧倒的に多い。

山口は一期二年しかやらない、と私とのインタビューで明言し、その後の一九日の記者会見でもそう発言している。あとは朝日社長の渡辺雅隆に引き継いでもらう。

「しかし新聞協会長もやって、巨人軍のオーナーもやって、読売グループ本社の社長もやって、大変じゃないですか?」そう聞くと、山口は正直にこう答えた。

「大変ですよね」

――それはやっぱり他社のように、引き受けないというわけにはいかなかったんですか？

「どこもやらない以上はしょうがないと思いますね。他社の人たちからは、消費税の軽減税率の確実な実施と、それから部数が減っていますからね。そうすると会費の分担収入が減っていく。その中で新聞協会の経営、運営をどう維持するのか。この二つが会員各社の関心事と、私は聞いているんです。

だから一期二年の間に託されている二つの課題。軽減税率の確実な適用と協会の運営の安定的な維持。それらにある程度のメドをつけて、次の方に引き継ぐのが自分の責任だと思っています。それはもう（他社の）皆さんにも申し上げているんです」

会費の分担収入が減っているのなら、ヤフーなどネット系の企業も加盟社になるよう働きかけたらばいいではないか。そう聞くと、

「うーん、たぶんどこの会員社もそれは積極方向では考えていないんじゃないかな。そういったことで意見をやりとりしたことはありません」

務台の墓参をして

一年前、山口に会ったのはゴールデンウィークの谷間の五月二日。この日、山口は、インタビューの後の午後、渡邉恒雄や白石興二郎らと、青山霊園に移ってきた務台光雄の墓を訪れている。渡邉は墓が務台の郷里の長野から移ってきた二〇一七年一二月の直後の一月にも墓参りをしている。渡邉はひしゃくで務台の墓に水をかけ、静かに手を合

わせた。山口も線香を供え手を合わせて頭をたれた。

山口は社長でありながら、販売も担当している。販売の担当になると決まったあと、山口は、社に残る務台の販売の総会での演説のテープを繰り返しきいた。

圧倒された。

務台は二時間、とぎれることなく同じ熱量で、様々な地域の販売政策を話しつづける。その間、会場はしわぶきひとつなく、息をのむように聴き続けていることが、テープからでもわかった。二時間を過ぎたころに、誰かの、「務台さん、もう時間です」という声が入る。そうすると務台が「えっ、もう時間？　もう二時間？」そうとぼけたように言って初めて会場の空気が緩む。

務台は、正力松太郎の反対を押し切って、大阪進出をはたし、関東のローカル紙だった読売が全国紙となる礎を築いた。務台は社の将来のためだったらば、実力者正力に逆らってでも、やるべきことをやった。そのことをひきながら、主筆の渡邉は、今の読売にとって必要なことを「社長をぶっ殺すぐらいの気概で」やれと二〇一八年の正月、全社員に檄を飛ばしたのだった。

そのでんに従えば、二〇一九年六月の今日、紙の販売店を軸にした読売の現在の経営を、根本的に考え直すことはないのか？

そう山口に聞くと「時代に合わせようとは思う」と答えた。

そう答えた後でしかし、こう続けた。

「ただ、紙の新聞を軸に考えると、やはり宅配なくして新聞なし。そうすると、その宅配網の中で最強の体制は何かというと、自営専売なんです。すでに読売だけ配るという専売は無理になってきているが、他紙の紙を預かりながら、この自営主義は読売の経営の軸にしていく」

産経、毎日の苦境が表面化する

実際、二〇一九年になると、読売ほど紙の体力のなかった他の全国紙は、大きな綻びが目に見える形で危機が表面化していった。

産経新聞は、二期連続の赤字決算、二〇一九年四月入社はわずかに二人。二月から一八〇人規模の早期退職の募集を始めた。

毎日新聞は、五〇歳以上六〇歳未満の社員を対象に二〇〇人規模の早期退職を募集することが明らかになった。

すでに毎日新聞などでは、経費削減のため記者の県境を越える出張が難しくなっており、できるだけ支局でカバーするようにとの指示が出ている。

経営で問題のない新聞社は、本書で見てきたように日本経済新聞だけだ。しかし、にもかかわらず、日本経済新聞は、今回の本の取材で、もっとも開かれていなかった社だ。広報室が私が杉田亮毅からすでに話を聞いていることを把握すると、同じ週にアポの入っていた社員に取材をキャンセルさせた。その理由を聞きに広報室長に電話をすると、「下山さんは、誰が電子版をつくったと考えているんですか」と反問された。「喜多会長にも取材を申し込む、それぞれの経営者がそれぞれの役割があったと思っている」と答えて、書面で喜多に取材を申し込んだが、断られたことはすでに書いた。

その後も、替わった広報室長が、常務の渡辺洋之への取材の調整に奔走してくれたりもしたが、「駄目でした。理由は言えません」と断られた。

しかたなく非公式の様々なルートで、現在の日経については取材をした。

日本経済新聞はその紙面で、企業の経営について報道し、その透明性を説いている。かつてのように、外からの取材にも門戸を開くことを今後は期待したい。

グローバル化に抗して企業は生き残れない

ヤフー・ジャパンについて書いていなかった問題がひとつある。

それは、グローバル化が、米国ヤフーとの関係でできなかった、という点だ。ヤフーのロゴや名前が使えるのが、ライセンスの関係から日本国内だけだったのだ。

その米国ヤフーも通信会社ベライゾンに買われて、事業体としてはなくなった。ベライゾンが買わなかった旧ヤフーの残りの部門は投資信託会社のアルタバと改名した。アルタバがヤフー・ジャパンの株を二六・八二パーセント保有していたが、その全ての株を二〇一八年九月に売却した。

これでヤフー・ジャパンは完全に、米国からの縛りがなくなったことになる。

二〇一九年六月の株主総会でも、グーグルやアップル、フェイスブック、アマゾンなどのグローバルなプラットフォーマーとどう対抗していくかという質問がでた。これに対して川邊は、GAFAはそれぞれの専門領域については強いが、ヤフーはショッピングからコマース、メディア、金融とすべての領域を持っている、その総合力で、これらグローバルなプラットフォーマーと対抗していくと答えていた。

が、しかし、アリババの決済システムアリペイの中国人の利用者が、ペイペイを使えるのだから、ペイペイの利用者もアリペイを使えるようにしたらいいのではないか、つまり中国に進出したらいいではないか、という他の株主の質問には、「当面は日本でペイペイを普及させることに力をいれる」とし、海外進出については積極的な姿勢を見せなかった。

メルカリなどの他のウエブ企業が米英の市場に出ようと努力していることなどから言っても、ビジョン・ファンドを持つソフトバンクグループの子会社となったヤフー・ジャパンの今後の焦点は、グローバル化についてどう対応するかになるだろう。

宮坂は社長時代、米ヤフーのマリッサ・メイヤーとこのグローバル化についても話をしたが、結局実現はしなかった。

デジタル化とグローバル化の潮流に抗して企業は生き残れない。

ヤフー・ジャパンが、創業時の進取の気性をもって、ソフトバンクグループとともにグローバル化に挑むとすれば、それはそれで、また新たな心躍る物語の誕生ということになるだろう。

主要参考文献・証言者・取材協力者

山口寿一、滝鼻卓雄、宮坂学

「新聞の理念を守る株式管理とその手法　自由と独立の実現のために」山口寿一　『新聞研究』　二〇〇九年五月号
「日刊新聞法の歴史的経緯　戦後の商法改正から現在まで」春原昭彦　『新聞研究』二〇〇九年五月号
杉田亮毅　陳述書
「毎日新聞が200人規模の早期退職、役員の呆れた『仕事削減策』に怒る現場」ダイヤモンド編集部 千本木啓文　二〇一九年七月二日
読売新聞社報

ヤフー・ジャパン　ＩＲ資料

謝辞

私が大学を卒業して、出版社に就職したのが一九八六年のことでした。週刊誌に配属されましたが、まだ当時は、原稿を専用の原稿用紙に、鉛筆で書き、構成を変えたい時には、「切り貼り」といって文字通り、はさみで切り、のりで貼り付けながら、四ページなりの記事の原稿を書いていたのです。

それから三二年後の二〇一八年、慶應大学湘南藤沢キャンパスで始めたのが「二〇五〇年のメディア」という講座でした。

まだ当時は、文藝春秋に編集者として勤めていましたが、その前年の二〇一七年六月、たまたま開いた日本新聞協会の調査データのウエブページで直近の一〇年で日本の新聞の部数が約一〇〇〇万部蒸発し、売上も五六四五億円失われたことを知ったのでした。

一九九九年の末に出した『勝負の分かれ目』という前作では、ロイター、ブルームバーグ、日本経済新聞、時事通信の四社を軸に、インターネット以前の技術革新が、メディアを変え、グローバル資本主義を成立させていった様を書きましたが、そのエピローグで私はこんなことを書いていました。

〈日本のマスコミ全体に目を移せば、新聞や放送はそれぞれ再販制度、放送法などの規制に守られて業界内での格差はあるにせよ、とりあえず安泰であるかに見える。しかし、この変化の波（すでに七〇年代に日本の製造業は経験し、九〇年代に日本の金融業は経験している）は、やがてこうした太平の惰眠を貪り、旧来の方法を墨守している新聞や放送界にもやってくるだろう〉

この二〇年の間にその「変化の波」は、日本の新聞界を直撃していたのです。

この変化の波はどうして起きて、どこにいこうとしているのか？　これは、人生のある部分をかけうるに足るテーマだとすぐにわかりました。

このようにして、紙のメディアの破壊的縮小の原因と今後繁栄するメディアの条件を探る調査型の講座「二〇五〇年のメディア」が立ち上がったのです。

「二〇五〇年のメディア」というタイトルにしたのは、私が社会に出てこの業界に入った一九八六年から二〇一八年まで三二年間、では今後三二年の未来はどうなるだろうか、ということをこれから社会に出る若い学生たちと共に考えたいと思ってのことでした。

この「二〇五〇年のメディア」のシラバスを読んで、即座に採用をしてくれたのは、慶應義塾大学環境情報学部教授の加藤文俊氏です。

この講座での学生との交流の中で、慶應ＳＦＣの学生は、二年まで語学と一緒にコンピュータ・サイエンスが例外なく必修であることを知り、一九九〇年にできたこの学校の思想を知ることが、この本のテーマに直結していることに気がつかされました。

その慶應SFCに一九八七年の準備委員会の段階からかかわっていた村井純氏（現環境情報学部教授兼大学院政策・メディア研究科委員長）には、SFCの成立の経緯のみならず、移動体通信が3Gから4Gに替わったことの重要性など本書の核となるいくつかの技術革新について貴重な示唆をいただきました。

そしてこの慶應SFCの二人を紹介してくれたのが、アジア・パシフィック・イニシアティブ理事長の船橋洋一氏です。文藝春秋でのラインの職から外れて、書き手として本を書こうとしていた私は、当初別のテーマに取り組むつもりでした。「メディアの話のほうこそすぐにでも着手すべき」という船橋氏の言葉で、当初の予定を変えて、この本のテーマを本格的に調査することを決断したのでした。

『勝負の分かれ目』を取材した九〇年代後半に比べて、取材は格段に難しくなっていました。その理由は本書でも書きましたが、二〇〇〇年代を通じてマスコミ各社が、コンプライアンスの名のもとに社員やOBに対してまで締めつけを厳しくしたからです。

考えてみれば、九〇年代後半は、インターネットはすでに始まっていたとはいえ、新聞がまだ成長していた時期です。私が『勝負の分かれ目』で話を聞いた日経の幹部やOBたちは、昨日より明日がよかった時代しか知らなかった世代でした。それゆえの自負と自信もあったのでしょう。

ところが今回取材のお願いをした人々はヤフー・ジャパンを除いて、二〇〇〇年代初頭にピークをつけた後の、下り坂の歴史の中を生きてきた人々でした。なぜ、下り坂となったのか、その分水嶺を知ることこそが大事だと説得をしましたが、取材は困難でした。

自宅に直接手紙を送り、訪ねるという私が週刊誌時代に習得した取材スタイルを五〇代の今になってまたやることになるとは思いもよりませんでした。新潟の夕暮れの住宅街を、証言者の家を探し歩いているうちに日が暮れて真っ暗になったこと。警察で聞いた住所のマンションに行っても該当者の部屋がみつからず、何度もかよって、実は裏のマンションだということがわかったこと。空振りに終ることも多かった直接取材でしたが、それでも、訪ねてきた私を招き入れ、話をしてくれた方がいて、それが新たな展開を生んでいったのです。

そのようにしておぼろげだった、二〇〇〇年代半ばの分水嶺が少しずつ形を現してきました。

気がつくと靴を一足はきつぶしていました。

締めつけの厳しいなか、歴史に証言を残すことの意味を考え、取材に応じてくださった多くの方々には感謝の言葉もありません。証言者の中には、在社中は取材に応じることがかなわず、定年を待って、実名で取材に応じていただいた方もいました。

証言者、取材協力者として名前を記すことのできなかった方々にも、私は多くのものを負っています。

社で編集者を続けたままでは、本を書き上げることができない、そう考え、二〇一九年三月で私は文藝春秋を退社しました。

私が勤めていた文藝春秋もこの大きな変化の波に洗われていることの例外ではありません。一九九三年には、三七〇億円あった売上は、二〇一七年には二一七億円まで縮小しました。その中でこの本の中の登場人物が味わったような、悲しいできごとや、苦悩もありました。なぜ、従業員株主の会社のガバナンスが、編集権の独立という当初の目的から外れて様々な問題をもたらすのかという日刊新聞法の問題に気がついたのも、私が破壊的縮小のまっただなかでかつて勤めていた社で経験したことの問題意識が反映していたように思います。

この本の担当者は向坊健氏です。向坊氏は、文芸、ノンフィクション両方できる編集者で、社内の政治には吾関せずの超然としたところのある人です。そんな彼だからこそ、この本の担当を快く引き受けてくれたのだと思っています。

弁護士の喜田村洋一先生には、原稿に目を通してもらい、ジャーナリズムについて法について貴重なアドバイスをいただきました。喜田村先生は、編集者時代から多くの本でお世話になりましたが、まずはノンフィクションの可能性を信じたうえで、それを展開するにはどうすればいいかという観点から、原稿を読んでくれる点をとても信頼しています。

そして前作に引き続き白石一文氏は、今回も原稿を読んでくれ、大きな励ましをうけました。前作の時には同じ文藝春秋での同僚だったわけですが、この二〇年の間に、白石氏はとうに会社を辞め、直木賞を受賞し、作家として成功をしています。貴重な時間を割いて原稿を読んでくれたことに改めてお礼を申し上げたいと思います。

成人して巣立った娘、仕事と家庭を両立した妻にも感謝をしています。

慶應SFCの調査型の講座「二〇五〇年のメディア」は二年目を迎えたところです。上智の新聞学科でも同じ「二〇五〇年のメディア」を開くことになり、この二つの学校で出会った若者たちとの議論は、刺激的で、時に非常に示唆に富むものでした。

彼ら、彼女らは、私が学生だった時と違い、就社という意識はなく、自分たちのキャリアをもっと自由に変えていけるものとして捉えています。

もちろん、原稿用紙を切り貼りしてなんてことは、まったく理解できないでしょう。マックのノートパソコンで軽やかにメモをとり、自分でソースコードを書き、個人事業主としてアプリをつくっている学生もいます。

そんな彼ら彼女らに、言ってきたことは、未来を知るためには、まず歴史を知ること。そして歴史は誰かが粘り強く掘り起こし調査をしなければ、歴史にはならないということ。

この本は、そんな私が常日頃言ってきたことのひとつの回答でもありました。

二〇一九年七月

下山進

その他の協力者、参考文献

音好宏、河野一郎、井上敬子、片岡裕、鶴間尚、牧野洋、猪瀬聖、仙石伸也、杉田亮一郎、Daniel Franklin

『渡邉恒雄回顧録』監修・聞き手／御厨貴　聞き手／伊藤隆、飯尾潤　中央公論新社　二〇〇〇年一月
『記者と権力』滝鼻卓雄　早川書房　二〇一七年四月
『FAILING FAST　マリッサ・メイヤーとヤフーの闘争』ニコラス・カールソン著　長谷川圭訳　KADOKAWA　二〇一五年一〇月
『ヤフー・トピックスの作り方』奥村倫弘　光文社　二〇一〇年四月
『ネコがメディアを支配する―ネットニュースに未来はあるのか』奥村倫弘　中央公論新社　二〇一七年五月

文庫書き下ろし新章

新聞vs.プラットフォーマー

大きくなりすぎたヤフーに対して公正取引委員会のメスが入ろうとする。「国境なき記者団」にネットの言論空間正常化のためのシステムを依頼された村井純は、読売の山口寿一に会う。

慶應SFCの創設からかかわった村井純は、二〇二〇年三月にSFCを定年で退任した。退任のあとは、慶應義塾大学内に立ち上げたサイバー文明研究センターの共同センター長として、インターネットのシンタックス（文法）から社会へのセマンティックス（意味）を考える仕事にとりくんでいる。

二〇二〇年二月に村井に会った時に、村井から「国境なき記者団」のことについて聞かれた。パリに本部をもつこの国際的なNGOのことは、表面のことしか私は知らなかったが、村井は、何やらここでの仕事を頼まれているようだった。

実際、村井はこのあと、「国境なき記者団」の会議に定期的に招かれ、エンジニアとしてある相談をうけるのだった。

それは、グーグル、フェイスブック、ツイッター、ヤフーなどのプラットフォーマーが支配するこのインターネット空間で、どのように、人々に信頼できる情報と、そうでない情報をわかってもらえるか、その制度的設計はできないか、ということだった。

コロナ禍であったため、ZOOMを使った会議が定期的に開かれ、その中で、国境なき記者団の事務総長クリストフ・ドロワールにこんなことを聞かれたのだ。

「インターネットの空間上で信頼できる情報源を確認するためのデータベースを考えているんだが、どう思うか」

「国境なき記者団」は一九八五年にフランスで始まったNGOで、もともとは政府の圧力などによって抑圧されるジャーナリストを支援するための活動をしていた。が、二〇一八年にケンブリッジ・アナリティカ事件が明るみにでると、インターネットでのフェイクニュースにどう対処するかという問題にもとりくむようになっていた。

ケンブリッジ・アナリティカとはロンドンに本拠をおいていた選挙コンサルティング会社で、この会社は、フェイスブックから、八七〇〇万人のデータを不正収集し、それをもとに、二〇一六年のアメリカ大統領選挙でドナルド・トランプのサイバー戦略をうけもった、とされた。フェイスブックに登録している人たちは、自分たちの好みや党派性などを、外部の企業が勝手に利用できていたということをまったく知らなかったので、まず、欧州で、巨大プラットフォーマーの個人情報のとりあつかいかたに注目が集まり、当局による規制が始まっていた。

二〇一六年の大統領選挙では、ヒラリーが児童売春のネットワークにかかわっているなどのフェイクニュースが席巻し、巨大プラットフォーマーの個人情報の問題とフェイクニュースの問題がリンクされて論じられるようになる。

村井はそうしたドロワールの説明を聞いているうちに、自分が政府の知的財産戦略本部の委員としてかかわった「漫画村」でのできごとをすぐに思い出した。「漫画村」は日本の漫画が違法にアップロードされているサイトで、この「漫画村」を日本政府は問題視して、インターネット接続業者に、ブロッキングするよう要請した。その問題の相談をうけていたのだが、「漫画村」のサイトにアクセスすると日本政府の納税の政府広告が掲載されていたのだった。インターネットの広告は、グーグルが、アドワーズという自動オークション、自動配信型の広告を発明して以来、そのページの内容に関係なく、広告が配信されてしまう。

日本政府の広告が出ていれば、ユーザーは著者や版元から許諾をとっていない違法サイトとは思わず、アクセスしてしまうだろう。

確かに、今のインターネットの広告のシステムには問題がある。そしてそれが、情報源のあやしげなサイトを跋扈させているという指摘も事実だ。村井はそう考えていた。ドロワールたちが考えていたのは、メディアのデータベースをつくり、利用者がそのメディアのページにいくと、照会ができて、どんなメディアか素性がわかる、そういうものだった。

村井はその話を聞くと、こう返している。

「巨大なデータベースに皆がぶら下がるという中央処理の発想は一時代前のやりかただ。プラットフォーム上で解決できる方法があると思う」

それを聞くと、ドロワールは、「じゃあ、やってみてくれないか」。そう言ったという。

エンジニアは頼まれれば、その仕組みを考える。村井はやってみようと思う。

独占禁止法解釈の新しい潮流

村井は同じ慶應大学の法科大学院の教授山本龍彦に声をかける。と、いうのは、山本も、ケンブリッジ・アナリティカ事件をきっかけに、プラットフォーマーやフェイクニュースの問題に関心をもっていたからだった。

山本の専門は憲法学だが、なぜ、ケンブリッジ・アナリティカ事件に興味をもったかといえば、プラットフォーマーの個人データを使えば、選挙結果をも左右できるということがわかったからだった。つまり法自体を変えることだってできる。

山本はプラットフォーマーと法律に関する論文を読み漁っているうちに、米国でネオ・ブランダイス学派と呼ばれる独占禁止法における新しい思潮が興隆しつつあることに気がついた。

ルイス・ブランダイスは「民主主義と富の寡占は両立しえない」という言葉を残した競争政策の父で、一九一二年の大統領選挙でウッドロー・ウイルソンにアドバイスし、ウイルソンの当選後は、その下で独占力に対抗するための連邦取引委員会（ＦＴＣ）を設立し、独占禁止法のひとつであるクレイトン法成立に尽力した。

クレイトン法は、巨大な寡占企業が、中小の取引先に抱き合わせ販売をすることを禁じた法律で、それまでのシャーマン法の穴を埋めるものでもあった。

アメリカの独占禁止法はスタンダード・オイルが三四の会社に分割されるなど、寡占企業にとって厳しい運用をしてきたのだが、それが変わったのが、七〇年代以降のシカゴ学派と呼ばれる新自由主義を奉ずる経済学者が政権に入るようになってからだった。

シカゴ学派は、消費者が利益をうけるのであれば寡占も問題がないとして、独占禁止法の解釈を大きく変えていったのである。

その結果、グーグル、アップル、フェイスブック、アマゾンといった巨大プラットフォーマーがインターネット上に出現すると様々な問題が起こっていた。

たとえばアマゾンでは、出品をしている各企業の商品を購入した消費者のデータは、各企業にいくのではなく、アマゾンにいく。そしてそれは出品をしている各企業には開示されない。本来は各企業は自社製品のデータの集積を背景にして、アマゾンと正味の交渉をしなくてはならない。そうした矛盾をついた論文を書いたのが、エール大学法学部の院生だったリナ・カーンであり、その師匠筋にあたるのが、コロンビア大学の法学部の教授ティム・ウーだった。

インターネット上で巨大化しているプラットフォーマーたちに、今日の競争政策はうまく機能していないとして、なんらかの規制をはかることを主張しているのが、ティム・ウーやリナ・カーンらネオ・ブランダイス学派で、バイデンが大統領に当選すると、リナ・カーンはFTCの委員長に就任、プラットフォーマーに対する規制は、現実のものになりはじめる。

この世界的な潮流に洗われていくことになるのは、GAFAというグローバルなプラットフォーマーだけではない。日本に独自に成立しているプラットフォーマー、ヤフーにも公正取引委員会のメスが入ることになり『2050年のメディア』の帰趨に大きな影響を与えることになるのだが、今は山本の話を続けよう。

山本はティム・ウーの論文を読み漁る。そのうちのひとつ「合衆国憲法修正第一条は時代遅れか？」にはっとする。

その論文にはこうあった。合衆国憲法修正第一条ができた時代は、そもそも言論が紙の印刷物にかぎられており、有限だった。だから、政府がそれを抑圧しようと思うのに対して、対抗するためにできた条文だ。しかし、今日、言論は有限ではない。ネット上で無限の言説があふれている。その中で有限なのは、視聴者のほうだ。この視聴者の関心（アテンション）をうるために、偽情報を振りまくトロールと呼ばれるハッカーを使ったり、ニュースを捏造したり、ある情報を洪水のように流したりする。今日の言論の自由を守るためには、こうした行動を防ぐための法的規制が必要だ、と。

山本はその概念を「アテンション・エコノミー」という言葉を使って輸入し、それが読売新聞の山口寿一の目にとまることになる。

公正取引委員会

新聞の危機はいよいよ、誰の目にもわかるように顕在化してきた。

二〇一九年一〇月には、三七八一万部あった紙の新聞の総部数は、わずか三年で約七〇〇万部を失い、二〇二二年一〇月には三〇八四万部に。この本の冒頭で、読売新聞の部数が二〇一八年には、八七三万部まで後退したと書いたが、二〇二二年上半期のABC部数では、六八六万部にまで縮小している。

二〇一八年度と二〇二一年度の読売新聞4社（グループ本社、東京本社、大阪本社、西部本社）を比較すると、二〇一八年度の売上高は三三七七億円、二〇二一年度の売上高は二九九二億円だから、三八五億円もの売上が蒸発したことになる。

読売新聞はそれでも全国紙の中ではましなほうで、朝日新聞にいたっては新聞単体の売上でみてみると、二〇一八年度の売上が、二四五五億円あったものが、二〇二一年度には、一八八一億円となり、五七四億円の減収、読売を遥かにうわまわるスピードで縮小が続き、朝日新聞は三〇〇人の希望退職をつのらざるを得ず、多くの社員が辞めていった。

一方でヤフーの売上は伸び続け、二〇一九年にLINEと合併してからは一兆円を越え、二〇二一年度の売上は、一兆五六七四億円で、朝日、日経、読売三社の売上を足した額よりもさらに多くの売上をあげるようになっている。

読売新聞の山口寿一は、二〇一九年春に公正取引委員会の関係者に会っている。このときの公正取引委員会の委員長は、財務省の次官をやった杉本和行だった。杉本は欧米の反トラスト局のプラットフォーマーに対する攻勢を背景にして、日本でもプラットフ

ヤフー売上推移　（2019年以降はZホールディングス　単位億円）

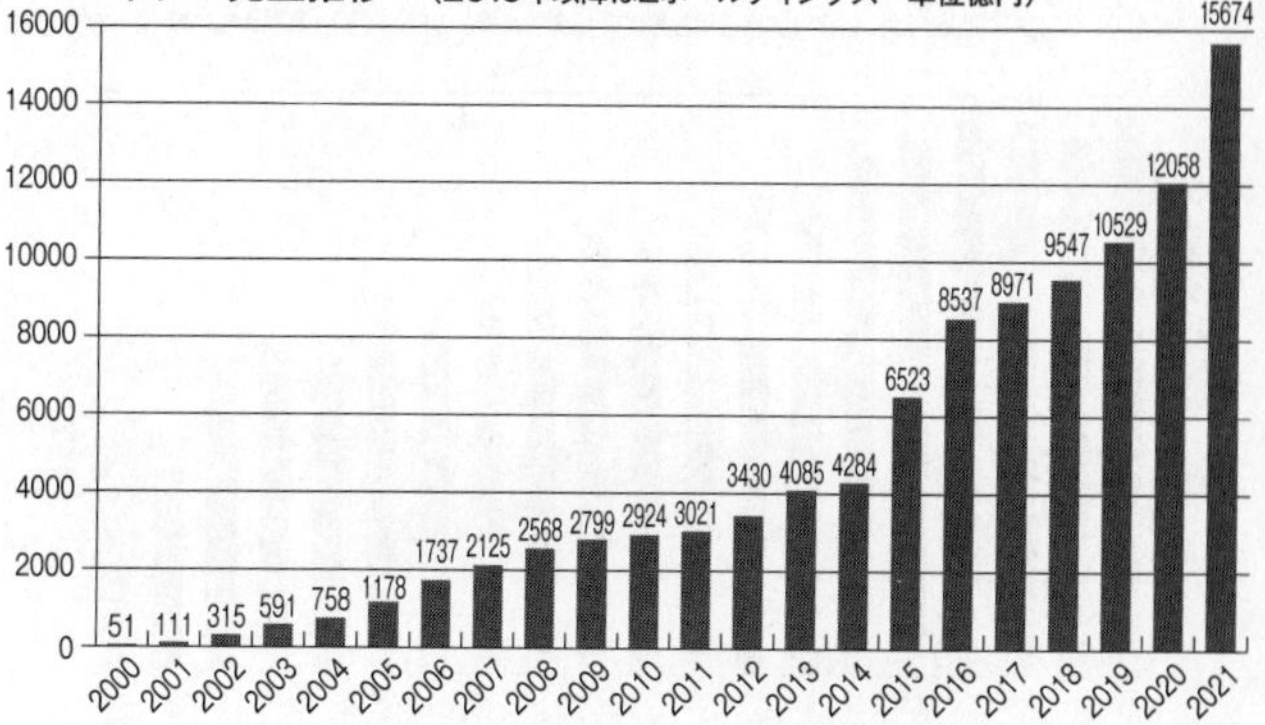

ォーマーに対する調査をまず広告の面から始めていた。

このときの面会で、公正取引委員会の関係者は、こんなことを言ったと山口はいう。

「インターネット上には虚偽の情報、邪悪な情報が飛び交っている。新聞とインターネットが共存する社会ならいいが、活字がなくなってインターネットだけになる社会は危うい」

実際、杉本は、そうした考えを公正取引委員会の内外で話しており、二〇一九年九月に、日本記者クラブで会見をした際には、二〇一六年の熊本地震の直後に動物園からライオンが放たれたというフェイクニュースがＳＮＳで拡散されて、大きな問題となった例などを引きながら、「プラットフォーム企業はフェイクニュースやヘイトスピーチ、犯罪をあおる情報を排除する仕組みを考えるべきではないか」と問題提起をしている。

読売新聞 基幹6社の売上推移
(ただし2021年度より7社、新会計基準適用もあって、旧会計基準との対比で売上高が大幅に縮小。 単位億円)

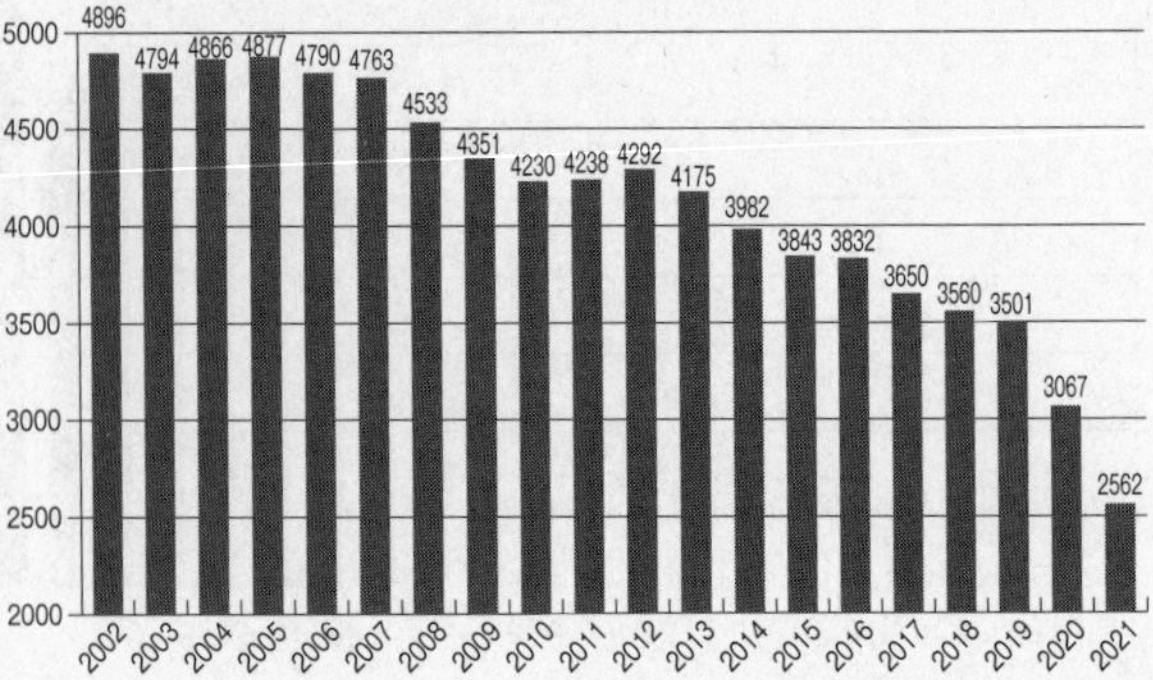

朝日、日経単体売上高の推移 比較 (単位億円)

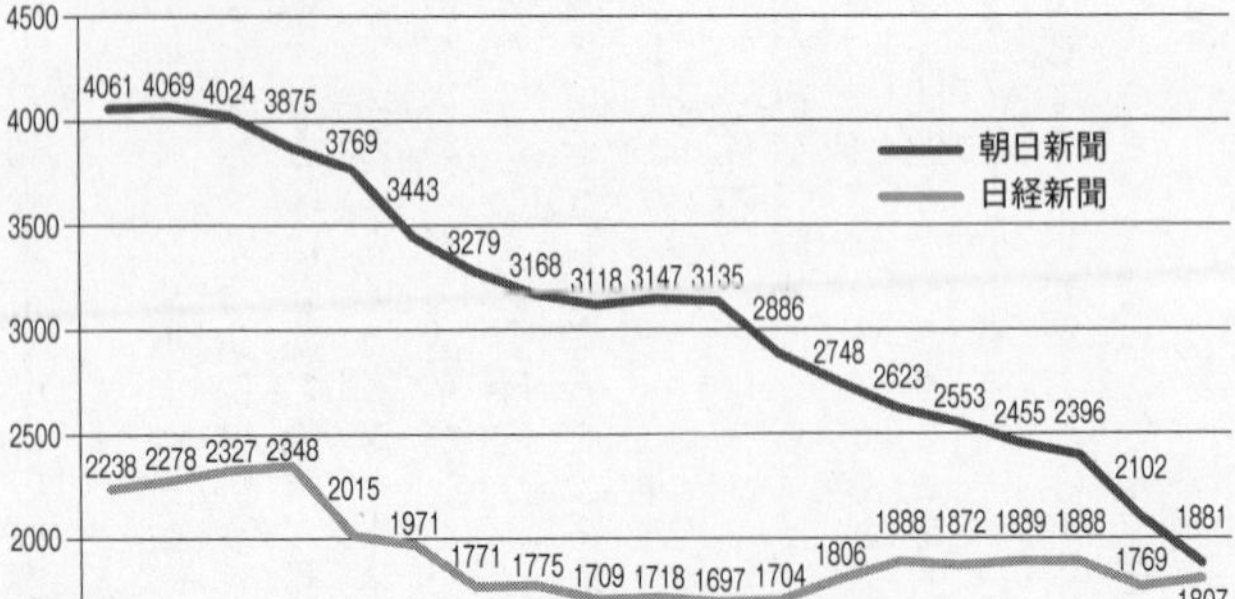

ところが、このとき出席した各メディアの記者たちの反応は鈍く、むしろ公正取引委員会が、言論の問題に出てくるのはいかがなものか、といった質問が出た。

これは実はこの問題を考える意味で非常に重要な疑問でもある。日本の新聞はこの本で書いたように、日刊新聞法や、訪問販売法、再販制度の適用除外、軽減税率の適用など、さまざまな規制によって守られてきた。これからさらに、独占禁止法による介入を政府にたのむべきかという問題に帰結する。

有限の視聴者の関心を奪え！

話を二〇一九年春の山口が公正取引委員会の関係者と懇談をした際の話に戻す。

山口は、ライントピックス訴訟や「あらたにす」の時代から、新聞はプラットフォーマーに影響をうけずに存続すべきだと考えていた。公正取引委員会のこうした意見を聞いて、「背中を押される思いがした」、という。

翌二〇二〇年の冬、山口は、山本龍彦が、Ｎｅｘｔｃｏｍという雑誌に書いた「思想の自由市場の落日」と題された論文を読む。この論文は、山本が日本に「アテンション・エコノミー」について紹介した最初の論文である。

山本は、ティム・ウーらネオ・ブランダイス学派の論文を参考にしながらこんなことを書いていた。

それまで思想については、それぞれの自由な競争に委ねることを、合衆国憲法修正第一条や他の国の法制度も、前提としてきた。しかし、巨大プラットフォーマーが成立した今日、それでは、公正な競争がはかられなくなってきている。デマ情報や、バイアスのかかった情報が、人々の行動に影響を与えるようになっている。巨大プラットフォーマーが収集した個人データによって、その人の好みの情報が届けられる「エコー・チェンバー」、あるいは、AIによる本物と見紛うばかりの映像などを使った「ディープフェイク」。

人間は即座に反応する機能と、熟慮して判断する機能をもっている。前者を、「システム1」、後者を「システム2」と名づけたのは、行動経済学のダニエル・カーネマンだが、現在のウェブ社会は、「システム1」を刺激して、注意をひこうとする「アテンション・エコノミー」になっている。

このようにして、本来なら届けられるべき真正の言説が、届かなくなっている。だから、独占禁止法が、私企業の独占に介入しているように、思想が流通するインターネット社会にも国家が介入し、正しい言説に人々が触れやすくする仕組みをつくらなければならない。

この論文を読んだとき、山口は、「はっきりと『アテンション・エコノミー』の問題について認識した」という。映画『マトリックス』で、主人公のネオがレッドピル（赤いカプセル）を飲み、これまで過ごしてきた現実が仮想現実の世界であったことに気がつき、本当の現実世界に引き戻されたようなものだろうか。

山口は社内において、この問題の発信を始めることになる。

アテンション・エコノミー

二〇二二年の読売新聞賀詞交換会は、一月五日読売新聞ビルの「よみうり大手町ホール」で行われている。ここで、山口は、社員に「アテンション・エコノミー」について詳しく語っている。

〈ビッグ・テックの独占が放任されて、それとともに刺激の競争も野放しにされてきた結果、いまや、真実かどうか公正な論評かどうかに価値を置く新聞ジャーナリズムの言論空間とは全く違う、異質な情報空間が世界を覆っています。しかも、その異質な空間では、刺激の強い極論、怒りをあおる情報を拡散させると、それが虚偽であっても利用者のアテンションを大量に吸い寄せて、プラットフォーマーがもうかる市場構造ができ上がっているというわけです〉

〈アテンション・エコノミーで稼ぐプラットフォームに情報の流通が偏れば、情報・言論は歪んで世の中の対立と分断はひどくなります〉

〈読売新聞は、こうしたアテンション・エコノミーとは全く違う価値を表現していかなければなりません。フェイクニュースではない公正・中庸の言論を発信し続ければ

なりません〉

山本は、二〇二二年一月二四日に読売新聞の「クローズドな勉強会に呼ばれ」、アテンション・エコノミーについて話をすることになる。三〇人ほどの幹部が集まった勉強会で、山口は最前列で熱心に聞いていたという。山口は山本の話が終わると、こんな質問をしている。

「プラットフォームとの関係の中で公正取引委員会の役割をどう考えるか」

読売社内のみならず、山本が紙面に登場し、「虚実のはざま」というこの問題についての連載も始まり、「アテンション・エコノミー」という言葉は読売の紙面に、度々登場するようになる。

他社の動きはどうだったろうか？

他社はよりストレートにプラットフォーマーとの問題とは、ヤフーとの問題、ずばり低すぎる料率の問題だという認識だった。

対プラットフォーマー・ワーキングチーム

日本新聞協会に、「プラットフォーム」に関するワーキングチーム」ができたのは、二〇一九年二月のことである。これは各社があつまってプラットフォーマーについて調査をするという立てつけの会だったが、当初は迷走をしていた。

最初の一年目の座長が朝日新聞社から出ていたが、その座長だった竪場勝司によれば、地方紙の経営者がプラットフォーマーについて調査をしてほしい、と新聞大会で発言し、それがきっかけでできたらしいということだが、はっきり覚えているわけではない。しかし、竪場がよく記憶しているのは、同じ朝日新聞から参加をした福山崇が、熱心に活動していたことだ。

福山は周囲に、「プラットフォーマー問題こそ新聞生き残りのための一丁目一番地の問題だ」と語っていたが、社内で理解を得ていたわけではなかった。この新聞協会のワーキングチームに参加した複数の他社のメンバーによれば、福山と東京新聞からきていた稲葉千寿の二人が熱心に活動していたという。

福山は、「前の世代の人たちがヤフーと『悪魔の契約』を結んでしまった」と言い、ヤフーからの料率が低く抑えられていることをなんとかならないか、その方策を探っていたと周囲のメンバーは記憶している。

福山は、二〇二〇年九月三〇日にサービスを終了することになったLINE傘下のキュレーションサイト「NAVERまとめ」も新聞の著作権を無視したサイトだと問題視して実際にLINEとの交渉にかかわったりした。

が、特筆すべきなのは、公正取引委員会との相談で、画期的な答を引き出したことだろう。他の報道機関と共同して、原価構造のデータ開示の要請をすることは、独占禁止法上問題にならないこと、そしてプラットフォーマー側との契約書のテンプレートも、そこに提供料金や支払い条件、納期などの具体的条項が入っていなければ、各社が共同でつくれるとの答を引き出した。

不思議なのは読売の動きだった。

このワーキングチームは二〇一九年二月にできるが、六月には山口が、新聞協会の会長に就任している。ワーキングチームのメンバーは、読売が積極的に動くのではないか、と期待したが、当時軽減税率の問題で活発に動いていた読売は、しかし、この問題での動きは鈍かった。ワーキングチームの二年目の座長は読売から選ばれたが、チームの方向性をまとめきれず、本格的な動きになるのは、三年目に東京新聞の稲葉千寿が座長になってからだった。

新聞協会のメディア開発委員会というところにもうけられたこのワーキングチームの動きは公表されず、二〇二二年後半にはふたつの分科会にわかれる。第1分科会は朝日の福山が座長になり、第2分科会の座長は読売から選ばれた。二月一六日には、「プラットフォーム問題分科会活動報告書」を出す。新聞協会はこの報告書を、プラットフォーマー側に動きを知られないためと、公表していない。

その第1分科会、第2分科会両方の報告書を読んだが、ヤフーなどのプラットフォームに対して、短期と長期の作戦にわけて、極めて具体的な施策を打ち出していたのは、福山が座長をつとめる第1分科会の報告書だった。

短期では、『ニュース配信をめぐる不透明、一方的な取引環境』の改善を目指し、プラットフォームへの共同要請や対話、独禁法に基づく諸手続きの活用などをおこなっていく」とし、中長期では、「プレス著作隣接権、著作権の集中管理制度、競争政策関連の立法・法改正、行動規範の検討など、諸外国で先行する法制度改革をさらに研究し、〝日本型モデル〟の導入を検討する」ことを掲げていた。

読売からの座長が骨子を書いた第2分科会の報告書は、新聞社・通信社がデジタル分野で十分な収益をあげていないのは、「ニュースの流通構造をプラットフォーマーが支配しているのが大きな要因である」といった表現はあるものの、冒頭から「アテンション・エコノミーを主導するプラットフォーマーとは一線を画し、ニュースの作り手として節度ある取り組みを続けていくことが、業界全体の信頼性向上につながる」として、山口の正月の挨拶をなぞったようなものに読めた。実際、この第2分科会では、第二回会合で、慶應の山本龍彦を呼んで「新聞はアテンション・エコノミーにどう向き合うべきか?」をテーマに講演してもらうなど、読売の社論にそった運営がなされていたと言っていい。

第2分科会のテーマそのものが、「健全な言論空間/世論形成」という山口の問題意識にそうものが当初から設定されていた。

公取、調査に着手

公正取引委員会が、ニュースコンテンツの配信分野に対しての実態調査に着手したことを発表したのは、この新聞協会の「プラットフォーム問題分科会活動報告書」が出された同日のことである。

その一年九カ月前に公正取引委員会は、「デジタル広告分野の取引実態に関する最終報告書」を出していた。

これはデジタル広告分野についてプラットフォーマー側とそれを利用している業者に公取が聞き取りなどで調査をしてまとめたものだが、これを読んだ新聞協会の「プラットフォームに関するワーキングチーム」の各社のメンバーたちは驚きの声をあげていた。というのは、デジタル広告の最終報告であるはずのその報告書の終盤になって、唐突にニュース配信の問題が真正面からとりあげられているからだった。

〈本調査では、新聞社等の伝統的なメディア（以下「既存メディア」という。）を中心に、社会・経済にとって有用と考えられるコンテンツを提供する媒体社の競争環境に着目した〉として始まるそのパートは、新聞社側の言い分がほぼ正しいかのように公正取引委員会が考えているように読めた。

新聞社とプラットフォーマー側両者の意見を、並列しているが、公正取引委員会が書いている結論部分では、たとえば、「検索順位を決定する主要な要素等、媒体社の事業活動に大きな影響を与えるようなアルゴリズムの変更については、可能な限り、媒体社において変更に備えるために十分な情報を開示することが望ましい」としたり、新聞社が個別にヤフーと秘密保持契約によって結ばされている料率等の交渉についても、「ニュース等の配信に関する市場における公正な競争を促進する観点から、まずはその配信料の算定に関する基準や根拠等について明確にされることが望ましい」とプラットフォーマー側（この場合はヤフーだろう）に迫っていた。

この最後のニュース配信の部分は、調査当時の委員長の杉本和行の強い意志でいれられた。

そうしたことがあって朝日の福山は契約書や原価構造について、新聞社が共同でヤフー側と交渉することができるという相談事例を公正取引委員会から引き出したのだが、ワーキングチームのメンバーによれば、「プラットフォーマー側はほとんど動かなかった」。

それにしびれを切らして、ついに公正取引委員会は、まさにニュースの配信をめぐるプラットフォーマーと新聞社の関係について調査を二〇二二年一一月に始めたのだった。

オリジネーター・プロファイル

「国境なき記者団」に、言論空間正常化のためのシステムを依頼された村井純は、同じ「国境なき記者団」の仕事をしていた電通の竹内好文から慶應SFC出身のコンサルタント黒坂達也を通じて、あるアイデアを持ち込まれる。竹内は、「国境なき記者団」が運営する「Journalism Trust Initiative」が構想をしていたくだんのデータベースの仕事で、「国境なき記者団」とやりとりがあった。

そこで、竹内が考えていたものが、「オリジネーター・プロファイル」と後に名づけられるものの原型である。それは、ウエブ上でも、紙の広告と同じように、信頼できる媒体とそうでない媒体を仕分けるシステムをつくるというアイデアだった。

しかし、竹内はインターネットのシステムのことはわからない。そこで、電通の仕事もしていた黒坂を通じて、「村井先生を紹介してくれないか」ということになった。村井は、「国境なき記者団」からの宿題があったため、竹内の話を聞いて、面白いと思い、慶應義塾大学サイバー文明研究センターに、WGML研究会なる組織を、二〇二〇年九月二五日に立ち上げる。竹内や黒坂をメンバーにしたこの研究会は、「国境なき記者団」や「Journalism Trust Initiative」と連携をとりながら、ウエブの中で、真正な言論が流通するためのシステムを考えていくことになる。

そこで、考えられたのがオリジネーター・プロファイルというアイデアである。二〇二一年三月二九日につくられた「説明資料」がわかりやすい。

報道機関が主導して広告主や広告会社、プラットフォーマーも参加して形成した「第三者認証機関」が、メディア、広告主の自己診断結果を認証し、認証をうければ、そのメディアの基本情報がポップアップする、オリジネーター・プロファイルを使うことができる。

検索エンジンやSNSのニュース画面では、「オリジネーター・プロファイル」を持つメディア・広告主を優先表示する。みそは、このオリジネーター・プロファイルの認証をうけていないページには、プラットフォーマーからの配信広告（RTBデジタル広

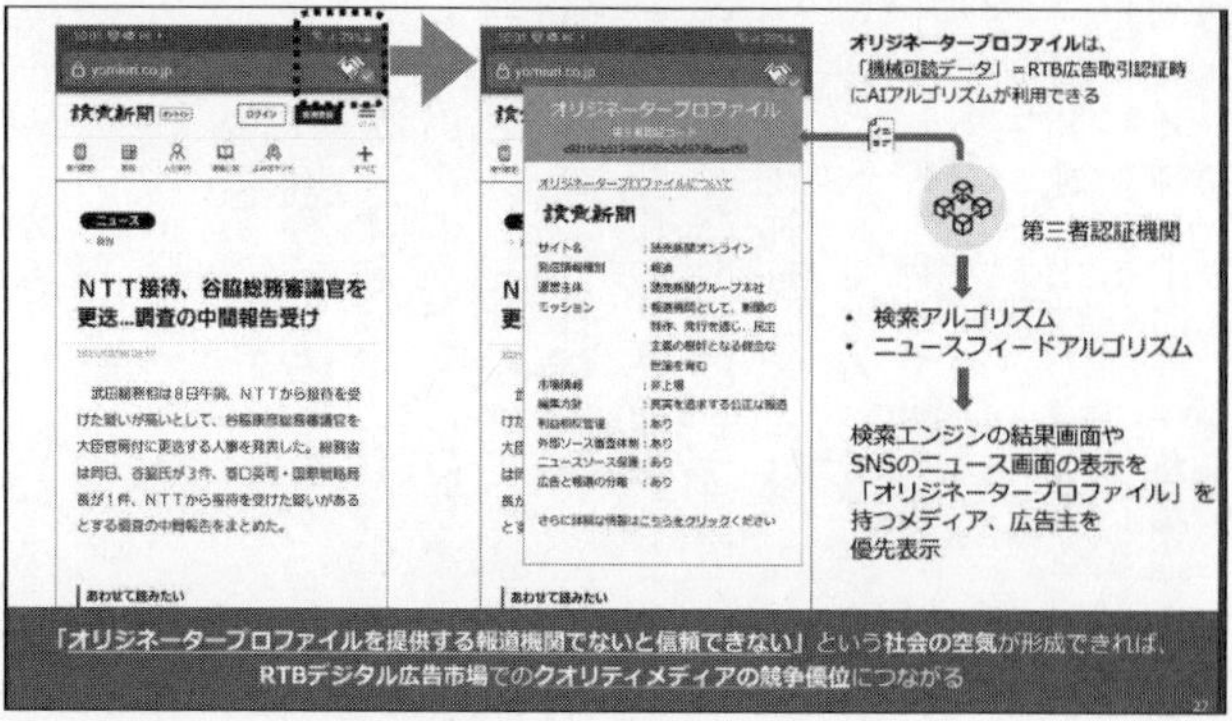

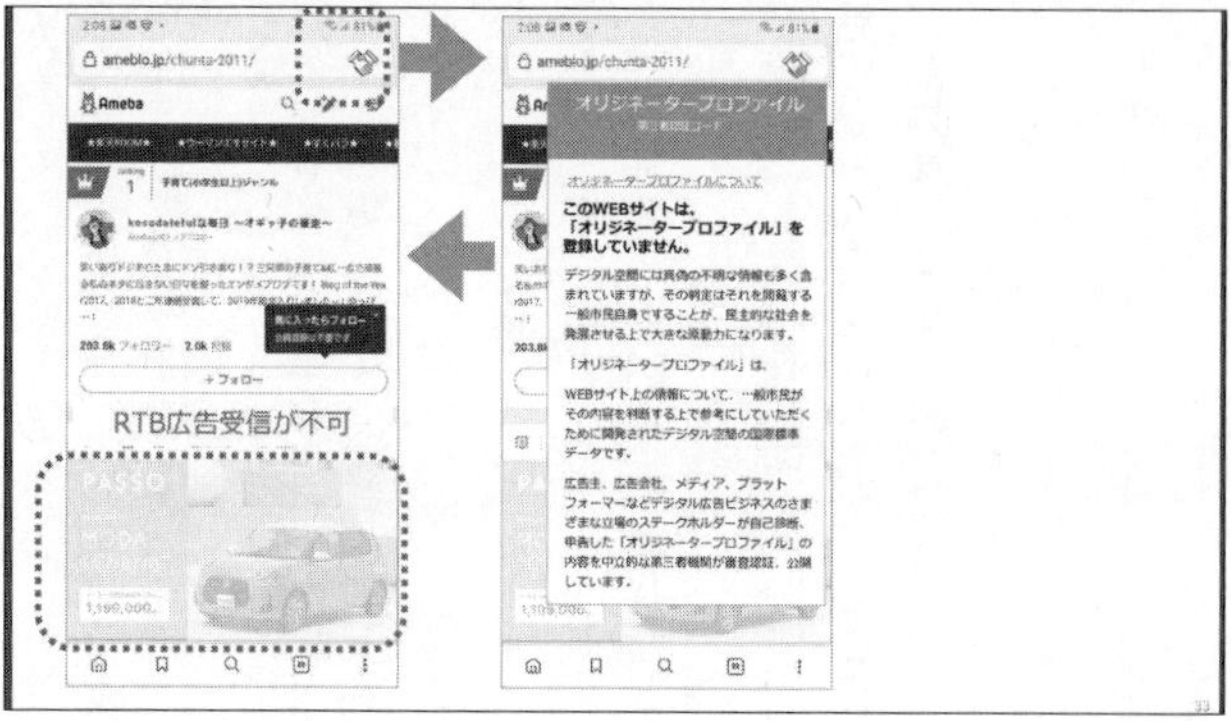

WEB技術「オリジネータープロファイル」詳細説明資料より。認証機関で承認されていないサイトには、配信型広告がいかない、という説明がある。ただし、これは2021年3月につくられた内部資料で、読売はこの段階では参加していない。

告）が行かないようにする、としていた点だ。

〈「オリジネータープロファイルを提供する報道機関でないと信頼できない」という社会の空気が形成できれば、RTBデジタル広告市場でのクオリティメディアの競争優位につながる〉

こう資料にはあったが、私は「こんなことが世間的に通るわけがない」とまず考えた。黒坂によれば、これは電通主導でつくられた草案で、読売新聞に売り込むことを想定していたようだ。この草案によれば、電通がメンバーに入る「第三者機関」が、認証するしないを決めるわけで、テレビCMや紙の広告の時代、電通がゴールデンタイムや新聞の二面、三面などの広告枠を押さえており、その「面どりの力」で絶大な権力を持っていた時代のことを想起させる。そもそも、東京五輪の談合を主導したとされるこの会社のことを世間はもう信用をしていない。

そう反射的に考えた。この本をここまで読んできた読者には、あとでもう一度レッドピルを飲んでもらって、問題を鳥瞰して見てもらうことにするが、ここでは、この「オリジネーター・プロファイル」を通じて、意外な二者が出会うことになった話を続けよう。

村井純と山口寿一である。

村井純と山口寿一が議論する

村井によれば、それは「ズドンとやってきた」。山口が村井に会いたいと言ってきたのである。「オリジネーター・プロファイル」の話は、黒坂によれば、竹内が電通の新聞局を通じて読売にいくようにしていた。それが山口の耳に入って「会いたい」というメッセージが入ったのだという。

村井と山口は会ったことがこれまでなかった。二人ともこの本の主要登場人物だから書籍を通じて、互いのバックグラウンドについては通じていただろう。

村井は、二〇二一年の夏に、読売本社の三一階にある役員フロアに山口を訪ねている。そして二人のウマがあったのだった。

といっても、会食の席が設けられていたわけではない。読売の役員フロアの瀟洒な会議室で、山口は、村井に、GHQの時代からいかに日本の新聞が独立した言論を確立してきたかを、日刊新聞法や再販制度の適用除外などの話もしながら、「講義をした」のだった。

日本新聞協会の新聞倫理綱領や、読売新聞の綱領にあたる「読売信条」や朝日など他の新聞社の綱領を山口は用意して、村井に渡した。

他の読売の幹部は、「紙の新聞が売れないで困っている」と商売の話をしていたが、山口はそのことには関心がないように、村井は感じた。

報道とは何であるかということの戦後からの歴史をしっかり捉えて、きちんとした編集をして、あるクオリティの記事をきちんと書くのが新聞社の使命である。それがどういうふうにできてきたかということの説明をし、きちんとした記事を作っているということの絶対の自信を持っているように村井には思えた。

「それが正しく理解をされるしくみをつくってほしい」というのが山口の頼みだった。

村井の説明を聞いて山口がもらしたセリフを二人の会合に同行した黒坂はよく覚えている。山口はこう言ったのだった。

「技術から始まったことは、技術で解決するしかないんですね」

山口は山口で、村井のエンジニアとしての情熱と胸襟を開いた姿勢に感銘をうけたようだった。

二人の会合は、定期的になっていく。

この村井・山口の会合を通して、読売は、オリジネーター・プロファイルに深くコミットしていき、朝日新聞や毎日新聞、産経新聞なども参加する形で、「オリジネーター・プロファイル（OP）技術研究組合」（理事長・村井純）が二〇二二年年末にたちあがることになる。

が、この構想の成否は、配信広告の仕組みをもっているグーグルやヤフーなどが、この構想に参加するか否かにかかっている。

実は、二〇二二年一〇月には、山口は村井とともに、来日したグーグルCEOのサンダー・ピチャイに会っている。

グーグルに売り込む

グーグルのCEOは数年に一度日本にやってきている。村井は、インターネットの各種技術を標準化するために設立されたワールド・ワイド・ウエブ・コンソーシアムのボードメンバーの一人である。たとえば縦書きの文字が、ワールドワイドウエブの様々なブラウザー上で展開できるようになったのは、村井の尽力によるものだった。

だから、グーグルのCEOは日本に来た時に必ず村井に会う。

コロナ前は迎賓館を借り切って、日本の様々な要人とのミーティングをこなしたグーグルだったが、二〇二二年は、安い部屋でも一泊一三万円以上はする超高級ホテル、東京エディション虎ノ門で数日間にわけておこなわれた。ホールにたくさんの小部屋がついているスペースを使い、ピチャイはミーティングをこなしていく。読売の社員や黒坂もホールまではついていったが、小部屋に通されたのは村井と山口だった。

ここで、二人は、「オリジネーター・プロファイル」の構想についてグーグルに売り込んでいる。

山口の、二〇二三年一月五日の読売新聞ビルの「よみうり大手町ホール」で行われた社員にむけた賀詞交換会での挨拶では、「ピチャイさんはその場で協力する、クロームチームに早速指示すると約束をしてくれました」とのことだったが、村井の記憶は食い違っている。

「僕、逆にクロームチームはよく知ってるんですよ。そんなたやすくクロームチームは動きません」と村井は笑いながら私に話をしてくれたが、ピチャイは聞き置くという感じだったという。

そうなるとあとはヤフーである。「ヤフーやスマートニュースなど国内での協力を得て、国内で実証実験をやって、その後国際標準とすることを目指します」とくだんの賀詞交換会で山口は社員に宣言しているが、黒坂によれば、「ヤフーは川邊健太郎さんと話をしている段階で、まだ下にはおりていない」とのことだった。

そうした状況を考えてみると、新聞協会の「プラットフォームに関するワーキングチーム」で読売の動きが鈍かった理由もわかるような気がする。これは、この本の第10章で書いた「あらたにす」の局面の再現なのではないだろうか。あのとき、読売は、ヤフーから抜けるというカードを持ちながら「あらたにす」を主導し、結果的にはそこでつくられたヤフー包囲網を利用して、契約条件を大幅に読売にとって有利なものにした。いずれにせよ、この二〇二三年の局面がどうなっていくかは、ヤフー次第ということになるが、新聞社側は、公正取引委員会の調査というカードを持っている。今回ヤフーは「現在進行形の話なので」ということで取材に応じなかった。

反証のレッドピルを飲む

さて、ここで約束したレッドピルを読者の皆さんに飲んでもらうことにしよう。

私も山本龍彦への取材から始まる「アテンション・エコノミー」の話を聞いていると、ネット上の言論空間には、何らかの介入が必要であるという新聞協会のワーキングチームや山口の意見に流されてしまうような気がした。

現在のネットには、クオリティのあるジャーナリズムは存在しにくい。だから独禁法の介入や「オリジネーター・プロファイル」のような努力が必要ということだ。

しかし、これに対する有力な反証は、プラットフォーマーにニュースを提供していない日本経済新聞やニューヨーク・タイムズ、英エコノミスト、フィナンシャル・タイムズの成功だろう。単行本が出版された二〇一九年一〇月時点とくらべて、その点はよりはっきりとしてきている。

ヤフーは、奥村倫弘の発案によるヤフー・ニュース・トピックスの成功で、一カ月のPV数が二〇〇億PV以上の巨大ポータルに成長した。読売新聞の記者たちも、ヤフトピに自分の記事があげられると、喜ぶ。圧倒的な数の読者に読まれるからだ。

ヤフーのニュース・トピックスでは、事件事故の際には、契約している各社から一斉に同じニュースが送られてくる。それをヤフトピの編集部は、選んで一本だけ出す。

こうした事件事故の報道や、発表ものの報道あるいは、「前うち」と呼ばれる官僚や警察の情報を先にとって出す「スクープ」は、実はヤフトピにとりあげられたとたん価値がゼロになる。みなが知ってしまうし、他社がすぐ追いついてくるからだ。

ヤフーに記事を出していない日経の電子版をとっているとよくわかるが、ここに出て

ニューヨーク・タイムズ売上推移　（単位千ドル　同社アニュアルレポートより）

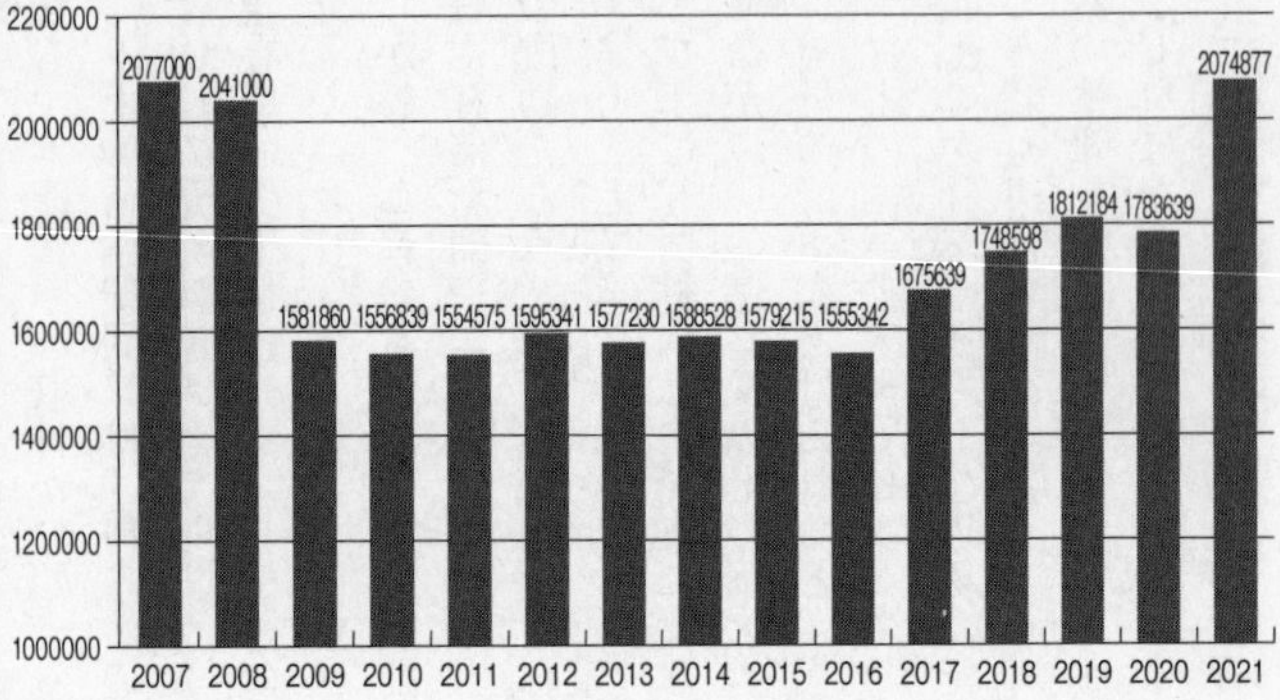

ニューヨーク・タイムズ有料電子版契約者数　（2022年は第三四半期の数字）

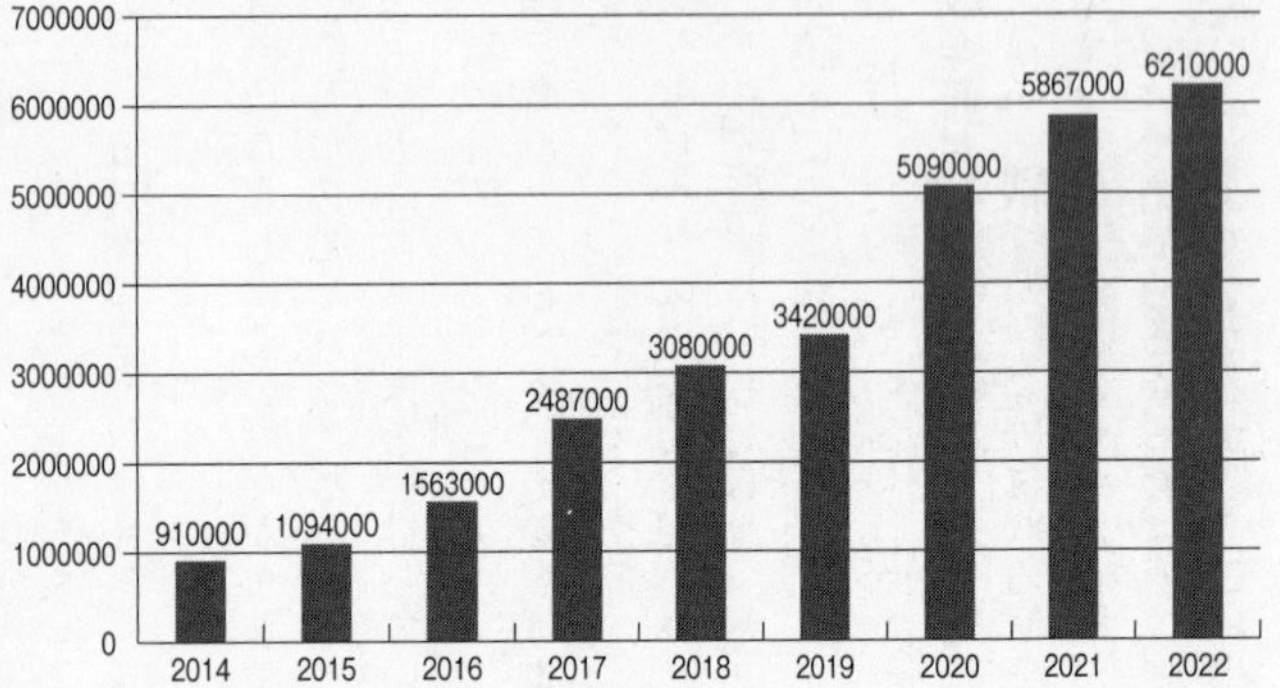

いる記事は、かつてのような「前うち」の記事ではない。日経電子版でなくては読めないような独自のアングルのある記事が主軸となっている。

たとえば、「データで読む地域再生」。これは地方部を発展する形で二〇二一年四月にできた地域報道センターがやっているシリーズだが、公開データを四七都道府県で縦串を通すことで、そのなかから出てきた特徴について取材をし、全国規模の課題を洗いだしている。

このシリーズでは、これまで出生率、医療費、農業生産高、介護費、ワクチン接種率、投資教育などを全国の自治体別に比較してきたが、比較によってはっきりと問題点と解決策が浮かび上がってくる。これは、地方の読者にとって切実な課題であり、日経は、有料電子版の読者を地方に広げようとしている。実際、二〇一九年六月に七〇万を超えた電子版の有料会員数は、コロナ禍のなか、さらに契約者数を伸ばし、二〇二二年七月一日の時点で、八三万二〇一人となった。

他の全国紙は、地方の支局で、県版をつくって地元の話を取材して、毎日紙面をうめているわけだが、日経はそもそも地方に全国紙のような細かな県版をつくるだけの人をおいていない。県庁所在地に一人といった具合だが、しかし、全国的なデータをクランチングしてそこから出てきた特徴をスポット的に取材するだけならば、一人でもできる。そしてこうした各地域をつなげて比較した記事は他では読めないのだ。

報道ではなく独自の解釈を

英エコノミスト誌は、一九九六年には五〇万部だった部数が、二〇〇一年には七六万部、最新の二〇二一年の数字では、一一二万部を数えるまでになっている。部数というより正確には契約者数といったほうがいいかもしれない。

というのは、英エコノミスト誌は基本は、一カ月からの契約で、紙の雑誌のみの販売はなし。デジタル版か、紙プラスデジタルの二種類の契約のみ。つまり契約者は一〇〇パーセント、デジタルの英エコノミスト誌に接する機会がある。

英エコノミストは、グーグルやヤフーやフェイスブックにただで記事を出していない。記事のばら売りもしていない。パッケージとしてのエコノミストを読者は買うことになる。

なぜ、今も契約者数を伸ばしているかというと、同誌が、ニュースを報道する雑誌(これはプラットフォーマーに流れるニュース記事に代替されてしまう)ではなく、世の中に起こっている事柄を「分析」し、その意味を「解釈」し、そして将来を「予測」する雑誌だからだ。

一例をあげよう。

たとえば、二〇一七年八月一二日―一八日号のカバーストーリーは、「内燃機関の死」(The death of the internal combustion engine)だった。これは、ガソリンの内燃機関によって造られた車が、電気自動車（EV）へ大きく変わろうとしていること。それによって、自動車産業だけでなくその周辺の産業、石油産業、さらには中東情勢にまで、変化がおころうとしていることを予測するカバーストーリーだった。

日々のニュースからではわからない、目に見えない大きな変化（メガチェンジ）をさぐりだし、それを読者に提示する。

英エコノミストを読んでいると、プラットフォーマーに流れてくる日々のニュースの意味がわかってくる。

そして英エコノミストは、「前うち」はやらないし、クラブに記者をべたばりさせるなどということはもちろんしない。だいたい、海外支局をふくめた記者編集者の数は、わずか一二〇名。日本の地方紙の編集局の人数ぐらいしかいない。

英エコノミスト誌は、二〇一七年のアニュアル・レポートでこんなことを言っている。〈世界のデジタル広告の六割は、グーグルとフェイスブックがとっている。そして近年は、アメリカのデジタル新規広告の売上の九九パーセントはこの両社に行っている〉

だから、英エコノミストは、プラットフォーマー経由の広告には頼らず、有料電子版の購読収入による成長に集中する、とこの二〇一七年のアニュアル・レポートで宣言をしたのだ。

実は村井純は、「（自分がオリジネーター・プロファイルの研究組合の理事長をやっていながら）ちゃぶ台をひっくり返すようだが」と前おいたうえで、私にこんなことも言っていた。

「誰かがそのメディアの格付けをするのではなく、信用というのは、徐々にネットの中でもつみあがっていくものだ」

第三者認証機関に認証をしてもらわずとも、英エコノミストやニューヨーク・タイムズ、そして日本経済新聞の価値を人々はわかっていったのだ。

それを考えれば、そもそも、プラットフォーマーに頼らないジャーナリズムをつくっていけばよいのではないのか？　事実、日本経済新聞は、「オリジネーター・プロファイル」の研究組合には入っていない。そのような認証をうけなくとも、市場が価値を決めるという認識なのだろう。

そのことを、新聞協会の「ワーキングチーム」の各社のメンバーに言うとこんな答が返ってきた。

「最終的な形としては下山さんの言うことにまったく異存はない。しかし、私たちは実務家です。そこにいたる道筋はまた別のものを考えているのです」

「そんなにいじめないでください」とも。

そして他社の人間であるにもかかわらず、山口がこれらの問題をどう考えているのか救いを求めるように知りたがった。

「あの人には哲学を感じます」

山口は、読売新聞グループ本社の代表取締役社長にくわえて読売巨人軍の球団代表、二〇二二年六月からは、日本テレビホールディングスの代表取締役も務めるようになっている。

その超多忙のなか、今回は書面で丁寧に取材に答えた。これまでの記述にもその回答は使っているが、最後に「メディアにかかわる者や読者にとっては切実な疑問」として出したいくつかの質問について山口の答を紹介しよう。最初に私の質問、次に山口の答をそのまま掲載する。

――「新聞ｗｉｔｈデジタル」の基本方針は今後も変わらないのでしょうか？　私は一時期、読売の紙面が、記者の顔を出し、その記者ならではの分析に力をいれていると感じて、これはデジタル有料版の単独販売への助走なのかと考えていました。間違っていますでしょうか？

人間が理性的であるためには、システム２が必要です。

新聞はシステム１、システム２に寄与するメディアです。

システム１、システム２という二重過程理論を世の中に広く知らせたのは、ダニエル・カーネマンというノーベル経済学賞を取った学者です。カーネマンは、著書『ファスト＆スロー』の中で、システム２の思考回路が過度な負担なく働く場面の一例として新聞を読んでいる時を挙げています。

「新聞ｗｉｔｈデジタル」の方針は、熟慮する社会を保つために有用と考えています。

――「新聞はストレートニュースをあきらめて、解説や論評に力を注ぐべきだという見解」について山口さんは二〇二二年の入社式で「間違っている」とおっしゃっています。しかし、私はネット上にプラットフォーマーが成立している現在、ストレートニュースは出したとたんに、共有され、瞬時に価値がゼロになってしまうと考えています。だからこそ、新聞を有料でデジタルにせよ紙にせよとってもらうには、そこでしか読めない「時間の経過に耐えうるコンテンツ」を出し続けることが必要だと考えています。そのためには、現在の記者クラブを前提とした発生ものをべたばりで追うという取材体制を根本的に改めて、ストレートニュースの意味を読者が解釈できるような記事を出していくことが、新聞の生き残りの鍵になると考えています。

そもそも、ストレートニュースを現在のような形で追うだけの財政的な裏付けを新聞は失いつつあります。これらの点についてどうお考えでしょうか？

「時間の経過に耐えうるコンテンツ」を出し続けるべきとのお考えは、同意見です。ただ、そのような記事を書くには、事実を確定させる取材力が不可欠です。

事実を確定させる取材力は、だれにも最初から備わっているわけではなく、記者としての訓練を受けて身に付くものです。

情報は、事実を正確に映しているとは限りません。情報は人が作りだすものであって、そこには情報を作りだした人の目的や意図が投影されます。

世の中に大量の情報が行き交うほど、虚偽の情報、有害な情報が混じりやすくなります。

正確な情報を見分け、事実を確定させ、限られた時間内にどのような見出しと記事を発信するか判断する、つまり事実報道ですが、事実報道は報道の土台であり、「時間の経過に耐えうるコンテンツ」や解説、論評はこの土台の上に展開されます。

別の言い方をすれば、新聞は信頼が生命線で、信頼の源は事実を確定する取材力にあり、その取材力を鍛えるのは事実報道です。

私がストレートニュースと呼んでいるのは、こうした事実報道であって、災害報道、戦争報道などを含みます。発生もの、発表もののみを指しているのではありません。デジタル社会においてストレートニュースのマネタイズが難しいとしても、「時間の経過に耐えうるコンテンツ」を出し続ける力を持つためにも、新聞は事実報道をおろそかにするべきではないと考えています。

この他、ヤフーなどのプラットフォーマーと新聞の関係については次のように答えている。

情報環境の問題と関連しますが、プラットフォームとニュースメディアの関係は公正な取引と言える状態にはありません。

記事配信料は課題の一つで、EUやオーストラリアなど海外で、立法によってニュースメディアが適正な配信料を受け取れるようにする動きが相次いでいます。

立法の過程で、グーグルは「法案が成立するなら検索サービスを停止する」、フェイスブックは「ニュースの閲覧を制限する」などと反発しました。しかし、法律が成立したのちは、その国内の記事配信料がかなり高額になり、新聞社等の経営を助けた実例が出始めており、日本新聞協会も研究に取りかかったところです。

とはいえ、立法となると、報道の自由、公権力からの独立といった重要テーマに直面します。

今すぐ立法の検討に入るより、技術がもたらした問題を技術的に解決する道を作れないか、そんな思いでオリジネーター・プロファイル（OP）に取り組んでいます。


この山口の答をもらったのが、質問項目を送った約二カ月後、二〇二三年二月二日の深夜だった。この文庫の締め切りぎりぎりの時間である。

読売、日経、ヤフーの三国志の帰趨を自分なりに大胆に予測すればこんなことになる。

ヤフーは、公正取引委員会の調査が進み、新聞各社が連合をすることで、配信料である程度の譲歩を必ずするようになる。ヤフーの成長を支えたメディア部門の利益率は下がり、いっそう、メディア企業からの脱皮をはかり、ＰａｙＰａｙという決済プラットフォームを軸にし金融やｅコマースを展開する企業として変質していくだろう。

二〇〇〇年代からアリババのアリペイをとりいれようとしたソフトバンク・ヤフーの戦略は、二〇一八年のＰａｙＰａｙのローンチで花開くのだが、これはまた別の話、別の機会にすることがあるだろう。

ただ、ヤフーの配信料があがったとしても、新聞の経営はまったくよくはならないだろう。なぜならば、仮に今の倍の配信料になっても、現在の紙の新聞の崖を転がり落ちるような下降をカバーするものではないからである。また、ヤフーに記事を出し続けるかぎり、「アテンション・エコノミー」から逃れられず、記者や編集者は短期的なＰＶを稼ぐ記事に引っ張られて、長期的な価値を見失う。

「アテンション・エコノミー」から離れて、真の価値をもとに持続的な経営をするためには、一度、プラットフォームの外に出なくてはならない。仮想現実の世界から、現実の世界に戻った『マトリックス』のネオのように。

そうした中で、いくつかの新聞は、自分たちにしかできない長期的な価値をもつコンテンツを提供することで、プラットフォーマー頼みをやめて、成功する企業もでてくるだろう。

日本経済新聞は今のところ唯一持続可能な経営を、プラットフォーマーと距離をとり、長期的な価値に重点をおくことで、なしとげている。今後は、グループ内の各社の中で、地上波の広告モデルで成立しているテレビ東京をどう位置づけていくかという課題がある。

そして、現在も紙の新聞を主軸とする読売新聞。逆張りのメリハリのある経営によって、他の中途半端な新聞社より、売り上げ減はゆっくりとしている。

しかし、いずれは大きな方針転換の日がくる、と私は考える。

主要参考文献・証言者・取材協力者

山口寿一、村井純、山本龍彦、黒坂達也、竪場勝司

朝日新聞社の福山崇は、広報を通じて取材を断ってきた。日本新聞協会内にできた「プラットフォームに関するワーキングチーム」に参加した各社のメンバーの複数が、匿名を条件に取材に応じている。また朝日新聞、読売新聞社内にも匿名で取材協力をしてくれた人がいる。

「プラットフォーム問題分科会活動報告書」一般社団法人日本新聞協会メディア開発委

員会
プラットフォーム問題分科会　議事録
読売新聞社報
『ＷＥＢ技術「オリジネータープロファイル」詳細説明資料』二〇二一年三月二九日
「アテンション・エコノミーと報道」山本龍彦　新聞研究　二〇二一年八〜九月号
「思想の自由市場の落日」山本龍彦　Ｎｅｘｔｃｏｍ　二〇二〇年冬号
『デジタルエコノミーの罠』マシュー・ハインドマン著　山形浩生訳　ＮＴＴ出版　二〇二〇年一一月
『システムの科学　第3版』ハーバート・A・サイモン著　稲葉元吉・吉原英樹訳　パーソナルメディア　一九九九年六月
「デジタル広告分野の取引実態に関する最終報告書」公正取引委員会　二〇二一年二月
Amazon's Antitrust Paradox, Lina M. Khan, The Yale Law Journal, January,2017
Is the First Amendment Obsolete?, Tim Wu, Michigan Law Review,vol.117, p547, 2018

文庫あとがき

ノンフィクションは小説と違い、その後も登場人物たちは人生を生き続けている。単行本から三年半たっての文庫化だったが、この三年余りの間にも様々な変化があった。慶應ＳＦＣの講座がきっかけとなってこの本は生まれたが、ＳＦＣの任期は三年で終わり、現在は、上智大学新聞学科で、この本と同じタイトルの講座を続けている。

その講座で、一昨年からとりあげている鳥取のローカルメディアがある。

そんなこと言ったって、俺たちはニューヨーク・タイムズでもないし、英エコノミストでもない。プラットフォーマーから距離をとって日経のような電子有料版重視の路線をとるのは無理、という意見に対してこのローカルメディアの成功自体が有力な反証のように思うからだ。

この米子を拠点とするケーブルテレビ局「中海《ちゅうかい》テレビ放送」は、一九八九年の開局以来、ずっと増収を続けている。

その大きな理由は、開局時から、地元のニュースを独自取材して流す専門のチャンネルをつくったことだ。これはニューヨーク・ワンというビデオジャーナリストが主体のローカルニュース局を参考にした髙橋孝之《こうし》の考えで始まったチャンネルだ。

地上波のローカル局は、「ローカル」とは言っても、自分のところでつくっている番組の割合は七〜八パーセント。残りの時間は、キー局や準キー局の番組を流して埋めている。そのことに不満をもっていた髙橋は、米子市の加入者のためになる独自のコンテンツをつくることが、このケーブルテレビ局の存在意義になる、と開局当時から考えていたのだった。

記者クラブに記者をはりつけるようなべたばりはしないし、できるだけの人数はいない。現在の報道部の人数は、総勢で一七名である。

一人で取材、カメラ、原稿書きから、編集までを行うビデオジャーナリスト方式で、朝、昼、夜の番組に流すニュースや特集をつくる。

開局時から髙橋が記者たちに言っていたのは「地域の課題解決となるようなシーズ（種）を探して、それを解決しろ」ということだった。

九九年に入局した上田和泉が発見した国道181号の事故多発現場の件もそうだった。二〇〇二年に高齢者の死亡事故があって取材したが、同じ場所で直近の五年間七人が死亡していることがわかった。見晴らしがいいのになぜなんだろう。上田が調べてみると、区画整理によって道幅が広くなっていたことがわかった。四車線道路になったが、住民が以前の感覚で渡ってしまうことが原因ではないか。この報道と取材が契機になって、街灯と信号機の設置がきまり、信号機がつくとその渡り初めも取材、総括の企画番組を流した。事故は以来なくなった。

上田はこのあと、汚染の激しい中海《なかうみ》の浄化運動に住民とともにとりくむ「中海物語《なかうみものがたり》」という月に一度の番組にキャスターとして携わることになるが、実際に番組が地域の人々をつなげて、浄化活動が活発化し、番組が目標にかかげた「泳げる中海」は、二〇一一年六月に水泳の全国大会が中海で開かれることになり、達成される。この番組は現在も続いている。

そうした課題解決型の番組や報道には、従来の新聞社がやっているようなべたばりの体制はいらない。一七名の報道部の月平均残業時間は二一・三時間（二〇二二年二月までの実績）。「前うち」を主軸にした新聞社の取材体制の長時間労働と比較すれば、いかにそれが生産的であるかは、一人あたま一億円をうりあげる中海テレビ放送の業績に現れている。

中海テレビ放送は、月極め契約のサブスクモデルで、広告には頼っていない。ステークホルダーは住民である。だから、キー局、ローカル局が七パーセントから二〇パーセントの減収だったコロナの時期にも、増収を続けることができた。

中海テレビ放送は、二〇〇〇年にインターネットプロバイダーを、二〇一六年に再生可能エネルギーを主体とした電力の小売を「Ｃｈｕｋａｉ電力」として始めるが、住民がそうしたサービスの契約をするのは、地元の課題を解決してきた報道への信頼があるからだ。

そして大事なのは、インターネットのプロバイダー事業も、電力の小売も、技術革新にさからわず取り入れていくという判断をする経営があったからできたということだ。なぜ、こうした柔軟な思考と経営ができたのかと言えば、私は、中海テレビ放送の人々が、新聞や地上波にある、堅牢とした群れ社会にいなかったことが大事だったのではないかと考えている。

新聞協会や新聞労連、民放連など、記者クラブから始まって新聞社やテレビ局に入ったひとたちは一生をその業界の群れのなかで過ごすようにできている。そうしたシステムの中にいると、環境が紙からウエブへ地上波からウエブへと大きく変わったときに、そもそも変化に気がつくことができない。気がついても、変化を「悪いもの」だと考える。

しかし、変化に善し悪しはない。

文庫の書き下ろし新章のなかでとりあげたネットがすべてを凌駕していく社会の中で、それでも大事なのは、真摯な対話であると思う。

その意味で、今回も、私の疑問に正面から答えてくれた読売新聞の山口寿一氏に感謝の意を表したい。

ある読売社員は、私に「山口さんは、読売の他のどの社員よりもネットのことに関しては詳しいしわかっている。だから反論ができない」、そう言っていたが、それでも、いみじくも二〇一八年の正月に渡邉恒雄主筆が全社員にはっぱをかけたように、「社長をぶっ殺すぐらいの気概で」異論をぶつけるといいと思う。そうでなければ、読売の社内自体が巨大なエコーチェンバーになる。

エンジニアとして「ゆがむ言論空間」にどう対応するかを、時間をさいて語ってくれた村井純氏にも今回も深い感謝を。

この他取材に協力してくれた人たちにもお礼を申し上げたい。

この文庫版の新章も、弁護士の喜田村洋一先生に、原稿に目を通してもらい、的確なアドバイスもいただいた。お礼を申し上げたい。

この文庫版を出すのに文藝春秋内で尽力してくれたのは、河野一郎、島田真、向坊健の三氏である。私の古巣でもあった同社には、きちんとノンフィクションを評価する目がある、三氏とのやりとりの中でそう強く感じた。

またこの文庫版の担当者は池延朋子氏である。氏の明るい性格と、的確な読みは、文庫の書き下ろし新章を書くうえでも大きな励みとなった。

二〇二三年二月七日　　　　下山進

解説

後藤正治

著者の、「下《しも》ちゃん」こと下山進氏との私的な交流から触れておきたい。

出会いはかれこれ二十数年前、彼が文藝春秋出版局にあった頃である。あやふやな記憶であるが、社のサロンに、ワイシャツにネクタイ、ジーンズ姿の男が現れた。少々、ワイシャツの裾が腰バンドからはみ出している。声大きく、態度はデカイ。笑いは豪快でホガラカ系だ。この御仁が業界名物の下山氏であるのか……。

やがて、拙著『ベラ・チャスラフスカ』を担当いただき、下山その人をいささか深く、知ることとなった。

ベラ・チャスラフスカは東京・メキシコ両五輪、女子体操の個人総合優勝者で、「名花」とうたわれた。一九六八年メキシコ大会時、東欧社会主義圏にあったチェコで民主化を求める「プラハの春」が巻き起こり、ベラも賛同者の一人となる。春はソ連の戦車に踏みつぶされて旧体制に戻るが、信念を変えなかったベラは不遇の中を生きていく。

一九八九年、世界は激震した。ベルリンの壁は東側から打ち破られ、チェコでも「ビロード革命」が成就、劇作家だったヴァーツラフ・ハヴェルが大統領となる。ハヴェルに乞われ、ベラは大統領顧問となるが、束の間の晴れ間だった。家庭内に不幸があり、社会的活動から退き、自閉してしまう……。ベラへの長い旅が続いた。

ハヴェルへのインタビューは実現しなかったが、チェコ大使館と掛け合い、直筆の返書を得たのは、下山氏の剛腕のなせることだった。

気配りの人でもあって、書き下しということで進めていたのだが、「後藤さん、随分カネも使ったでしょう」と、日経系雑誌での連載の段取りをつけてくれたりもした。原稿では、ロシア紀行編の一部をバッサリ切る剛腕編集者でもあったが――。

さて、『2050年のメディア』（二〇一九年）である。

これ以前、氏はメディアの攻防という同じテーマで、『勝負の分かれ目』（一九九九年）を刊行している。

『分かれ目』は、インターネットが普及する以前であるが、技術革新が進む中、ロイター、ブルームバーグ、日本経済新聞、時事通信の四社を軸に、メディア界が大きく変わっていく過渡期の時代を描いている。

本書はそれ以降、インターネット普及後の、メディアがさらに大きく揺れ動く激動の時代の変容を、読売新聞、日経、ヤフーを主軸に追っている。

紙媒体の新聞はやがて衰退していく——といわれてきたが、ここまで「破壊的縮小」が進行していることに慄然としてしまう。全国紙、地方紙を問わず、各社、軒並み購読数を減らしている。発行部数最多の読売も例外ではない。

《二〇〇一年には一〇二八万部を誇った部数も二〇一一年に一〇〇〇万部を切ってから加速度をつけて減少してきており、(二〇一八年には)八七三万部まで後退していた。七年で一三〇万部を失ったのだ。一三〇万部という部数は北海道新聞と熊本日日新聞の部数を足した数に匹敵していた。つまりブロック紙一紙と県紙一紙分の部数がこの七年で消えてしまっていたのだった》

本書の文庫化に当たって、「書き下ろし新章」が加筆されているが、二〇二二年上半期では六八六万部まで減少しているとのことである。

販売店の店主によれば、新聞購読は高齢者層に傾斜し、小学校の授業での「新聞の切り抜き」はもはや成立しないとか。新聞を取っている家庭は一〇軒の内三軒程度に過ぎないからだ。新聞の未来を見出そうと、工夫をこらした「KODOMO新聞」の発刊などもはじまってはいるが、効果が見えるのは先である。

他社の購読減少率はさらに大きい。個々の新聞人の思いや努力や踏ん張りを超えて、構造変化の大波が押し寄せているのである。

一方で、メディア界を席巻しつつあるのがヤフー・ジャパンである。一九九六年、箱崎のオフィスから出発し、表参道、六本木に進出、さらに赤坂の紀尾井タワーに本社を構えるまでになっている。従業員七〇〇〇余人。売り上げは伸び続け、読売・朝日・日経の合算を上回る巨大企業へと成長している。

新聞に出される総広告費は二〇〇〇年をピークに右肩下がりとなり、代わってインターネットが最強媒体となっていく。ネット世界における広告料金を決めるのはPVことページ・ヴュー（ページの閲覧数）だ。圧倒的なPVを誇るポータルサイトを運営するプラットフォーマーとして、ヤフーはデジタル時代のガリバー的位置を占めていく。

ヤフーの一人勝ちは許さんと、読売は報道の著作権をめぐってネットのサービス会社と争い、一部で「完敗」、一部では勝訴した（第五・六章）。読売・朝日・日経の三強連合は、自前のポータルサイト「あらたにす」を、共同通信と地方紙連合も「47NEWS」を立ち上げるが、PVは伸びず、ヤフーに迫れない。新旧メディア間の、また社内のせめぎあいと抗争に、多くのページが割かれている。

アメリカの新聞は日本の新聞よりも一〇年早く危機が訪れていた――とある。

国土の広いアメリカは地方紙王国であるが、日刊・週刊を合わせ、「二〇〇四年から二〇一八年にかけて、一八〇〇の新聞が姿を消した」というからすさまじい。ネット時代、情報はタダで読むのがあたりまえとなり、読者は新聞に対価を支払おうとしなくなったのだ。

新聞界の東横綱、ニューヨーク・タイムズもまた苦境にあえいでいた。売上減、負債増、有料デジタル版の伸び悩みと、「倒産の危機」に陥っていた。

《「ニューヨーク・タイムズはジャーナリズムにおいては勝っている。（中略）しかし、そのジャーナリズムを読者に届けるという大事な分野で、競争相手の後塵を拝している」》

二〇一四年、社内有志がまとめた「タイムズ・イノベーション・レポート」の書き出しである。このレポートが契機となり、針路を紙からデジタルへと切り替える。加えて、「ページヴューに囚われるな。購読者数を増やすのが目的だ」として、V字回復を果たしていく。

トランプ政権と徹底対峙し、セクハラなど新しい形の調査報道を展開し、読者の支持を拡大していく。二〇一八年の数字では、有料デジタル版は三〇〇万部を超えている。ちなみにかつて一〇〇万部近く（平日）を数えた紙部数は二〇一七年には五四万部まで減っているとある。

《ニューヨーク・タイムズは、デジタル購読者の増加によって増えた収入を、報道に投資している。二〇一八年には一二〇名の編集者・記者を新規採用し、タイムズの報道陣の数は総計で一六〇〇名、タイムズの歴史の中でもっとも多い陣容となった》

陣容の充実がより紙（画）面の充実を生んでいく。東横綱の矜持を見る思いがする。

広く世界に通じる英語圏に比べ、国内に限定される日本の新聞はデジタル化の広がりにはハンディがある。ただ、日経デジタル版は紙媒体の減少を埋め合わす〝孝行息子〟となりつつある。

日経の場合、専売店が少なく、この点デジタルへの移行には都合良しだった。もとより現場の抵抗はさまざまにあったが、二〇一〇年「電子版は月四〇〇〇円」「紙との併用の場合プラス一〇〇〇円」という価格設定でスタートする。

《この間、日経は紙の部数を二〇〇九年の三〇五万部から二〇一九年の二三四万部まで減らしたが、日経電子版の七三万部（二〇二二年現在、八三万部）で相殺され、日本の新聞社で唯一日経のみが、二〇〇九年以降も売上を維持している会社となった》

日経が英国の老舗経済紙、フィナンシャル・タイムズ（ＦＴ）を買収したというニュースは世間を驚かせたが（二〇一五年）、著者はＦＴアメリカ版編集長、ジリアン・テットと交流があった。テットがデジタル版に書いた「老バンカーの物語」は興味深い。

テットは、東京支局時代から、のちに破綻する日本長期信用銀行の最後の頭取、大野木克信と長い付き合いがあった。失脚し、私財を失い、孫の保育園の送り迎えをする市井の一老人となった大野木に夕食を誘われる。がんに侵された大野木の、別れを

いか。示唆深いページである。

旧来、経済紙はこのような「個」と「私」にかかわる原稿は扱わなかった。このエピソードには、真に力ある原稿とはなにかということを想起させるものがある。新聞の衰退は構造的なものであるが、背後に、「言葉の力」の低下も潜んでいたのではないか。示唆深いページである。

ネット・メディアは日進月歩で変容していく。有線を必要としない新しいネット、スマートフォンが一気に普及していく。

パソコン時代、圧倒的優位性をもっていたヤフーであるが、スマホへの対応が遅れ、新しいニュースサイトとの競合を強いられていく。

歳月の中、創業期のヤフーを担ってきたリーダーたちは相次いで社を去っており、ネット業界における人の出入りはまことに激しい。ヤフーはソフトバンクの子会社となり、「メディア企業」から「データ企業」への転換をはかろうとしている。

ヤフーの創業直後、読売を退社して参画、「ヤフトピ」（ヤフー・ニュース・トピックス）をつくった奥村倫弘も退社組の一人。ヤフーを退く日に開かれた社内講演会では、「答えはネットの中にない。本の中にある」という言葉で締め括ったとある。

《奥村は、ヤフーの社員が日々流されるように生きていることに、本当にいらだちを感じていた。答えはネットの簡単な検索やSNSのメッセージの中にあるのではない、多くの本を積み重ねて読んでいくことで見つかる、それがなくてはネットの世界でも生きていくことはできない、そう考えていた。そのことを若い仲間に伝えたかったのだ》

ジャーナリズムを尻尾に残す人らしい言であるが、広く内外に知を求め、歴史に学び、自前の思考を深めることの中に解が潜んでいる、という普遍の言でもあろう。

「新章」では、ネット空間に蔓延するフェイクニュース、その規制と信頼性の確保、「アテンション・エコノミー」の弊害、デジタル化に脱皮した英エコノミスト誌、時間に耐えうる報道コンテンツ、読売・日経・ヤフーの三国志……など、現在と近未来の課題と予測をよりビビッドに展開している。

情報工学の専門家としてネット社会の枠組みづくりにタッチしてきた村井純は、ネット言論のゆがみの是正に取り組み、読売グループのリーダー山口寿一は、既存メディアとネットメディアの共存の方策を模索してきた。二人の出会いが契機となり、発信者の信頼性を識別する一助、「オリジネーター・プロファイル（ＯＰ）技術研究組合」も発足している。答えを得るのはこの先であろうが。

——これまで下山氏とはさまざまに語り合ったが、デイヴィッド・ハルバースタムもよく話題に上った。ハルバースタムにはプロ・バスケット界の内幕を描いたノンフイクション『勝負の分かれ目』があるが、かつての下山著の題名もこの著から由来しているとと耳にした。

ワシントン・ポスト、LAタイムズ、タイム誌、CBSテレビを主舞台に、戦後のジャーナリズムが「第四の権力」となっていく歳月を描いた長編、『メディアの権力』は、『ベスト&ブライテスト』と並ぶハルバースタムの代表作であろう。

ベトナム戦争、ホワイトハウス、ベースボール、オリンピック、メディア、朝鮮戦争……テーマは多岐に及ぶが、ジャーナリズムへの確固たる志を基底に、あるべきアメリカ、そうであってはならないアメリカ——がハルバースタム作品に通底して流れる問題意識だった。

本書『2050年のメディア』を読了して、『メディアの権力』に重なる読後感がよぎった。

常に有為無常、とどまるところなしがメディアの歩みであり、いま現在もまた、そうした悠久の流れの中のひとときに過ぎない。行間に潜むのは、『平家物語』の冒頭にある句、「祇園精舎の鐘の声　諸行無常の響きあり／沙羅双樹の花の色　盛者必衰の理をあらはす／おごれる人も久しからず　ただ春の夜の夢のごとし／……」という遠い調べである。

（ノンフィクション作家）

単行本　二〇一九年十月　文藝春秋刊
但し文庫新章「新聞vs.プラットフォーマー」は書き下ろし。
DTP制作　エヴリ・シンク

文春文庫

2050年《ねん》のメディア

定価はカバーに
表示してあります

2023年4月10日　第1刷

著　者　下《しも》山《やま》　進《すすむ》
発行者　大沼貴之
発行所　株式会社　文藝春秋

東京都千代田区紀尾井町 3-23　〒102-8008
TEL　03・3265・1211㈹
文藝春秋ホームページ　http://www.bunshun.co.jp

落丁、乱丁本は、お手数ですが小社製作部宛お送り下さい。送料小社負担でお取替致します。

印刷製本・大日本印刷

Printed in Japan
ISBN978-4-16-792032-6

（　）内は解説者。品切の節はご容赦下さい。

阿川佐和子
強父論
94歳で大往生、破天荒な父がアガワを泣かした34の言葉。故人をまったく讃えない前代未聞の追悼に爆笑するうち、なぜか胸が熱くなる。ベストセラー『看る力』の内幕です。（倉本　聰）
あ-23-25

青木新門
納棺夫日記　増補改訂版
〈納棺夫〉とは、永らく冠婚葬祭会社で死者を棺に納める仕事に従事した著者の造語である。「生」と「死」を静かに語る、読み継がれるべき刮目の書。（序文／吉村　昭・解説／高　史明）
あ-28-1

秋元良平　写真・石黒謙吾　文
盲導犬クイールの一生
盲導犬クイールの生まれた瞬間から温かな夫婦のもとで息を引き取るまでをモノクロームの優しい写真と文章で綴った感動の記録。映画化、ドラマ化もされ大反響を呼んだ。（多和田　悟）
あ-69-1

相澤冬樹
メディアの闇
「安倍官邸VS.ＮＨＫ」森友取材全真相
森友事件のスクープ記者はなぜＮＨＫを退職したのか。官邸からの圧力、歪められる報道。自殺した近畿財務局職員の手記公開へとつながった実録。文庫化にあたり大幅加筆。（田村秀男）
あ-86-1

石井妙子
日本の血脈
『文藝春秋』連載時から大きな反響を呼んだノンフィクション。政財界、芸能界、皇室など、注目の人士の家系をたどり、末裔ですら知りえなかった過去を掘り起こす。文庫オリジナル版。
い-88-1

生島　淳
奇跡のチーム
ラグビー日本代表、南アフリカに勝つ
二〇一五年九月、日本ラグビーの歴史を変えたＷ杯南アフリカ戦勝利に至る、エディー・ジョーンズＨＣと日本代表チームの闘いの全記録。『エディー・ウォーズ』を改題。（畠山健介）
い-98-2

植村直己
極北に駆ける
南極大陸横断をめざす植村直己。極地訓練のために過ごした地球最北端に住むイヌイットとの一年間の生活、彼らとの友情、そして大氷原三〇〇〇キロ単独犬ぞり走破の記録！（大島育雄）
う-1-7

（　）内は解説者。品切の節はご容赦下さい。

榎本まみ
督促OL　奮闘日記
ちょっとためになるお金の話
督促OLという日本一辛い仕事をバネにし人間力・仕事力を磨くべく奮闘する著者が、借金についての基本的なノウハウを伝授。お役立ち情報、業界裏話的爆笑4コマ満載！　（横山光昭）
え-14-2

奥野修司
ナツコ　沖縄密貿易の女王
米軍占領下の沖縄は、密貿易と闇商売が横行する不思議な自由を謳歌していた。そこに君臨した謎の女性、ナツコ。誰もがナツコに憧れていた。大宅賞に輝く力作。　（与那原　恵）
お-28-2

奥野修司
心にナイフをしのばせて
息子を同級生に殺害された家族は地獄の苦しみの人生を過ごしていた。しかし、医療少年院を出て、「更生」した犯人の少年は弁護士となって世の中で活躍。被害者へ補償もせずに。（大澤孝征）
お-28-3

沖浦和光《かずてる》
幻の漂泊民・サンカ
近代文明社会に背をむけ〈管理〉〈所有〉〈定住〉とは無縁の「山の民・サンカ」はいかに発生し、日本史の地底に消えていったか。積年の虚構を解体し実像に迫る白熱の民俗誌！　（佐藤健二）
お-34-1

小川三夫・塩野米松　聞き書き
棟梁
技を伝え、人を育てる
法隆寺最後の宮大工の後を継ぎ、共同生活と徒弟制度で多くの弟子を育て上げてきた鵤《いかるが》工舎の小川三夫棟梁。後世に語り伝える技と心。数々の金言と共に、全てを語り尽くした一冊。
お-55-1

小野一光
新版　家族喰い
尼崎連続変死事件の真相
63歳の女が、養子、内縁、監禁でファミリーを縛り上げ、死者11人となった尼崎連続変死事件。その全貌を描く傑作ノンフィクション！　新章「その後の『家族喰い』」収録。　（永瀬隼介）
お-71-1

小野一光
連続殺人犯
人は人を何故殺すのか？　面会室で、現場で、凶悪殺人犯10人に問い続けた衝撃作。『家族喰い』角田美代子ファミリーのその後、〝後妻業〟筧千佐子との面会など大幅増補。　（重松　清）
お-71-2

（　）内は解説者。品切の節はご容赦下さい。

川村元気
仕事。
山田洋次、沢木耕太郎、杉本博司、倉本聰、秋元康、宮崎駿、糸井重里、篠山紀信、谷川俊太郎、鈴木敏夫、横尾忠則、坂本龍一——12人の巨匠に学ぶ、仕事で人生を面白くする力。

か-75-2

川村元気
理系。
世界を救うのは理系だ。川村元気が最先端の理系人15人と語った未来のサバイブ術！　これから、世界は、人間は、どう変わるのか？　危機の先にある、大きなチャンスをどう摑むのか？

か-75-4

海部陽介
日本人はどこから来たのか？
遠く長い旅の末、人類は海を渡って日本列島にやって来た。徹底的な遺跡データ収集とDNA解析、そして古代の丸木舟を再現した航海実験から、明らかになる日本人の足跡、最新研究。

か-77-1

河合香織
選べなかった命
出生前診断の誤診で生まれた子
その女性は出生前診断で「異常なし」と診断されて子供を産んだが、実は誤診でダウン症児だと告げられる。三カ月半後、乳児は亡くなった。女性は医師を提訴するが——。　（梯　久美子）
か-83-1

木村盛武
慟哭の谷
北海道三毛別・史上最悪のヒグマ襲撃事件
大正四年、北海道苫前村の開拓地に突如現れた巨大なヒグマは次々と住民たちを襲う。生存者による貴重な証言で史上最悪の獣害事件の全貌を描く戦慄のノンフィクション！　（増田俊也）
き-40-1

清原和博
清原和博　告白
栄光と転落。薬物依存、鬱病との闘いの日々。怪物の名をほしいままにした甲子園の英雄はなぜ覚醒剤という悪魔の手に堕ちたのか。執行猶予中1年間に亘り全てを明かした魂の「告白」。

き-48-1

倉嶋　厚
やまない雨はない
妻の死、うつ病、それから…

伴侶の死に生きる気力をなくした私は、マンションの屋上から飛び下り自殺をはかった……。精神科に入院、ようやく回復するまでの嵐の日々を、元NHKお天気キャスターが率直に綴る。

く-23-1

（　）内は解説者。品切の節はご容赦下さい。

坂本敏夫
元刑務官が明かす 死刑のすべて
起案書に三十以上もの印鑑が押され、最後に法務大臣が執行命令をくだす日本の死刑制度。死刑囚の素顔や日常生活、執行の瞬間……全てを見てきた著者だからこそ語れる、死刑の真実！
さ-44-1

佐々木健一
辞書になった男
ケンボー先生と山田先生
一冊の辞書を共に作っていた二人の男、見坊豪紀と山田忠雄はやがて決別、二冊の国民的辞書が生まれた。「三国」と「新明解」に秘められた衝撃の真相。日本エッセイスト・クラブ賞受賞。
さ-69-1

佐々木健一
Mr.トルネード
藤田哲也 航空事故を激減させた男
1975年NYで起きた航空機墜落事故。誰も解明できなかった事故原因を突き止めたのが天才科学者・藤田哲也。敗戦からアメリカへわたった彼の数奇な運命とは？　（元村有希子）
さ-69-2

「少年A」の父母
「少年A」この子を生んで……
父と母 悔恨の手記
十四歳の息子が、神戸連続児童殺傷事件の犯人「少年A」だったとは！　十四年にわたるAとの暮し、事件前後の家族の姿、心情を、両親が悔恨の涙とともに綴った衝撃のベストセラー。
し-37-1

清水　潔
「南京事件」を調査せよ
戦後70周年企画として調査報道のプロに下された指令は、77年前の「事件」取材？　いつしか「戦中の日本」と現在がリンクし始めた。伝説の事件記者が挑む新境地。　（池上　彰）
し-64-1

新保信長
字が汚い！
自分の字の汚さに今更ながら愕然とした著者が古今東西の悪筆を調べまくった世界初、ヘタ字をめぐる右往左往ルポ！　果たして、50年以上ヘタだった字は上手くなるのか？　（北尾トロ）
し-68-1

鈴木智彦
ヤクザと原発
福島第一潜入記
暴力団専門ライターが、福島第一原発にジャーナリストでは初めて作業員として潜入。高濃度汚染区域という修羅場を密着レポートし、原発利権で暴利をむさぼるヤクザの実態も明かす。
す-19-1

（　）内は解説者。品切の節はご容赦下さい。

横田増生
ユニクロ潜入一年
柳井社長の「うちの会社で働いてどういう企業なのかぜひ体験してもらいたい」という言葉を招待状と受け止め、潜入を決意。離婚して名前まで変えて挑んだ潜入ルポの傑作！（鎌田　慧）
よ-32-2

渡辺一史
こんな夜更けにバナナかよ
筋ジス・鹿野靖明とボランティアたち
自分のことを自分でできない生き方には、尊厳がないのだろうか？　介護・福祉の現場で読み継がれてきた大宅壮一ノンフィクション賞・講談社ノンフィクション賞受賞作。（山田太一）
わ-18-1

「文藝春秋」編集部　編
私は真犯人を知っている
未解決事件30
下山事件からライブドア事件まで戦後を彩る三十の未解明事件。足利事件を追う気鋭の記者のルポ、そして検察による冤罪に立ち向かった元厚労省局長の村木厚子さんの手記も収録。
編-2-44

レザー・アスラン（白須英子　訳）
イエス・キリストは実在したのか？
イエスは平和と愛を説いた救世主ではなく、武力行使も辞さない革命家だった。「聖書」からどんな史実が落とされ、何が創作されたのか。イスラーム教徒による実証研究。（若松英輔）
ア-12-1

クリスティー・ウィルコックス（垂水雄二　訳）
毒々生物の奇妙な進化
読めば読むほど〝毒々生物〟に夢中になる禁断の書！　猛毒生物たちの驚くべき生態を解き明かすべく時には自ら刺され、嚙まれる科学者たちを、ユーモラスに描く。（今泉忠明）
ウ-24-1

ジェイコブ・ソール（村井章子　訳）
帳簿の世界史
メディチ家の繁栄、スペインの没落、フランス革命、アメリカ独立戦争、大恐慌……。歴史の裏には全て、帳簿を駆使する会計士がいた！　気鋭の歴史家が初めて紐解く。（山田真哉）
S-22-1

（　）内は解説者。品切の節はご容赦下さい。

野口美惠
羽生結弦 王者のメソッド
日本男子フィギュア初の五輪金メダル、世界記録更新――「僕はレジェンドになりたい」という少年が〝絶対王者〟に至るまでの軌跡、更なる高みに挑む姿を、本人の肉声とともに描く。
の-22-1

秦 新二・成田睦子
フェルメール最後の真実
世界に37点しかないフェルメール作品。それを動かすのは「フェルメール・マン」と呼ばれる国際シンジケートの男たち。美術展の裏側をリアルに描くドキュメント。全作品カラーで掲載。
は-15-2

畠山重篤
森は海の恋人
ダム開発と森林破壊で沿岸の海の荒廃が急速に進んだ一九八〇年代、おいしい牡蠣を育てるために一人の漁民が山に木を植え始めた。森と海の真のつながりを知る感動の書。（川勝平太）
は-24-2

原 武史
松本清張の「遺言」
『昭和史発掘』『神々の乱心』を読み解く
厖大な未発表資料と綿密な取材を基に、昭和初期の埋もれた事実に光を当てた代表作『昭和史発掘』と、宮中と新興宗教に斬り込む未完の遺作『神々の乱心』を読み解く。
は-53-1

船橋洋一
カウントダウン・メルトダウン（上下）
未曾有の原発事故が起きたとき、政府や東電、そして米軍はどう動いたのか？　3・11から始まった「世界を震撼させた20日間」の時々刻々を描いた労作。第44回大宅賞受賞作。（保阪正康）
ふ-42-1

船曳由美
一〇〇年前の女の子
明治の終わりに栃木県の小さな村に生れた寺崎テイ。生後一カ月で実母と引き離され、百年を母恋いと故郷への想いで生きた――。鮮やかなテイの記憶が綴る日本の原風景。（中島京子）
ふ-43-1

藤吉雅春
福井モデル
未来は地方から始まる
地方消滅時代を迎えた日本で、福井県はなぜ、幸福度も世帯収入も高いのか。共働き率と出生率が全国平均を上回る理由を、高い教育力に見出した画期的ルポ。（佐々木俊尚）
ふ-44-1

（　）内は解説者。品切の節はご容赦下さい。

2050年の世界
英『エコノミスト』編集部（東江一紀・峯村利哉 訳）
英『エコノミスト』誌は予測する

バブルは再来するか、エイズは克服できるか、SNSの爆発的な発展の行方は……グローバルエリート必読の「エコノミスト」誌が、20のジャンルで人類の未来を予測！（船橋洋一）

エ-9-1

ちょっとピンぼけ
ロバート・キャパ（川添浩史・井上清一 訳）

二十年間に数多くの戦火をくぐり、戦争の残虐を憎みつづけ写しつづけた報道写真家が、第二次世界大戦の従軍を中心に、あるときは恋をも語った、人間味あふれる感動のドキュメント。

キ-1-1

米中もし戦わば
ピーター・ナヴァロ（赤根洋子 訳）
戦争の地政学

米国と中国が戦争に至る確率は七〇%以上――。米中貿易戦争を仕掛けた異色の大統領補佐官が説く、アジアの未来。トランプの対中戦略は、全てこの本から読み取れる。（飯田将史）

ナ-4-1

世界を変えた14の密約
ジャック・ペレッティ（関 美和 訳）

現金の消滅・熾烈な格差・買い替え強制の罠・薬漬け・AIに酷使される未来――英国の気鋭ジャーナリストが世界のタブーを徹底追及。目から鱗、恐ろしくスリリングな一冊。（佐藤 優）

ヘ-9-1

ダライ・ラマ自伝
ダライ・ラマ（山際素男 訳）

ノーベル平和賞を受賞したチベットの指導者、第十四世ダライ・ラマが、観音菩薩の生れ変わりとしての生い立ちや、亡命生活などの波乱の半生を通して語る、たぐい稀な世界観と人間観。

ラ-6-1

フラッシュ・ボーイズ
マイケル・ルイス（渡会圭子・東江一紀 訳）
10億分の1秒の男たち

何故か株を買おうとすると値段が逃げ水のようにあがってしまう…。その陰には巨大詐欺と投資家を出し抜く超高速取引業者〝フラッシュ・ボーイズ〟の姿があった。（阿部重夫）

ル-5-3

後悔の経済学
マイケル・ルイス（渡会圭子 訳）
世界を変えた苦い友情

「人間の直感はなぜ間違うか？」。この命題を突き詰めてあらゆる学問の常識を覆した二人の心理学者。彼らの共同研究は、やがて経済学にも革命を齎す。天才たちの足跡と友情。（阿部重夫）

ル-5-4

（　）内は解説者。品切の節はご容赦下さい。

ジェニファー・ダウドナ　サミュエル・スターンバーグ（櫻井祐子 訳）
クリスパー　ＣＲＩＳＰＲ
究極の遺伝子編集技術の発見
ゲノム情報を意のままに編集できる「ＣＲＩＳＰＲ-Ｃａｓ９」。人類は種の進化さえ操るに至った。この発見でノーベル賞を受賞した科学者自らが問う、科学の責任とは。（須田桃子）
タ-17-1

リチャード・ワイズマン（木村博江 訳）
その科学が成功を決める
ポジティブシンキング、イメージトレーニングなど巷に溢れる自己啓発メソッドは逆効果!?　科学的な実証を元にその真偽を検証。本当に役立つ方法を紹介した常識を覆す衝撃の書。
S-10-1

シーナ・アイエンガー（櫻井祐子 訳）
選択の科学
コロンビア大学ビジネススクール特別講義
社長は平社員よりなぜ長生きなのか。その秘密は自己裁量権にあった。二十年以上の実験と研究で選択の力を証明。ＮＨＫ白熱教室で話題になった盲目の女性教授の研究。（養老孟司）
S-13-1

クリストファー・チャブリス　ダニエル・シモンズ（木村博江 訳）
錯覚の科学
「えひめ丸」を沈没させた潜水艦艦長は、なぜ〝見た〟はずの船を見落としたのか？　日常の錯覚が引き起こす記憶のウソや認知の歪みをハーバード大の俊才が徹底検証する。（成毛 眞）
S-14-1

ジュディ・ダットン（横山啓明 訳）
理系の子
高校生科学オリンピックの青春
世界の理系少年少女が集まる科学のオリンピック、国際学生科学フェア。そこに参加するのはどんな子供たちなのか？　感動の一冊。巻末に日本の「理系の子」と成毛眞氏の対談を収録。
S-15-1

トレヴァー・ノートン（赤根洋子 訳）
世にも奇妙な人体実験の歴史
性病、寄生虫、コレラ、ペスト、毒ガス、放射線……人類への脅威を克服するための医学の発展の裏で、科学者たちは己の肉体を犠牲に、勇敢すぎる人体実験を行い続けた。（仲野 徹）
S-19-1

エレーヌ・フォックス（森内 薫 訳）
脳科学は人格を変えられるか？
人生の成否を分けるカギは「楽観脳」と「悲観脳」。それは生まれついてのものか、環境で変えられるものか。欧州最大の脳科学研究所を主宰する著者が実験と調査で謎に迫る。（湯川英俊）
S-21-1